btb
Aus Freude am Lesen

btb

Buch

Charles Fenyvesi, amerikanischer Jude osteuropäischer Abstammung, erzählt die Jahrhunderte umspannende Geschichte seiner Familie – so, wie sie ihm von seiner Großmutter und anderen Familienmitgliedern überliefert wurde. Diese Geschichte beginnt im 17. Jahrhundert mit dem Erwerb eines Stücks Land. Im Nordosten des heutigen Ungarn gelegen, nahm von hier aus der Aufstieg einer Familie ihren Lauf, die als Dynastie das Habsburgerreich überdauerte und deren Verästelungen bis in unsere Gegenwart reichen.

Fenyvesi läßt durch seine Erzählung eine versunkene Welt auferstehen, er erweckt wundertätige Rabbis und abergläubische Bauern wieder zum Leben, beschreibt den Alltag, die zahlreichen jüdischen Feste und Feiertage, verwebt Dokumente und Legenden zu einem faszinierenden Panorama mitteleuropäischer Geschichte.

Autor

Charles Fenyvesi wurde Ende der dreißiger Jahre in Ungarn geboren. Im Zweiten Weltkrieg floh er mit seinen Eltern vor den Nazis. Heute lebt er in Amerika, wo er unter anderem als Journalist für die *Washington Post* arbeitet.

Charles Fenyvesi

Als die Welt noch heil war

Ein Familienalbum aus dreihundert Jahren

Aus dem Amerikanischen von Hanna Deschler

btb

Die Originalausgabe erschien 1990
unter dem Titel »When the World was Whole«
bei Viking Penguin, New York

Umwelthinweis:
Alle bedruckten Materialien dieses Taschenbuches
sind chlorfrei und umweltschonend.

btb Taschenbücher erscheinen im Goldmann Verlag,
einem Unternehmen der Verlagsgruppe Bertelsmann.

1. Auflage
Genehmigte Taschenbuchausgabe Juli 1997

Umschlaggestaltung: Design Team München

Satz: Uhl + Massopust, Aalen
AB · Herstellung: Augustin Wiesbeck
Made in Germany
ISBN 3-442-72178-4

Dieses Buch ist der Hoffnung gewidmet,
daß auch meine Kinder – Shamu, Daniel und Malka –
und deren Kinder sich in ihren Vorfahren
wiedererkennen werden.

Abbasia

Inhaltsverzeichnis

1905, vor dem Haus der Schwarcz-Familie im Dorf Gyulaj. Neben dem Kutscher mein Onkel Shumi, damals sechs Jahre alt; auf der Rückbank, zwischen zwei Erwachsenen, vermutlich Verwandten, sitzt die sieben Jahre alte Elza. Das kleine Mädchen im weißen Kleid mit dem breitrandigen Hut ist vielleicht ebenfalls eine Verwandte.

Vorwort

Solange ich zurückdenken kann, habe ich Geschichten über meine Vorfahren gehört, deren Leben erfüllt war von den Lehren zweier Rabbis, die das vollbrachten, was die Menschen Wunder nannten: der Baal Shem Tov, der durch die Dörfer der Karpaten zog, und Isaac Taub, der in der kleinen Stadt Kálló, am nordöstlichen Rand der großen ungarischen Tiefebene, einer Gemeinde von etwa hundert Seelen vorstand. Diese Rabbis seligen Angedenkens aus dem achtzehnten Jahrhundert brachen mit der Tradition ihrer Kollegen, als sie erklärten, daß Elend und Unterdrückung nicht gottgegeben seien und daß wir diese Welt verbessern könnten und müßten; daß zwar Mißtrauen und Rache nur neuen Haß nach sich zögen, daß es jedoch immer möglich sei, einen Neuanfang zu machen; daß die weite Welt der Nichtjuden, in die die kleine Welt der Juden eingebettet ist, nicht unwandelbar und auf immer und ewig feindlich gesonnen sei. Wenn man die Ratschläge der beiden Rabbis in einem einzigen Satz zusammenfassen möchte, dann lautet dieser: Fürchtet euch nicht! Oder besser noch: Haltet die Tore eures Herzens offen!

Ich war sieben, als sich in Ungarn die Schlingen der Nazis um uns zusammenzogen. Jeden Tag erlebte ich, wie meine Mutter angstvoll dem Postboten entgegensah und auf Nachricht von ihrem Mann und ihrer Mutter, ihren Brüdern, Schwestern und Cousins und Cousinen wartete, die in Konzentrationslager oder Zwangsarbeitsbataillone verschleppt worden waren. Ich zumindest fand mehr Trost in einer Gutenachtgeschichte über einen Vorfahren, der seine Angst vor Banditen und bösen Geistern überwand und ungeheuer alt wurde, als in all den hoffnungsvollen Gerüchten, daß die Amerikaner und die Engländer uns in Kürze befreien würden.

Von den Gestalten in unseren Familiengeschichten ging eine heilsame Wirkung aus, sie wurzelten so tief im Boden Ungarns wie ein alter Walnußbaum. Sie machten mich glauben, daß die Unmenschen, die auf den Straßen Budapests vor meinen Augen Männer, Frauen und Kinder abführten, um sie am Ufer der Donau zu erschießen, keine wirklichen Menschen waren, sondern ebenso irreal wie die Ghuls eines Alptraums. Ich glaubte, daß dieser hohen, überschnappenden, hysterischen Stimme im Radio – und nicht einmal ein Kind konnte die Stimme Adolf Hitlers verwechseln – einfach irgendwann die Wörter, die Luft und das Leben ausgehen mußten. Eines Tages, so dachte ich, würde er an seinem eigenen Gift ersticken, und seine Anhänger würden von einer zornerfüllten Erde verschlungen werden.

Im Innern meines Herzens war ich stets davon überzeugt, daß mein Großvater und mein Urgroßvater eines Tages auf einem mit Pferden bespannten Wagen kommen würden, um uns alle an einen sicheren und schönen Ort zu bringen, was für mich immer gleichbedeutend war mit dem Land. Ich hatte viele Gutenachtgeschichten über diese Vorfahren gehört und glaubte, daß beide noch auf dieser Erde lebten, irgendwo weit weg an einem Ort, wo nur die Einlaß fanden, die gerecht, gut und großzügig waren. Ich glaubte, daß sie beobachteten, was mit uns geschah, und daß sie ganz sicherlich ihr Versteck verlassen würden, um ihre Familie in letzter Minute zu erretten, wenn unser Leben wirklich in Gefahr wäre.

Meinen Eltern und mir gelang es, den Nazis zu entgehen, doch der größte Teil unserer Familie fiel ihnen zum Opfer.

Wenn ich auch bald über das Alter von Gutenachtgeschichten hinauswuchs, so wollte ich doch immer mehr über meine Vorfahren erfahren, und es ärgerte mich, daß verschiedene Verwandte dieselbe Geschichte auf unterschiedliche Weise erzählten. Warum konnten mein Onkel Shumi und sein Cousin Shamu, beide im letzten Jahr des neunzehnten Jahrhunderts geboren, sich nicht darüber einig werden, wie ihr Großvater Samuel zu Wohlstand gekommen war – oder wie und warum ihre eigene Generation ihn wieder verloren hatte? Wann und wo genau brach die Achse der Kutsche auf einer entscheidenden Reise durch die Schneeverwehungen der Karpaten?

«Aber wie war es wirklich?» fragte ich immer. Meine Verwandten zuckten bedauernd die Achseln. «So habe ich die Geschichte gehört», sagte ein jeder und fügte als letzte Entschuldigung hinzu: «Das ist alles schon so lange her.»

Was Onkel Shumi, der schließlich auf meine Bitten hin eine Familienchronik niederschrieb, am meisten aufbrachte, war, daß er schon so viel vergessen hatte. «Ich kann dir gar nicht oft genug sagen, wie beklagenswert wenige der Geschichten, die ich als Kind gehört habe, mir noch im Gedächtnis sind», schrieb er mir 1966 in einem Ungarisch, in dem noch die Melodie des neunzehnten Jahrhunderts schwang. «Früher habe ich es versäumt, mich in die alten Schriften zu vertiefen und den Alten unseres Dorfes zu lauschen. Nun bin ich alt und nicht mehr sehr rüstig. Tiefes Bedauern erfüllt mich, und mein Gewissen wird von Schuld gepeinigt. Doch nichtsdestotrotz ist es meine Pflicht und Schuldigkeit, dir den Schlüssel zur fast leeren Kammer meiner Erinerungen zu übergeben.»

Ich glaube, es war kurz nachdem ich Vater wurde und selbst Geschichten dem Alter und Interesse meiner Kinder entsprechend zurechtschneidern mußte, daß ein Verständnis dafür in mir keimte, warum unsere Familiengeschichte so viele Versionen hat. Heute weiß ich, daß jede neue Variante nur einen weiteren Beweis für die Stärke der Handlung darstellt. Jeder Geschichtenerzähler zollt der Geschichte seinen Tribut, indem er sie erfinderisch an seine Zwecke anpaßt, und eine wohlbedachte Abänderung ist ein Zeichen von Anteilnahme und Wertschätzung.

In den Geschichten, die ich in diesem Buch niederschreiben möchte, habe ich die verschiedenen Versionen, die ich gehört habe, miteinander vermengt, und ich habe versucht, mir auszumalen, was

Menschen aus längst vergangenen Zeiten wohl zueinander gesagt haben mögen. Einmal ging ich so weit, einem Vorfahren einen Traum in den Mund zu legen, den ich selbst hatte – weil in einer Erzählung die Rede davon war, daß ihm in einem Traum sein zukünftiger Reichtum vorhergesagt wurde. Manchmal verspürte ich die seltsame und wundervolle Gewißheit, daß ich ein Ereignis, eine Abfolge oder ein Gefühl genau richtig beschrieben hatte, und ich hätte am liebsten ausgerufen: Genau so muß es gewesen sein!

Solche Augenblicke versetzten mich in meine Kindheit zurück, wenn ich einer Familiengeschichte zuhörte und darüber einschlief, und während ich schon in den Traum hinüberglitt, konnte ich noch eine Stimme aus der Welt der Wachen vernehmen, die Stimme meiner Mutter oder meiner Großmutter, oder eines Onkels, die die Geschichte zu Ende erzählte. Der Pferdewagen, beladen mit Schaffell oder Kartoffelsäcken zog weiter, doch ich schmiegte mich dann schon an den Kutscher, an meinen Großvater, der eine Melodie summte, halb hebräisches Gebet, halb ungarisches Volkslied, deren Rhythmus vom fröhlichen Trab des Pferdes vorgegeben wurde. Der Traum, die Geschichte, die Reise, alles gehörte nun mir.

Wenn ich wieder erwachte, war ich mir nicht mehr sicher, ob der Kutscher mein Großvater, mein Urgroßvater oder vielleicht auch ein weiter entferntes Mitglied dieses Familienstammbaums war, der Länder, Kontinente und Jahrhunderte umfaßte. Doch ich konnte mich noch an das Glücksgefühl erinnern, das mich in meinem Traumwagen durchströmt hatte.

Nach dem Tod meines Onkels Shumi im Jahr 1988 erwog ich zum erstenmal, unsere Familiengeschichten niederzuschreiben, von denen ich viele zuerst von ihm gehört hatte. Eines Nachts träumte ich, daß ich ein busähnliches Fahrzeug lenkte, welches über einer Straße in hügeligem, grünem Land schwebte, als ich plötzlich Onkel Shumi sah, der mir entgegenkam. Er machte einen Spaziergang, mit den forschen Schritten seiner Jugend, und hatte den Arm um die Schultern eines Kindes gelegt. Das Kind war ich.

Ich rief ihm etwas zu und trat auf die Bremse: «Geben Sie Gas!» sagte eine amerikanische Stimme hinter mir, die strenge Stimme des Busfahrers, der mich immer in die Innenstadt an meinen Arbeitsplatz befördert. «Sie dürfen diese Zeitmaschine nur unter der Bedingung bedienen, daß Sie eine gleichmäßige Geschwindigkeit halten. Sie dürfen nicht landen. Ich wiederhole: Sie dürfen nicht landen!»

Ich trat aufs Gaspedal, und schon einen Moment später waren sie verschwunden.

Ein Jahr danach hörte ich während einer Besuchsreise in Ungarn den sehnsüchtigen Vorschlag meiner Cousine Andrea, die wenigen Überlebenden unserer Familie sollten auf einen Pferdewagen klettern, sich nach Derzs, in das Dorf unserer Vorväter, aufmachen, und dort ein neues Kapitel der Familiensaga einleiten. «Aber wir wissen doch nicht einmal mehr, wie man das Land bestellt», entgegnete Levente, ein anderer Cousin, reuevoll. «Wir wissen nicht mehr, welche Strategien unseren Vorfahren zu Erfolg, Wohlstand und Zufriedenheit verhalfen.»

Niemand konnte etwas gegen Leventes Einwand vorbringen. Doch den ganzen Abend über noch hingen alle in der festlichen Runde Andreas Idee einer Reise durch die Zeit nach.

Wie viele andere Juden ihrer Zeit, glaubten auch unsere Ahnen, daß der Baal Shem Tov, der edle Rabbi, der um 1700 in der russischen Stadt Okop geboren wurde, in solchem Einklang mit Himmel und Erde lebte, daß er Wunder vollbringen konnte. Einmal zum Beispiel bat der Baal Shem Tov Gott, den Todesengel nicht zu schicken, um die Seele eines todkranken Kindes zu holen. Entrüstet und zornig erinnerte der Rabbi den Allmächtigen daran, daß es gegen die natürliche Ordnung der Dinge sei, wenn ein Kind vor seinen Eltern sterbe. Gott gab nach, und das Kind erholte sich wieder und lebte noch lange und bei bester Gesundheit.

Wenn er gegen einen himmlischen Beschluß Beschwerde führte oder für einen verdienstvollen Menschen um eine besondere Gunst bat, dann zog sich der Baal Shem Tov in einen Wald zurück. Dort sang er unter einem dicht verzweigten Walnußbaum, den er schon zu Zeiten gekannt hatte, als sie beide noch jung waren, das den Erfordernissen angemessene Gebet.

Der Enkel des Baal Shem Tov, selbst ein berühmter Rabbi, glaubte schon, er könne auf den Walnußbaum verzichten, wenn er mit einem ähnlichen Problem konfrontiert wurde. Jeder Baum würde genügen, so beschloß der Rabbi, solange er nur in dem Wald, den schon der Baal Shem Tov bevorzugt hatte, das richtige Gebet sprach.

Der Enkel des Enkels, wiederum ein geachteter Rabbi, zog zu weit weg vom Wald, um ihn jedesmal, wenn ein besonderes Anliegen anstand, aufsuchen zu können. Doch er kannte noch immer die Worte, und er glaubte, daß es genüge, das richtige Gebet zu singen.

Nach zwei weiteren Generationen war auch der Wortlaut des Gebets verlorengegangen. Doch es heißt, daß schon von der bloßen Erzählung der Geschichte, wie der große Baal Shem Tov einst ein Wunder vollbrachte, so viel Macht ausgeht, daß der Lauf der Ereignisse dadurch verändert wird.

Heute, wieder zwei Generationen später, bleibt uns noch die Geschichte, und wir erzählen sie in der Hoffnung, daß sie womöglich noch immer hilft.

Der Wille, sich zu erinnern, ist eine weit stärkere Macht als die kurze Zeitspanne des Gedächtnisses, und der größte Triumph eines Sterblichen ist der Sieg über die Zeit: freizulegen, was verschüttet war, und zu kitten, was zerbrochen war. Wenn auch die exakten Zauberformeln – vielleicht unwiederbringlich – verloren sein mögen, so sollten wir dennoch nicht aufhören, auf Wunder zu hoffen.

Wir können noch immer Bruchstücke und Fragmente einer einstmals heilen Welt einfangen, in der eine verborgene Symmetrie zwischen den Individuen herrschte, eine gute Tat die nächste nach sich zog und ein Geschenk des Himmels von Generation zu Generation weitergegeben wurde. Indem wir Geschichten über eine solche Welt erzählen, tragen wir zu ihrer Wiederauferstehung bei. Immer wenn ein Geschichtenerzähler davon berichtet, daß eine himmlische Instanz sich einem menschlichen Wesen beugt, welches reinen Herzens und aus tiefster Seele um eine Gnade gebeten hat – dann erzählt er von einem Wunder.

Meist ist ein Traum der erste Hinweis auf ein Wunder, und Rabbi Isaac Taub, der ungarische Schüler des Baal Shem Tov, lehrte, daß wir ebenso auf unsere Träume achten sollten, wie ein Reisender auf die

Verkehrszeichen an der Straße achtet. Drei Generationen vor Sigmund Freud deutete Rabbi Taub die Träume der Menschen, die Rat und Hilfe bei ihm suchten. Der Rabbi forschte nach den im Talmud so genannten «großen Träumen» so wie andere nach vergrabenen Schätzen. Einmal zum Beispiel, als der Rabbi die Hochzeit eines Waisenkindes, das in seine Obhut gegeben war, ausrichten wollte, fand er die richtige Braut mit Hilfe seiner und des Knaben Träume. Und der Rabbi war es, der den grundlegenden Traum meiner Familie von Landbesitz und Überfluß deutete – wenn er ihn nicht selbst eingab.

«Aber sind deine Geschichten wahre Geschichten?» fragt mich meine jetzt zehn Jahre alte Tochter Malka, seitdem sie sechs ist. «Sag mir, Papa, haben deine Großeltern wirklich so geheiratet, wie du erzählt hast? Handeln deine Geschichten von wahren Menschen, die wirklich gelebt haben?»

Als meine Söhne Shamu und Danny noch klein waren, wollten beide genau von mir wissen, ob unsere Familie wirklich den Segen eines Rabbis, der Wunder vollbringen konnte, erhalten hatte und ob es wirklich solche Rabbis und Wunder gab.

Auf all diese Fragen antworte ich mit einem festen, eindeutigen Ja. Die Geschichten sind wahr. Sie handeln von unseren Vorfahren, doch sie sagen auch etwas über uns und vielleicht auch über unsere Kinder. Diese Geschichten sind von, über und für unsere Familie geschrieben. Sie sind unsere Wahrheit. Eine Wahrheit, die wir teilen wollen.

Mein Cousin Yenö um 1900. Er folgte der alten Familientradition, einen armen Verwandten bei seinen ersten Schritten auf der «Straße des Lebens» zu unterstützen, indem er ihm sein erstes Paar Schuhe schenkte.

1.
Die Schatten der Vergangenheit

Himmel und Erde verschwören sich, auf daß alles, was ist, entwurzelt wird und zu Staub zerfällt. Einzig die Träumer, die wachen Sinnes träumen, rufen die Schatten der Vergangenheit zurück und knüpfen Netze aus ungesponnenen Fäden.

Isaac Bashevis Singer, «Der Spinoza von der Marktstraße»

Im schmuddeligen Bahnhof von Belgrad scheint es immer halb ein Uhr nachts zu sein, und die Züge kommen immer zu spät. In der durchgängig geöffneten, mit Zigarettenstummeln übersäten Bahnhofsgaststätte, in der es nur Stehplätze gibt, singt ein unrasierter Mann zwischen fünfzig und sechzig Jahren mit kehligem, heiserem Bariton ein Liedchen nach dem anderen. Sein Gesang erinnert halb an Unterhaltungsmusik, halb an ein Gebet. Er hält ein Glas Wein in der Hand und singt, an niemand bestimmten gewandt. Die meisten dieser Leute achten nicht auf ihn, doch einige wenige hören zu, und ein Mann bietet ihm sogar Geld an, das er mit einer abwinkenden Geste seiner knochigen Hand ablehnt.

Eines dieser Lieder handelt von einer jüdischen Jungfrau, der Tochter eines Rabbis, der sie zu verheiraten sucht. Mit ihren rabenschwarzen Haaren und den Mandelaugen kommt ihre Schönheit seiner Weisheit gleich, und niemand aus ihrem Heimatort, einem staubigen, gottverlassenen Dorf an der Kreuzung zweier Überlandstraßen, ist ihr oder ihrem Vater gut genug.

Das Lied ist auf serbokroatisch, und der Sänger könnte auch der Verfasser sein. Wahrscheinlich aber wurde das Lied ihm nur überliefert. *Auf der jugoslawischen* Halbinsel zog schon Homer durch die Lande, und noch immer ist die Tradition der Barden dort lebendig.

Es ist gut möglich, daß der Sänger niemals wissentlich die Tochter eines Rabbis oder einen Rabbi kennengelernt hat. Es ist ebenfalls möglich, daß er niemals bewußt mit einem Juden gesprochen hat. Barden sind Wahrer von Erinnerungen, die selten ihre eigenen sind. Sie mögen dem Schatz mündlicher Überlieferungen noch etwas hinzufügen – und ehrgeizige Sänger tun das auch –, doch in aller Regel schöpfen sie aus dem Nachlaß anderer. Mit einem Lied ist es wie mit Zwetschgenschnaps: Je älter es ist, um so mehr wird es in Ehren gehalten.

Unter den Völkern des östlichen Mitteleuropas, einem Gebiet im ewigen Zwiespalt zwischen den unermeßlichen Weiten Mutter Rußlands und den Finessen der westlichen Zivilisation, hoben die Juden sich jahrhundertelang als eigenes Volk ab, dessen Mitglieder zugleich rätselhaft und vertraut, neiderregend reich und erbärmlich arm, verletzbar und mächtig waren. In diesen letzten Jahren des zwanzigsten Jahrhunderts wird die Figur des authentischen, eindeutigen, historischen Juden immer mehr zum bloßen Mythos: ein sagenumwobenes Volk, das sich im Bewußtsein der überlebenden Nationen dem Habsburger-Bürokraten, dem Pascha der Osmanen, dem Hunnenreiter und dem römischen Legionär hinzugesellt.

In offiziellen Statistiken ist immer noch von Zehntausenden von Juden in diesem Gebiet die Rede, von denen fast alle in den Hauptstädten der Region leben. Die überwältigende Mehrheit darunter hat sich völlig angepaßt, ist kaum noch von ihren Mitbürgern zu unterscheiden. Noch immer halten Rabbis Gottesdienste in unvorstellbar prächtigen Synagogen ab, die vor einem Jahrhundert in einer längst vergangenen Zeit erbaut wurden, als der plötzliche neue Reichtum, der mit der Blütezeit des Kapitalismus einherging, in den Dienst einer noch im Mittelalter wurzelnden Frömmigkeit gestellt wurde. Unter dem nunmehr im Zerfall begriffenen roten Stern des Kommunismus gab es weder Reichtum noch Frömmigkeit, und doch versammeln sich die Juden einmal im Jahr, am Versöhnungstag, nicht nur, um ihren Vorfahren zuliebe die kümmerlichen Reste einer Tradition am Leben zu erhalten. Die größten Idealisten unter ihnen sammeln so wie manche Nichtjuden, die ihre Beweggründe nur schwerlich erklären können, die Bruchstücke einer einstmals heilen jüdischen Welt.

Heutzutage gilt ein Schuß jüdisches Blut in Mitteleuropa als apart und interessant, und ein entfernter rabbinischer Vorfahr, nach Jahrzehnten des Gedächtnisschwunds aus der Versenkung hervorgeholt, wird zur Zierde eines jeden Familienstammbaums, so wie es einst einem Erzherzog zur Ehre gereichte, wenn hinter vorgehaltener Hand über eine Tändelei geflüstert wurde. «Ich glaube, meine Großmutter muß Jüdin gewesen sein», gestand mir in melancholischem Tonfall ein ansonsten eher zynischer jugoslawischer Journalist, der in den ersten Jahren der Volksrepublik geboren wurde. Mit dem verbissenen Lächeln des Überlebenden zitierte er die Rassengesetze der Nazis, die einem Arier mit einem einzigen jüdischen Vorfahren in der Generation seiner Großeltern zum Verhängnis wurden. Während wir durch die Altstadt Belgrads gingen, heute Objekt ausgedehnter Restaurierungsmaßnahmen, zeigte er auf ein Loch von der Größe eines Bombenkraters, wo die Arbeiter vor kurzem auf dicke Steinmauern stießen, von denen er überzeugt war, daß sie einst zu einer Synagoge gehörten. Er räumte allerdings ein, daß die Archäologen bis dahin kaum Beweise für seine Hypothese gefunden hatten, abgesehen von der Tatsache, daß in dem offenbar öffentlichen Zwecken dienenden Gebäude weder ein Kreuz noch ein Halbmond entdeckt worden war. «Seit ewigen Zeiten haben zwischen der Adria und der Drau Juden gelebt», rief er aus, «auf jeden Fall schon im Römischen Reich. Und die Juden haben ihre Synagogen gebaut, um zu überleben. ‹Überleben› – ist das nicht das Schlüsselwort, liegt darin nicht das ganze Geheimnis der Juden?»

Das erinnert mich an eine Legende, in der es heißt, daß die Häuser in der Hauptstadt der Chasaren, eines Stammes, der zwischen dem Schwarzen und dem Kaspischen Meer lebte und zum Judentum konvertiert war, noch Jahre hinweg ihren Schatten warfen, obwohl ein russischer General im elften Jahrhundert alle Wände dem Erdboden gleichgemacht hatte. Die Schatten trotzten dem Wind, so geht die Sage, und sie spiegelten sich im Wasser. Es erinnert mich auch an meinen Paten Yenö, der mir, kurz bevor er 1944 von den

Nazis geholt wurde, sieben Paar robuste Schuhe in steigenden Größen schickte. Yenö, der einen Kiefernwald und eine Sägemühle in den Bergen der Karpaten, nahe der Quelle der Theiß (Tisza), besaß, war ein naher Verwandter. Er war ein Cousin meines Vaters, und seine Frau war eine Cousine meiner Mutter, und er war hocherfreut über die Gelegenheit, eine althergebrachte Familientradition weiterführen zu können: Ein wohlhabender Verwandter unterstützt einen armen Verwandten bei den ersten Schritten «auf der Straße des Lebens», indem er ihm das erste Paar Wanderschuhe schenkt.

Wir werden nie erfahren, ob Yenö die Anzahl der Schuhpaare auf sieben erhöhte, weil er schon ahnte, daß er zu weiteren Geschenken keine Gelegenheit mehr haben würde, oder ob er einfach glaubte, daß die magische Zahl sieben die Überlebenschancen seines Patenkindes erhöhen würde. Ich war schon ein Teenager und sollte bald über die Grenze nach Österreich und von dort in die Vereinigten Staaten fliehen, und Yenö war längst als dünner Rauchfaden über Auschwitz entschwunden, als ich auch über das siebente Paar Schuhe hinauswuchs. In den Hungerjahren des stalinistischen Ungarns der fünfziger Jahre waren seine Schuhe ein wahrer Schatz, und wenn sie mir nicht mehr paßten, brachten sie immer noch einen guten Preis. Jedesmal, wenn ich ein Paar Schuhe kaufe, muß ich daran denken, daß aus Yenös weitverzweigter Familie mit über fünfzig Mitgliedern nur zwei die Nazis überlebten. Und kaum eine Handvoll Juden blieb übrig in seinem Geburtsort Huszt, dem heutigen Chust in der Sowjetunion, während zu seiner Zeit mehr als zwanzig Rabbis um die Gefolgschaft von fünftausend Juden wetteiferten.

Nirgendwo am Lauf der Donau oder ihrer Nebenflüsse, an der Drau oder Theiß lebt heute noch ein Rabbi, der für seine Weisheit berühmt ist und Juden und Nichtjuden, die Hilfe für ihre kummerbeladenen Seelen suchen, gleichermaßen anzieht. Noch immer sind die Märkte erfüllt vom Geruch von Würsten und Schafskäse, von Aprikosen, Dill und frischgebackenem Brot, aber es gibt keine jüdischen Frauen mehr, die lautstark ihre wunderbar fetten Gänse anpreisen, keine jüdischen Kapellen, die zu einer jüdischen Hochzeit aufspielen, und keine wandernden Talmudstudenten, die am Tisch eines reichen Getreidehändlers oder eines armen, aber frommen

Schneiders gespeist werden. Kein Jude zieht noch als fahrender Händler von Dorf zu Dorf, von Land zu Land, um Haarbänder, Garne und die neuesten Baumwolldrucke zu verkaufen und bei den Bauern Säcke voller Gänsedaunen zu sammeln, um damit traumhaft warme und federleichte Bettdecken zu füllen oder Kissen, die zu den süßesten Träumen einladen. Kein Händler kauft noch die Zwetschgenernte auf, um koscheren Slibowitz, den besten auf der Welt, daraus zu brennen. Es gibt keine jüdischen Gasthäuser mehr und keine jüdischen Landbesitzer.

Nichts, nichts, nichts ist mehr davon übrig.

In der Stadt Debrecen im östlichen Ungarn, wo ich geboren wurde, mache ich die Bekanntschaft eines bedächtigen Verwaltungsbeamten, eines Patrioten mit klangvoller Stimme und leidvollem Herzen. Er zitiert einen ungarischen Dichter des neunzehnten Jahrhunderts, um seine Rolle im Jahr 1988 zu definieren: ein Wachposten an der Grenze zu Rußland und Rumänien, ein Verwalter der Ruinen nach vier Jahrzehnten kommunistischer Fremdherrschaft. Er hofft, daß sein Land durch harte Arbeit und unter einer neuen Generation von Führungspersönlichkeiten seine einstmalige Berühmtheit wiedererlangen wird.

Als Nachfahre kalvinistischer Prediger verkörpert der Verwaltungsbeamte die nationalistische Tradition seiner Gemeinde, die protestantische Konfession, der sich im sechzehnten und siebzehnten Jahrhundert viele Ungarn zuwandten, die gegen das römisch-katholische Haus der Habsburger opponierten. Die Kalvinisten bilden in Debrecen, der Stadt, die die Ungarn «das kalvinistische Rom» nennen, die Mehrheit. In der kargen kalvinistischen Kirche, die Debrecens Hauptstraße überragt und allgemein nur «die Große Kirche» genannt wird, stimmte das Revolutionsparlament von 1849 für die Absetzung der Habsburger und besiegelte so den Entschluß Zar Nikolaus' I., seine Armeen auszusenden, um einen verbündeten, durch einen Volksaufstand gestürzten Monarchen wieder in seine Rechte einzusetzen.

Die Unterhaltung dehnte sich über Stunden aus, und die anfängliche Reserviertheit des Verwaltungsbeamten, der Panzer eines Bürgers aus Debrecen, fällt Schicht um Schicht von ihm ab. Ungarn war eine Kolonie der Russen, sagt er. Während russische Flugzeuge am Flughafen von Debrecen landen und starten konnten, wann es ihnen paßte, brauchte ein ungarisches Flugzeug eine Sondererlaubnis. Der ungarische Staatssäckel mußte herhalten, um die sowjetischen Besatzungskräfte zu versorgen, und Ungarn war gezwungen, seinen finanziellen Beitrag zur Aufrechterhaltung des weitgespannten russischen Imperiums in Kuba, Äthiopien und Afghanistan zu leisten. Gleichzeitig brachte man im Kreml nicht einmal einen Hauch von Mitgefühl für das Elend der zwei Millionen starken ungarischen Minderheit in Rumänien auf.

Mitternacht war schon vorüber, als er schließlich auf das Thema «der guten alten Juden» zu sprechen kam, wie er es nannte. Er beklagte ihr Verschwinden, genauso wie Byron und Goethe den Untergang der alten Griechen oder der schriftkundigen Gelehrten beklagt hatten. «Wie viele Geheimnisse sie wohl gekannt haben», sagte er mit einem Seufzen, «wir werden es nie erfahren. Diese weißbärtigen alten Rabbis wußten einfach alles. Ich meine: alles!»

Da er erst nach dem Ersten Weltkrieg geboren wurde, stammte sein Wissen über die zwölftausend Juden, die einmal in dieser Stadt gelebt hatten, nicht aus erster Hand. Er war sich dessen bewußt, daß in anderen Ländern noch immer Juden, einschließlich der Nachfahren ungarischer Juden, lebten und es zu etwas brachten. Doch in seinen Augen war Ungarn der Dreh- und Angelpunkt des Globus, und das fast vollständige Verschwinden der Juden aus Debrecen, der zweitgrößten Stadt des Landes mit zweihunderttausend Einwohnern, stellte zu allererst einen Verlust für Ungarn dar, mehr als für das jüdische Volk.

Ungarn kann sich rühmen, noch immer etwa hunderttausend Juden eine Heimat zu bieten, von denen achtundneunzig Prozent in Budapest leben, einer Metropole mit mehr als zwei Millionen Einwohnern. Dennoch fragte der Beamte in Debrecen, und seine Frage ist keineswegs eine rein rhetorische: «Wo sind die echten Juden, die jüdischen Juden geblieben? Sind nicht alle unseren echten Juden tot?»

Erzsébet Dávid, eine Kalvinistin adliger Herkunft und Beamtin im Einwohnermeldeamt von Debrecen, rettete während des Naziregimes vielen Juden das Leben, indem sie ihnen gefälschte Geburtsurkunden als Christen ausstellte.

Die Schwarcz-Familie 1935 bei der Hochzeit der jüngsten Tochter Mara mit Levente (in der Mitte). Meine Großmutter Róza sitzt links außen, ihre älteste Tochter Elza rechts. Stehend von links nach rechts: Onkel Mishi, meine Mutter Anna, Onkel Anti (mit Brille). Ganz rechts Onkel Shumi, daneben seine Frau Agnes.

In einem Mietwagen suche ich Orte auf, die ich zum letztenmal vor mehr als dreißig Jahren gesehen habe, als ich an der hiesigen Universität, die nach Lajos Kossuth, dem Führer der Revolution von 1848, benannt ist, Literatur studierte und wie die meisten meiner Kommilitonen am Aufstand von 1956 teilnahm. Die Marmorfassade der Universität weist die gleiche strenge Symmetrie auf wie der Apollotempel, nach dessen Vorbild sie gestaltet wurde, und der weiträumige Platz ist nun bevölkert von Händchen haltenden Paaren und Studenten mit Büchern unter dem Arm. Am vierten November 1956, als der Kreml seine Armee aussandte, um den Aufstand niederzuschlagen, stand ich zusammen mit Hunderten von Kommilitonen, mit erhobenen Händen, an die Fassade gelehnt. Wir warteten darauf, daß der russische Kommandant uns erschießen, verhaften oder laufenlassen würde. Letzteres schien uns am wenigsten wahrscheinlich.

Der Nervenkrieg hatte schon früher, am Morgen, begonnen, als russische Panzer die Universität umstellten und jemand uns über Lautsprecher aufforderte, sofort die Waffen niederzulegen, andernfalls würde das Feuer auf uns eröffnet werden. Kurz vor Mittag befahl uns eine andere anonyme Stimme, wir sollten nach Hause gehen und uns nicht mehr in der Nähe der Universität blicken lassen, bevor uns nicht «von der zuständigen Stelle» die Erlaubnis zur Rückkehr gegeben wurde.

Ich fuhr an dem Krankenhaus vorbei, in dem ich 1937 geboren wurde, in der Nacht der ersten Luftschutzübung zur Vorbereitung auf den Zweiten Weltkrieg. Eine regionale Tageszeitung veröffentlichte einen zwanglosen Bericht über alles, was während der ersten Verdunkelung in der Stadt passiert war, und vermerkte pflichtbewußt auch die Geburt zweier Kinder. Das andere Kind, ein Mädchen, war ebenfalls jüdischer Abstammung. Sein Leben endete in einer Gaskammer in Auschwitz, doch seine Mutter, die als Zwangsarbeiterin in eine Munitionsfabrik deportiert wurde, überlebte.

Nach dem Krieg begegneten meine Mutter und ich ihr auf einer Straße in Budapest. Nie werde ich den Ausdruck ihrer Augen vergessen, die wortlose Frage: Warum hast du überlebt, warum ist meine Tochter tot?

Mein Vater war 1944 in einer Zwangsarbeiterkompanie, so wie die meisten körperlich tauglichen, männlichen ungarischen Juden, doch meine Mutter und ich konnten uns einigermaßen frei bewegen, weil wir einen neuen Familiennamen, Farkas, angenommen hatten. In den lebensrettenden Papieren, die wir immer bei uns tragen mußten, stand, daß meine Eltern und ich kalvinistischer Abstammung waren. Das Dokument war genauso groß wie eine Seite aus dem Heft, das ich zur Übung mit Buchstaben des Alphabets füllen sollte.

Die Fälschung stammte von einer engen Freundin meiner Mutter, Erzsébet Dávid. Jahrelang war sie ein häufig gesehener Gast im Haus meiner Großmutter Róza: eine zurückhaltende, zerbrechliche Dame mit dicken Brillengläsern und Zöpfen, die sie zu einem straffen Knoten gebunden trug. Sie hatte nie geheiratet, und einige Familienmitglieder hegten den Verdacht, sie sei in den einen oder anderen meiner Onkel verliebt.

Erzsébet Dávid, die aus einer kalvinistischen Adelsfamilie in Siebenbürgen stammte und das einzige Kind eines hohen Richters war, war eine fromme Christin und sah voller Abscheu auf den Rassismus der Nazis. Als höhere Beamtin im Einwohnermeldeamt von Debrecen hatte sie Zugang zu Blankoformularen und Gummistempeln. Sie stellte Hunderte von christlichen Geburtsurkunden für Juden aus, und versuchte diese dazu zu überreden, mit den falschen Papieren in eine andere Stadt zu ziehen, vorzugsweise in das großstädtische, mehr als hundertfünfzig Kilometer entfernte Budapest, wo es für die Behörden viel schwieriger war, jemandes Identität zu überprüfen, als in Debrecen, einer kleinen Stadt, in der jeder jeden kannte. Doch nicht jedermann hatte den Mut, mit gefälschten Papieren herumzulaufen, und den wenigsten Juden war klar, daß es gleichbedeutend mit dem ersten Schritt in ein Todeslager in Hitlers Reich war, wenn sie aus ihrer Heimat vertrieben und in einem neugeschaffenen Ghetto zusammengepfercht wurden. Erzsébet Dávid fürchtete das Schlimmste und war erstaunt zu sehen, daß die meisten Juden sich weigerten, ihr Glauben zu schenken.

Die Polizei faßte einen Juden, der sich als Christ ausgab, und verfolgte die Spur seiner gefälschten Papiere bis zu Erzsébet Dávid zurück. Sie wurde festgenommen, und ihr Prozeß fand in demselben

Gerichtssaal statt, in dem einst ihr Vater zu Gericht gesessen hatte. Der Staatsanwalt forderte eine «äußerst harte» Strafe, weil sie das Andenken ihres Vaters befleckt und das «heilige Vertrauen des Staates» verraten hätte, indem sie Papiere fälschte.

In der Nacht vor der Verkündung des Urteils – das wahrscheinlich auf Todesstrafe gelautet hätte – wurde durch einen Luftangriff der Amerikaner ein großer Teil des Gefängnisses, in dem sie gefangengehalten wurde, zerstört. Sie entkam unverletzt, wenn auch gesundheitlich schwer angeschlagen, da sich ihr Zustand durch die Verhöre und die Zeit der Verhaftung noch weiter verschlechtert hatte.

Nach dem Krieg wurde sie rehabilitiert und zur Direktorin des Einwohnermeldeamtes ernannt. Sie starb 1948, in dem kleinen Zimmer ganz in der Nähe der Großen Kirche, das sie gemietet hatte. Kein einziger Verwandter gab ihrem Sarg auf dem Weg zum Friedhof das letzte Geleit, vielleicht, weil sie keinen mehr hatte, vielleicht auch, weil sie keinem etwas bedeutete. Es waren die Juden von Debrecen, denen sie während des Kriegs geholfen hatte, die sie beerdigten, und sie errichteten ihr einen Grabstein aus Marmor, auf dem zu lesen war, sie sei eine «Heldin unserer Zeit».

Nur wenige Leute in Debrecen erinnern sich noch an sie, und Ende der achtziger Jahre konnten meine Mutter und ich ihr Grab in dem Friedhofsabschnitt, wo es sich den Unterlagen zufolge hätte befinden müssen, nicht mehr ausfindig machen.

Heute ist ein kalter, düsterer Septembernachmittag, und der sporadische, bleifarbene Sprühregen geht zwar nicht in einen Dauerregen über, verleiht aber der ungleichmäßigen Ausdehnung der grauen Grabsteine einen dumpfen Glanz. Debrecen riecht nach nasser Wolle und gebratenem Speck.

Ich mache in einer der kleinen Tavernen halt, für die Debrecen berühmt ist. Früher ließen die Gastwirte immer die Namen der berühmten Schriftsteller fallen, die Stammgäste waren und immer wieder zurückkehrten in der Hoffnung, die steife Reserviertheit der Einheimischen zu durchbrechen. Doch die heutigen Angestellten, sämtlich Staatsbedienstete, sind kaum in der Stimmung, Geschichten aufzutischen oder auch nur Konversation zu machen. Ihre Kunden essen und trinken mit gebotenem Ernst, und die Portionen sind reichlich bemessen. Ich trinke Espresso, eine dicke, bittere Brühe. Ich höre zu. Nur selten hört man ein Lachen, es wird kaum gesprochen, und jedes Wort wird gründlich gedreht und gewendet, bevor es den Mund verläßt.

Die Stadtleute sind so, wie ich sie in Erinnerung habe: bedächtig, ehrbar, zurückhaltend. Es gibt nur zwei Sorten: eine Oberschicht, die immer gekämmt, gebügelt und gestärkt, jederzeit bereit für den Fotografen ist, und den Rest, zerknautscht und zerzaust, als hätten sie in ihren Kleidern geschlafen. Beide werfen argwöhnische Blicke auf einen Fremden.

Abgesehen von den wenigen Tagen der Begeisterung während des Aufstands von 1956 habe ich mich, soweit ich zurückdenken kann, in meinem Geburtsort nie zu Hause gefühlt. Als Heranwachsender lief ich oftmals durch die baumbestandenen Nebenstraßen, auf der Suche nach einem Schlüssel zu all dem, was unausgesprochen blieb. Am liebsten ging ich nach neun Uhr abends spazieren, wenn die meisten Leute schon schliefen, dann konnte ich mir beim Hüpfen über die Schlaglöcher ihre Träume ausmalen. Ich konnte nicht glauben, daß Geld das einzige war, was für sie zählte. Ich hoffte, daß sich die Leidenschaft nur unter dem Deckmantel der Banalität versteckte und der Verstand sich hinter Gleichgültigkeit verbarg. Die einzigen Menschen, auf die ich traf, waren Betrunkene, die gerade aus einer Schenke geworfen worden waren und sich auf dem Weg zur nächsten befanden. Und während sie sich mit beiden Händen auf meine Schultern stützten, erzählten sie mir bereitwillig, daß sie alle Ungarn, Juden oder Zigeuner liebten oder haßten oder daß sie immer oder niemals zu ihren Frauen zurückkehren würden.

In der Schule lernte ich, daß vor vielen Jahrmillionen die gesamte große Tiefebene einschließlich der Hauptstadt Debrecen von einem See bedeckt war, der im Zuge einer globalen Umwälzung verschwand. Vielleicht ist Debrecen seitdem eine ausgetrocknete Wildnis, in der kein Regen fällt und Gedanken, Begeisterung und Erlösung verdorren. In der Wüstenhitze des Sommers scheint der wolkenlose Himmel die Stadt zu ersticken; in der gnadenlosen Kälte des Winters schließen die Bürger sich in ihre Häuser ein, um vor den schneidend kalten Winden zu fliehen.

Noch einmal gehe ich in den engen Gassen umher, hierhin und dorthin. Ich kann die düstere, kellerartige Synagoge nicht finden, die meine Großmutter mütterlicherseits, Róza, immer aufsuchte und die sie an die Synagoge im Dorf Gyulaj erinnerte, wo sie gelebt hatte, bis die Familie ihren Grundbesitz verlor und nach Debrecen umzog. Sie mochte das stolze, imposante Gebäude der Hauptsynagoge der Stadt nicht, welche kurz nach dem Ersten Weltkrieg niederbrannte, ohne daß die Ursache des Brandes je geklärt wurde.

Am Abend erfahre ich, daß die kleine Synagoge zusammen mit einigen danebenliegenden Gebäuden im Rahmen städtischer Sanierungsmaßnahmen kürzlich abgerissen wurde und daß der Grund, auf dem sie stand, heute ein öffentlicher Parkplatz ist, auf dem ich bei meiner Ankunft heute früh fast geparkt hätte. Aus Gründen, die ich

Großmutter Rózas Haus in Debrecen heute. Das Gebäude aus dem 19. Jahrhundert war einst ein stattliches Anwesen; heute sieht es aus, als wäre es Teil eines erbärmlich armen mittelalterlichen Ghettos gewesen.

selbst nicht recht verstand, hatte ich die fast leere Asphaltfläche wieder verlassen. Ich hatte die Orientierung verloren und erblickte nirgendwo die massige Silhouette des größten Hotels namens Aranybika, was soviel wie «Goldener Stier» bedeutet.

Ich gehe durch die gewundenen Nebengassen, wo sich einst die Häuser armer Juden dicht an dicht aneinanderdrängten wie Schafe in einem Gewittersturm. Es gibt noch immer eine kleine Synagoge, doch auf einem Schild steht, daß sie nur am Sabbat geöffnet ist.

Die Straße, in der früher meine Familie lebte und die nach dem großen Reformer des neunzehnten Jahrhunderts, dem Grafen Széchenу, benannt wurde, ist aufgerissen, und man hört Passanten fluchen, wenn sie über den Unrat und die auf dem Gehsteig angehäuften Pflastersteine stolpern. Die Arbeiter sind mißmutig. Sie stehen in Gräben, die sie zwei Meter tief ausheben sollen, um alte Abwasserrohre auszuwechseln. Der Boden ist sandig und durchlässig, und ein Spaten tut es für den größten Teil der Arbeit, doch die Grabenden müssen immer wieder zur Hacke greifen, wenn sie auf die dicken Steinbrocken stoßen, die sich aus jahrhundertealten Mauern gelöst haben. Sie verfluchen die Bürger, die die Steine aus den Bergen Siebenbürgens mitgebracht haben, sie verfluchen die Ingenieure, die die Abwasserleitungen geplant haben, und sie verfluchen ihr eigenes Pech bei der Arbeit.

Debrecen ist fast tausend Jahre alt. Von Anfang an ließen sich dort reiche Bauern und noch reichere Händler nieder, die um ihre Anwesen hohe, dicke Mauern aus Ziegel und Stein errichteten. Die Tore waren schwer und kunstvoll gearbeitet, aus hartem Eichenholz, das mit Bändern und Nieten aus Schmiedeeisen verstärkt worden war. Dank ihres einfachen Lebens und ihrer umsichtigen Geschäfte häuften die Bürger Gold und Silber an, das sie in den hohlen Säulen und den doppelten Böden ihrer Schränke und Spinde, die mit höchster Sorgfalt gearbeitet waren, versteckten. Oder aber sie mauerten ihre Schätze in den Fundamenten der höhlenartigen Keller ein, wo sie häufig Zuflucht suchten, weil die Stadt, eine blühende Oase inmitten einer flachen, baumlosen Ebene, niemals eine Stadtmauer zur Abwehr bewaffneter Eindringlinge errichtet hatte, sondern sich statt dessen immer mit einem Lösegeld freigekauft hatte. Debrecen war jedoch von einem tiefen Graben umgeben, der es den Wagen der Händler unmöglich machte, die Tore zu umgehen und so die hohen Einlaßgebühren zu sparen, die die Stadt allen Fremden abverlangte, wenn sie auf ihren Märkten kaufen oder verkaufen wollten.

Die Bürger hier bezeichneten sich selbst als *civis*, nach dem stolzen lateinischen Namen für einen Bürger Roms, den Archetyp eines europäischen Stadtstaats, und sie verteidigten gegen König und Adel ihre Rechte als freie Männer von Stand. Sie waren entschlossen, allen nicht in ihren Mauern Geborenen den Zutritt zu verwehren. Bis 1841 war es keinem Juden erlaubt, eine Nacht in der Stadt zu verbringen, ausgenommen er mietete oder kaufte ein Haus.

Ich wandere zu dem Haus, in dem meine Großmutter Róza lebte, bis sie 1944 nach Auschwitz deportiert wurde. Das Tor hängt nur lose in den Angeln, es steht offen. Das einstöckige Gebäude scheint kurz vor dem Zusammenbruch zu stehen. Der Mörtel wird zu Puder und bröselt aus den Spalten zwischen den Ziegelsteinen, und die roten Dachziegel sind zersplittert. Das Haus, im neunzehnten Jahrhundert erbaut, war einmal ein elegantes Gebäude. Es strahlte jene gewisse Würde aus, die meinen in den Adelsstand erhobenen Vorfahren soviel bedeutete, doch heute sieht es aus, als wäre es Teil eines erbärmlich armen, mittelalterlichen Ghettos gewesen.

Ich schreite um den Hof herum, einst dicht bepflanzt mit Büschen und Blumen, das Werk meiner Mutter Anna, einer geborenen Gärtnerin. Der mit Ziegeln belegte Gehweg wurde jeden Morgen gefegt, damit der Tag mit blankem Boden begann. Heute sieht man nur wenige vernachlässigte, kümmerliche Pflanzen, und der Gehweg ist nur teilweise unter Schichten aus Schlamm, Kronkorken und Zigarettenkippen erkennbar.

Ich suche nach der Mesusa, einer fingergroßen Kapsel aus Holz oder Metall, die ein Gebet enthält, die die Juden nicht mehr entfernen, wenn sie sie einmal am Torpfosten befestigt haben. Die Christen belassen sie manchmal als Glücksbringer dort. Doch der Torpfosten ist so übersät mit Kerben und Nagellöchern, daß ich nicht einmal raten kann, wo die Mesusa wohl gewesen sein mag.

Keine Menschenseele ist zu sehen, was mir sehr entgegenkommt. Ausnahmsweise ist mir einmal nicht nach einer Unterhaltung mit einem Einheimischen zumute, und ich suche auch nicht nach Leuten, die meine geliebte, unvergessene Großmutter gekannt haben mögen. Es ist, als hätten wir nie in dieser Stadt gelebt.

Am nächsten Tag überquere ich die Grenze zu Rumänien und betrete das hügelige Land Siebenbürgens. Der felsgesprenkelte Boden ist unfruchtbar und eignet sich noch am ehesten zur Schafzucht und als Nährboden für religiöse Sekten. Jahrhundertelang schien Siebenbürgen nur der verlängerte Arm von Byzanz zu sein, und seine Einwohner waren in einer äußerst starren Hierarchie gefangen: Es gab die Reichen, die in italienischen Samt und türkische Seide gekleidet waren, und die Armen, die in härenem, selbstgesponnenem Linnen und in rauher Wolle daherkamen, und jede ethnische Gruppe trug ihre eigene Tracht. Siebenbürgen war einst ein unabhängiges Fürstentum, dessen Abneigung dem Sultan in Istanbul gegenüber sich die Waage hielt mit der Ablehnung des Kaisers in Wien. Heute aber ist es eine Vielvölkerprovinz südlich der Karpaten, die von Bukarest aus regiert wird. Zum Zeitpunkt meines Besuchs ist der Tyrann Nicolae Ceausescu noch am Leben. Er nannte seine Herrschaft das Goldene Zeitalter und war entschlossen, Lebenszusammenhänge und religiöse Bande zu zerstören, die schon lange vor seiner Zeit bestanden.

Ungefähr siebzig Kilometer südöstlich von Debrecen, in einer Stadt, die die Rumänen Oradea und die Ungarn Nagyvárad nennen, erzählt mir ein Stückeschreiber, der Ungarisch schreibt, daß er oft «zur Inspiration» den jüdischen Friedhof aufsucht. Er blickt auf die Grabsteine, liest die Inschriften, sofern sie ungarisch sind, und rätselt über die hebräischen Buchstaben, die er «wurzelähnlich» nennt und die er nicht versteht. Viele der Marmorgrabsteine sollten Kunstwerke werden, sagt er, andere sind einfach zufällig schön. In der Stille des Friedhofs hört der Stückeschreiber Stimmen. Er ist davon überzeugt, daß die jüdischen Toten so erzählfreudig und so überzeugend sind wie zu ihren Lebzeiten, und alles, was der Schriftsteller tun muß, sei «zuhören, und zwar gut zuhören».

Er ist Kalvinist und mit einer Frau verheiratet, die einer Familie von *Volksdeutschen* entstammt, eine weitere Minderheit, die im letzten Jahrtausend nach Siebenbürgen eingewandert ist. Er schreibt über das Leben in Nagyvárad während der türkischen Besetzung im sechzehnten und frühen siebzehnten Jahrhundert, als der Sultan der Osmanen auf der Höhe seiner Macht stand. Doch es ist der jüdische Friedhof, der noch nicht einmal zweihundert Jahre alt ist, der ihm «die Qualen der Vergangenheit und ein ewiges Gefühl von Verlust» vermittelt. Er sagt, daß die Juden hinweggefegt wurden, genauso wie die Türken. Er fürchtet, daß seinen ungarischen Mitbürgern, zu deren Vorfahren auch Reiter der Hunnen gehören, die beim Rückzug nach Zentralasien nach Attilas Tod zurückblieben und die in den letzten sechzig Jahren rumänischer Herrschaft zu einer verfolgten Minderheit wurden, dasselbe Schicksal bevorsteht. Er hält es für eine tragische Entwicklung, daß in den späten achtziger Jahren unter der stalinistischen und chauvinistischen Tyrannei Zehntausende von Ungarnstämmigen über die Grenze nach Ungarn geflohen sind.

Der Stückeschreiber ist der Freund eines Freundes, welcher früher in Nagyvárad und nun in Bukarest lebte und mir einen Namen, eine Adresse und ein Codewort verschaffte. Man sagte mir, ich solle mindestens dreimal um den Block gehen, um sicherzugehen, daß ich nicht von der Geheimpolizei verfolgt werde, und sowie ich den Stückeschreiber erkenne, solle ich ihn fragen, ob er noch immer das «Ritualschwert» habe.

Ich tue alles wie befohlen, und der Stückeschreiber lächelt und nickt, erkennt in mir jemanden, dem er trauen kann. Er schlägt vor, sich lieber im Keller hinzusetzen als im Wohnzimmer, denn im Untergrund fühle er sich sicherer, wenn er mit einem Fremden, einem Ausländer spricht. Ich sage, ich verstünde ihn, und er zuckt mit den Achseln und lacht in sich hinein, während er erklärt, daß seine Vorliebe fürs Unterirdische instinktiv und primitiv ist – und ununterdrückbar.

Der Keller ist geräumig, und selbst im schwachen Licht der Sechzig-Watt-Birne, die das staatliche Sparprogramm erlaubt, kann ich erkennen, daß die aufstrebenden römischen Bogen des Gewölbes meisterhaft angelegt sind. Doch das Ganze sieht zu neu aus, um von den Römern erbaut zu sein oder von mittelalterlichen Maurern, die die Römer nachahmten und deren Auftraggeber die Absicht verfolgten, die Ordnung und Einheit dieses Reichs wiederherzustellen.

Der Stückeschreiber sagt, daß das Haus von eben jenem Friedensrichter erbaut wurde, der im berüchtigtsten Verleumdungsfall der ungarischen Geschichte tätig war: Im Jahr 1882 wurden die Juden des Dorfs Tiszaeslár angeklagt, eine junge Christin getötet zu haben, angeblich, um ihr Blut in das ungesäuerte Passahbrot zu mischen. In ganz Europa wurde über diesen angeblichen Ritualmord gesprochen, aus dem unter den Ermittlungen des Friedensrichters schließlich eine Verschwörung konstruiert wurde, in die angeblich fünfzehn einheimische Juden verwickelt waren, und es sah alles danach aus, daß die Juden schuldig gesprochen werden würden.

Der Name des Friedensrichters, Jószef Bary, ist mir wohlbekannt. Mein Urgroßvater Samuel Schwarcz, der unweit von Tiszaeslár lebte und dem der Gestank des Antisemitismus, den der Fall im Land verbreitete, in die Nase stieg, half beim Sammeln von Geld zur Verteidigung. Er bestieg seine Kutsche und suchte jeden wohlhabenden Juden im Bezirk Szabolcs und sogar noch ein paar entferntere auf. Sodann reisten er und seine Freunde nach Budapest, wo sie dem berühmtesten Verteidiger des Landes, dem nichtjüdischen Adligen Károly Eötvös, einen ungeheuren Vorschuß anboten – meine Familienchronisten sprechen von der unvorstellbar hohen Summe von zehntausend *koronas*, etwa zehnmal so viel wie zehntausend Dollar heute. Da er sich Sorgen wegen möglicher feindseliger Reaktionen in der Öffentlichkeit machte, widerstrebte es Eötvös zunächst, die Verteidigung der Juden zu übernehmen. Doch schließlich stimmte ihn die Bedeutung des Falls um, und als er sich mit den Fakten vertraut gemacht hatte, kam er zu der Überzeugung, daß die Angeklagten nur die unschuldigen Opfer eines blindwütigen, mörderischen Hasses waren. Mit der Zeit wurde er zu einem großen Freund der Juden.

Beim Prozeß, über den Reporter aus einer Vielzahl von Ländern berichteten, gab der redegewandte Eötvös die Anklagen der Lächerlichkeit preis und gewann den Fall mit Pauken und Trompeten. Der gedemütigte Friedensrichter zog nach Nagyvárad, um sein Glück in einem anderen Bezirk zu versuchen.

Die Geschichte über meinen Urgroßvater kommt gut an, und mein Gastgeber schlägt sogleich vor, auf das Andenken von Samuel Schwarcz, einem Helden der Gerechtigkeit, anzustoßen. Wir erheben unsere Gläser und trinken auf die Gerechtigkeit in der Welt, auf Juden und Nichtjuden und auf Siebenbürgen. Der dünne, billige Wein schmeckt wie der feinste Champagner.

Auf der Hauptverbindungsstrecke von Debrecen nach Nagyvárad und von Nagyvárad zur jugoslawischen Grenze zogen einst die römischen Legionen dahin; sie verläuft heute über die Hauptstraßen der Dörfer. Deren Namen sind mir vertraut, auch wenn ich mich nicht daran erinnern kann, welcher Uronkel eine Frau aus welchem Dorf geheiratet und welcher Cousin Land in einem anderen gekauft hat.

In seinem Testament aus dem Jahr 1920 vermachte mein Großonkel Yankev den jüdischen Gemeinden von fünfzehn Dörfern in dieser Gegend Geld: Dörfer, in denen er die Thora studiert hatte (denn bei den Juden findet Lernen in der Gemeinschaft statt), in denen er seine spätere Frau kennengelernt hatte oder in denen er geschäftliche Beziehungen unterhielt. Er und seine Brüder hatten auch Land und Geld gestiftet, um ihr Geburtshaus im Dorf Derzs in eine prächtige Synagoge umzuwandeln. In der Übertragungsurkunde von 1906 wurde die örtliche jüdische Gemeinde in strengen Worten daran erinnert, daß es hinfort ihre Pflicht und Schuldigkeit sei, sich auf «immer und ewig» gut um die Synagoge zu kümmern; wenn sie dies nicht täte, so würde das Haus wieder an die Schwarcz-Familie zurückfallen, und «jeder Nachkomme wäre dazu berechtigt, die Schenkung zu annullieren, die jüdische Gemeinde von Derzs wäre zur Rückgabe verpflichtet und hätte jeden Anspruch auf eine Entschädigung für eigene Investitionen in das Gebäude verwirkt».

Wer hätte damals daran gezweifelt, daß in den Synagogen des Bezirks Szabolcs immer Juden beten würden und daß es eine vernünftige Investition war, für die Enkel, die in den vierziger Jahren heiraten würden, Alterssitze auf Lebenszeit an der Ostmauer zu kaufen, eine Lage mit hohem Prestigewert wegen ihrer Ausrichtung nach Jerusalem.

Keine Synagoge im Bezirk Szabolcs wird heute noch genutzt, und in den Dörfern Ungarns und Siebenbürgens, Jugoslawiens und der Tschechoslowakei leben keine Juden mehr. Alle paar Jahre gehen Geschichten um über einen Traktor oder einen Bulldozer, oder einen Gärtner, der bei Erdarbeiten auf einen siebenarmigen Leuchter aus Silber oder auf eine Thorarolle in einer Blechdose stößt, vergraben von einem der sechshunderttausend ungarischen Juden, die von den Nazis umgebracht wurden. Überall liegen die verborgenen Schätze der Juden vergraben, so flüstern die Leute, und es wird Jahrhunderte dauern, bis der ganze Reichtum, den die Juden zurückließen, entdeckt ist.

Glücksjäger suchen nach dem Gold der Juden mit demselben Eifer, mit dem frühere Generationen nach dem Schatz aus Juwelen und wertvollen Steinen gruben, der angeblich dem Hunnenkönig Attila, welcher im fünften Jahrhundert das Land eroberte, mit ins Grab gegeben wurde. Manche Gelehrte glauben, daß sein dreifacher Sarg – aus Blei, Silber und Gold – unter der Theiß liegt, nahe der Grenze zu Jugoslawien. Um den Sarg zu verbergen, wurde der Fluß zunächst durch Erdwälle, die von Tausenden fremder Sklaven errichtet wurden, umgelenkt und anschließend wieder ins alte Bett zurückgeführt, und die Sklaven wurden nach Beendigung ihrer Arbeit umgebracht, damit es keine Zeugen mehr gab.

Die Dorfbewohner Ungarns wie Rumäniens bewahren Gegenstände auf, die ihrer Vermutung nach einem Juden gehörten. Eine türkische oder österreichische Münze werden sie verkaufen, sobald sie ihnen unter die Finger kommt, und sie warten gewöhnlich auch nicht auf den richtigen Käufer, wenn ihr Pflug Glieder einer Halskette ans Tageslicht befördert, die so alt ist, daß sie womöglich schon einem römischen Patrizier gehörte. Doch einen siebenarmigen Leuchter bewahren sie viele Jahre lang auf und erzählen ihren Familien, daß es klüger sei, auf einen wohlhabenden Juden zu warten, der ganz verrückt danach ist. Sie bewahren die angesengten Seiten eines hebräischen Gebetbuchs, die sie irgendwo aufgehoben haben, als Talisman auf, wenn sie auch angeblich nicht einmal mehr wissen, wo sie sie gefunden haben. Doch wohlhabende Juden sieht man nicht mehr allzu häufig in diesen Gegenden.

Bei den ländlichen Traumdeutern unserer Zeit gilt es als glückliches Vorzeichen, wenn man im Traum einem Juden begegnet. Es bedeutet, daß der Träumer sein Glück machen wird oder daß seine oder ihre verborgenen Qualitäten bald entdeckt werden.

Ich fahre in meinem geschniegelten roten Renault auf den gleichen Straßen, auf denen meine Vorfahren einst in primitiven, von Pferden gezogenen Wagen und eleganten Kutschen dahinfuhren. Eine Herde sandfarbener Schafe überquert eilig den schwarzen Asphalt, und ich halte erfreut an. Ich sehe zu, wie sie sich schubsen und mit den Köpfen zusammenstoßen, selbst als der Schäfer sie auf eine neue Weide führt. Der Wagen hinter mir beginnt zu hupen, und widerstrebend fahre ich weiter. Der durchdringende Geruch der Schafe bleibt an mir haften.

Ein Schild teilt mir mit, daß ich den Bezirk Szabolcs betreten habe, und bald darauf parke ich das Auto unter einem hundert Jahre alten Walnußbaum und steige aus, um die Sonne zu bewundern, die in einer Ebene versinkt, so glatt wie ein See. Es weht eine leichte Brise, und das Rascheln der Blätter läßt an den Klang eines Abendgebets denken. Ich spüre die Anwesenheit meiner Vorfahren, so wie ich in den Blättern verborgene Vögel spüre.

Plötzlich ertappe ich mich dabei, wie ich die Gedanken meiner Vorfahren denke und Sätze wiederhole, die aus ihrem Munde stammen. Wenn ich über sie spreche, dann hänge ich die Worte «seligen Angedenkens» an jeden Namen an. Wenn man mich nach der Dauer meines Besuchs fragt, dann antworte ich und füge hinzu: «So Gott will!», wie auch sie gesagt hätten.

Ich hebe eine Walnuß vom Boden auf. Die weiche Schale ist zur Hälfte grün, lebendes Gewebe, und zur Hälfte schwarz und abgestorben, und ich höre mich selbst die Einleitungsworte des Kaddisch murmeln, des hebräischen Totengebets, in dem nicht ein einziges Mal von Sterben, Tod oder Toten die Rede ist, sondern das der Seele hilft, sich vom Körper zu befreien und sich in höhere Sphären zu erheben. Im Kaddisch heißt es: «Gepriesen sei und gerühmt und verherrlicht und erhaben und erhört und gefeiert und hocherhoben und gepriesen der Name des Heiligen.» Das Gebet ist eine Aneinanderreihung von

Meine Großeltern Róza und Karl Schwarcz in den ersten Jahren dieses Jahrhunderts, vor ihrem Haus in Gyulaj.

Synonymen, die den Herrn, den Gott unserer Vorväter, der uns das Leben schenkt und den Frieden bringt, lobpreisen. Plötzlich wird mir klar, daß unser Gebet für die Toten nichts anderes ist als ein Treuegelöbnis zum Leben.

Zum erstenmal in meinem Leben besuche ich Derzs, ein kleines Dorf mit weniger als tausend Einwohnern, und das etwas größere Nachbardorf Gyulaj, das meine Großmutter Róza als Witwe mit ihren sieben Kindern 1927 unter Tränen verließ, nachdem das Landgut der Familie ruiniert war.

In Derzs haben sich meine Vorfahren vor mindestens vier, vielleicht aber auch noch mehr Jahrhunderten niedergelassen. Möglicherweise haben sie schon dort gelebt, als Ungarn noch unter der Herrschaft des Hauses Arpád stand, dessen Könige Nachkommen jenes legendären Stammführers waren, der sein Volk aus den Steppen am Wolgaufer führte und dessen Reiter im Jahr 896 endgültig jenes Land eroberten, das später als Königreich Ungarn bekannt wurde. Damals wie heute lag Derzs am Ende der Straße, eine Sackgasse. Selbst heute noch liegt Derzs eine Halbtagesbusreise von der nächsten großen Stadt, Nyíregyháza, entfernt.

Während andere Juden sich an verkehrsreichen Straßenkreuzungen niederließen, von wo aus sie besser Handel treiben und reisen konnten und wo sie sich schnell davonmachen konnten, wenn einfallende Armeen, mörderische Mobs oder einfach schlechte Zeiten sie bedrohten, waren meine Vorfahren auf der Suche nach einem stillen Hafen, wo sie Weizen- und Kartoffelanbau betreiben konnten. Sie suchten einen Zufluchtsort in einem Land, das so flach ist, daß die Rillen der Wagenräder die tiefsten Mulden bilden, in denen sich das Regenwasser sammelt.

Meine Vorfahren pflanzten Bäume, um dem treulosen gelben Sand einen Halt zu geben, der von dem fast ununterbrochen wehenden Wind abgetragen wurde. Vom frühen neunzehnten Jahrhundert an setzten sie zu diesem Zweck hauptsächlich Scheinakazien ein. Einige der höchsten Bäume in Derzs wurden von meinen Vorfahren gepflanzt, während andere aus den verstreuten Samen der ersten Anpflanzungen hervortrieben.

In dem durch die Blätter gefilterten und vom Sand zurückgeworfenen Sonnenlicht fließen Gold und Grün in wechselhaften Schattenspielen ineinander. Das Gold hat jene Tönung spätnachmittäglichen Sonnenlichts, die seine Liebhaber als altes Gold bezeichnen, im Unterschied zum messingfarbenen, aufdringlichen Glanz neugeprägten Goldes. Grün ist die elementare Farbe des wuchernden Regenwaldes, die ewiges Wachstum und Gedeihen verspricht. Gold dämpft und verfeinert das Grün, während Grün das Gold am besten zur Geltung bringt. Ein junges Blatt, das in der Sonne glänzt, ist ein leuchtendes, goldenes Oval, überzogen mit üppigem Grün. Zusammen verkörpern beide Farben die Zivilisation, wie der Dichter sie in seiner Versöhnung von Natur und Kunst definiert.

Die Landschaft zieht mich auf der Stelle in ihren Bann. Niemand hatte mir gesagt, wie lieblich und harmonisch sie ist, und keine Geschichte über das Bestreben meiner Vorfahren, einen fruchtbaren schwarzen Boden hervorzubringen, hatte mich auf das Gefühl vorbereitet, das mich erfüllte, als ich eine Handvoll davon aufnahm und seine Fruchtbarkeit einsog.

Es zeigt sich bald, daß die Dorfbewohner und ich dieselbe Sprache sprechen. Ein Mann verwickelt mich in ein Gespräch und ist entzückt, als er merkt, wessen Enkel ich bin. Er zeigt auf die perfekten

Quadrate einiger Grundstücke, die von zwei oder drei Stockwerke hohen Scheinakazien umgeben sind. Er erklärt mir, daß dieses Land einst meinem Großvater gehörte, dem damals größten Landeigner des Dorfes, der «so demonstrierte, was ihm gehörte».

Der über siebzig Jahre alte Bauer kann jedes Stück Land in dieser Gegend, das meine Familie besaß oder gepachtet hatte, identifizieren. Ich sage ihm, daß er zu jung ist, um all das aus eigener Anschauung zu wissen. Er erwidert, sein Vater habe ihm das erzählt. Er arbeitete für meinen Großvater und fuhr jeden Winter, Jahr für Jahr, den Mist aufs Feld, wo zwei Männer auf dem Wagen den Mist wegschaufelten, um den Boden, der anschließend gepflügt wurde, damit zu bedecken. «Ihr Großvater wußte, wie man den Boden verbessern konnte», sagt der Dorfbewohner, «und er wußte, wie man mit Leuten umgeht. Er brachte alles fertig. Er war sehr beliebt hier, und sein Name ist unvergessen.»

Ich frage ihn, wie und warum meine Familie ihr Land verlor. «Ihre Onkel Shumi und Mishi waren keine guten Geschäftsleute», sagt er, und abschätzig bemerkt er, sie seien «genauso wie andere Nachkommen des Landadels gewesen: leichtsinnig.» Er hat auch an den Ratschlägen ihrer Cousins, die er namentlich kennt, etwas auszusetzen. Er findet scharfe Worte für den Familienanwalt, der «sich an ihren Problemen bereichert hat». Doch vor allem und mehr als jeden menschlichen Faktor macht er «den Krieg» verantwortlich – und er meint damit den Ersten Weltkrieg – als «die Welt in Trümmer fiel und nichts und niemand den Zusammenbruch aufhalten konnte».

Der Bauer ist ein nüchterner Realist und Kalvinist, womit er in diesem Dorf zur religiösen Minderheit gehört. In ihrer Mehrheit sind die Bewohner griechisch-katholisch, und ihr etwa fünfzig Jahre alter Priester, der erst seit fünf Jahren in Derzs ist, liest ungarische Romane und Gedichte und kämpft sich durch deutsche, französische und englische Bücher. Er weigert sich, irgend etwas mit den Russen zu tun zu haben, obwohl seine Vorfahren ebenso wie die seiner Gemeindemitglieder Slawen waren, die vor mehr als tausend Jahren aus den Steppen östlich der Karpaten auswanderten und dem byzantinischen Christentum schon angehörten, als die eindringenden ungarischen Volksstämme noch Heiden waren, deren Schamanen weiße

Pferde opferten. Sohn eines Priesters und in einem etwa fünfzehn Kilometer entfernten Dorf geboren, ist er Hobbyhistoriker und Archäologe ebenso wie Träumer – eine Spezies, die im Bezirk Szabolcs wohlbekannt ist. Träumer können genauso unberechenbar sein wie die einheimischen Vögel, die in einem Jahr die Luft mit lautem, fröhlichem Gezwitscher erfüllen und sich im nächsten Jahr unerklärlich still verhalten.

Der Priester spricht von den vierzig Jahren Kommunismus als von «einer tragischen Ära, in der eine ganze Generation zwar nicht unbedingt vollständig der Religion entfremdet wurde, sicher aber die Möglichkeit verlor, ein Leben nach ethischen Wertvorstellungen zu leben». Er sagt mir, er habe einen Plan, wie er seine Herde wieder der Religion zuführen könnte, doch wenige Minuten später schon sieht er keine Hoffnung, weil die Welt noch schneller auseinanderfällt, als sie wieder zusammengefügt werden kann. Dann sagt er mir, daß er die Geschichte meiner Familie erzählt, um «ein Beispiel für die Treue zu einem Glauben und zu einem Ort» zu geben.

Er ist jener Träumer, der verzweifelt aufschreit, der unter Leugnung der Beweislast und mit an den Haaren herbeigezogenen Argumenten behauptet, daß es eine andere Wahrheit gibt. Und gibt es nicht in der Tat eine andere Wahrheit, wenn auch nicht unbedingt eine höhere, die aus dem Urmetall der blanken Tatsachen die goldenen Spinnfäden sehnsüchtiger Träume webt?

Der Priester nimmt mich mit in seine Kirche, um mir etwas zu zeigen, das er «unser kleines Wunder, so einzigartig und einmalig wie alle anderen Wunder» nennt: Beim Abstützen des sich senkenden Kirchenschiffes, das das Gebäude mit dem Einsturz bedrohte, gruben die Arbeiter tief ins Erdreich und entdeckten dort völlig unerwartet Fundamente aus gestampfter Erde und Mauern aus Lehmziegeln mit einem Lattengerüst aus dem zwölften Jahrhundert. Aus Budapest herangezogene Wissenschaftler meinen heute, daß das Gebäude 1241 von den Horden Dschingis-Khans beschädigt wurde und daß in den folgenden Jahrhunderten nacheinander Teile der Kirche im romanischen, gotischen oder barocken Stil wiederaufgebaut wurden. Jede neue freigelegte Schicht birgt ein Kleinod in sich – ein Bogenfenster oder eine Nische für den Schutzheiligen der Kirche. Der Priester hatte immer gehofft, ja, er hatte sogar geträumt, daß es so kommen würde, konnte es jedoch erst durch die Ausgrabung beweisen.

Ich teile die Begeisterung des Priesters, der die Entstehung seiner Kirche nun zwei, vielleicht auch drei Jahrhunderte weiter zurückverfolgen kann. Er erzählt mir von seiner Auseinandersetzung mit den Gemeindemitgliedern, die möchten, daß die Kirche wieder mit glattem Gips und glänzender neuer Farbe überzogen wird, und die strikt dagegen sind, auch nur ein Stückchen der zerbröckelnden mittelalterlichen Ziegelkonstruktion zur Schau zu stellen. Ich stimme ihm von ganzem Herzen zu, und er bittet mich um die Erlaubnis, meine Meinung bei den Gemeindemitgliedern zitieren zu dürfen. Ich kann mir nicht vorstellen, daß meine Worte hier irgendein Gewicht haben könnten; doch er widerspricht mir entschieden.

Voll Stolz zeigt er auf das steinerne Pflanzgefäß auf seiner Terrasse, in dem er zehn Schädel ausstellt, vermutlich Opfer der mongolischen Invasion, die er unter dem Boden der Sakristei, welche aus gotischer Zeit stammt, ausgegraben hat. Die leuchtendroten Blüten der Geranien heben sich scharf von den gebleichten Schädeln ab. Darüber wölbt sich das dichte grüne Flechtwerk einer Weinlaube, und ich sage etwas in der Art, wie sehr dieses Bild eine Bejahung des Lebens darstellt. Aber ich kann auch seine Entgegnung nachvollziehen, ein Zitat aus der Bibel, durchdrungen von der Abkehr von der Welt, das er in hebräischer Originalversion vorträgt: daß alles nur hohler Schein sei.

Er lehrt die Kinder seiner Gemeinde das hebräische Alphabet und zeigt mir die Schulbücher, die er verwendet und die in den dreißiger Jahren für jüdische Kinder gedruckt worden waren. Er gibt zu, daß sein Projekt wirklichkeitsfremd ist – was wohl könnte ein griechisch-katholischer Dorfbewohner mit Hebräisch anfangen? Doch er unterbricht sich selbst mitten in seinen Überlegungen: «Müssen wir immer so praktisch denken, so tief in den Schlamm und den Staub der Erde hinabsteigen? Der Mensch muß sich erheben und in die Lüfte schwingen . . . Aber Hebräisch ist schwer.» Er seufzt. «O Gott, unser aller Gott, Ihrer und meiner, sag uns, warum die heilige Sprache so entsetzlich schwierig ist?»

Seine Augen füllen sich mit Tränen, als er von meinem Onkel Shumi spricht, der vor einem Jahr gestorben ist und ihm die Schulbücher geschickt hat. Er kann sich nicht verzeihen, daß er an der Beerdigung von Onkel Shumi nicht teilgenommen hat, doch der Bischof ließ ihn wegen einer dummen Angelegenheit zu sich rufen, die sein Kommen, wie er heute meint, nicht wert war . . . Shumi, so berichtet er seufzend, dieser liebenswerte Mensch aus dem liebenswerten neunzehnten Jahrhundert, besuchte ihn regelmäßig und stand in Briefwechsel mit den Kindern, und ihm war es zu verdanken, daß die Kinder, die heute fast erwachsen sind, sich nicht nur für die Schwarcz-Familie, sondern auch für die Geschichte ihres Dorfes interessieren.

Es ist ein sonniger Dorfnachmittag, die Zeit fließt träge dahin. Das stete Summen der Honigbienen aus dem Küchengarten des Priesters ist in Einklang mit dem Klappern der Hämmer, Kellen und Spaten der Renovierungsarbeiten in der Kirche. Als die Arbeiter zur Brotzeit Pause machen, kommt einer von ihnen über die Straße und bietet uns Brot, Schinken und Zwiebel an – alles aus dem eigenen Garten, so versichert er uns, nichts aus einem Geschäft.

Die Stunden gehen unbemerkt bei unseren Gesprächen im Pfarrhaus dahin. Es wurde vor etwa zweihundert Jahren erbaut und ist ein geräumiges, angenehmes, weißgetünchtes Haus mit drei Meter hohen Decken. Der Boden aus unversiegeltem Kiefernholz ist durchgetreten, und die Astlöcher sind angeschwollen wie die Knöchel eines alten Bauern. Überall liegen Bücher, Fotografien und Aktenordner herum, auf dem Boden, auf Stühlen und in Schränken stapeln sie sich; Briefe sind mit Nägeln an die Wand geheftet.

Der Priester und ich unterhalten uns über alles, was auf Gottes weiter Erde vor sich geht, so, als würden wir uns schon unser ganzes Leben lang kennen, und ich mache eine Schenkung für die Kirche, genauso wie mein Großvater es vor mir getan hat. Meine Vorfahren besuchten das Pfarrhaus unzählige Male, ebenso oft, wie die Vorgänger des Priesters das Haus meiner Vorfahren aufsuchten, welches mein Großvater und seine Brüder wiederaufbauten und 1906 in eine Synagoge verwandelten. 1945 kehrten zwei oder drei junge Juden aus dem Dorf, die den Naziterror überlebt hatten, zurück, bauten das

Blechdach ab, gruben die Thorarollen, die ihre Familien versteckt hatten, aus und verkauften alles, was nicht niet- und nagelfest war, um mit dem Geld ihre Reise nach Palästina zu bezahlen. Das Gebäude selbst, das aus Lehmziegeln und Gips bestand, stürzte bald ein und wurde später mit gebrannten Ziegeln wiederaufgebaut und als Kindergarten genutzt.

Als wir uns vor dem Pfarrhaus ausgiebig voneinander verabschieden, kommen einige Dorfbewohner vorbei, und der Priester stellt mich vor. Sobald sie meinen Vornamen hören und erfahren, wessen Enkelsohn ich bin, nennen sie mich Károly *bácsi*, was soviel bedeutet wie Onkel Charles. Selbst die viel älteren Dorfbewohner ziehen diese Anrede der Anrede Herr und dem Familiennamen vor, wie die Dorfbewohner normalerweise einen Fremden und Städter ansprechen. Sie wissen, ohne fragen zu müssen, daß ich nach meinem Großvater benannt wurde. Sie alle kennen ihn, und spontan und unverkennbar stellen sie eine Beziehung zu mir her und schließen mich in die Ehrerbietung, die sie ihm entgegenbringen, mit ein. In Derzs, wo mein Großvater geboren wurde, und in Gyulaj, wo er sein eigenes Gut gründete, bin ich nicht nur ein Nachfahre, sondern sein Erbe und Stellvertreter.

Die Felder winken. Sie liegen hinter den Häusern, die sich an den beiden Hauptstraßen des Dorfs entlangziehen, verstreut im sogenannten «Grenzland». Der Weg zwischen dem Dorf und den Feldern lädt zu einem Spaziergang ein, und jede Biegung ist eine Aufforderung zum Weitergehen. Ich schreite leichtfüßig aus. Ich halte Ausschau nach einem Streifen schilfbestandenen Marschlands, im Bezirk Szabolcs nennt man es *vadviz*, was soviel wie «Wildwasser» bedeutet. Es ist eine Zwitterzone zwischen Land und Wasser, deren Umrisse sich jeden Tag verändern. Lange Zeit warte ich darauf, daß plötzlich ein Schatten aufs Wasser fällt, still wie ein Grabstein, obwohl niemand und nichts ihm Form verleihen könnte. Glaubt man den Reden der Einheimischen, dann kann man auf diese Weise am hellichten Tag feststellen, ob ein Geist in der Nähe ist. Der Wind bläst aus Nordost, von den unsichtbaren Bergen, und die Salweiden, getrieben aus Samen, welche irgendwie den Weg ins *vadviz* fanden – das auf keiner Karte verzeichnet ist – zittern, krümmen und biegen sich, ihre Blätter flattern wie die Schlachtfahnen der Kavallerie eines vergangenen Jahrhunderts. Doch ich sehe keinen unerklärlichen Schatten.

Ich hoffe, auf einer verlassenen, unbefestigten Straße einen Blick auf einen meiner Vorfahren zu erhaschen, wie er am Rand eines Bewässerungsgrabens sitzt und seine Beine im feuchten Mondlicht ausstreckt, während er darauf wartet, daß ein Wanderer ihm guten Abend wünscht und im Glauben, er sei noch am Leben, seine Einladung, haltzumachen und einer Geschichte zu lauschen, annimmt. Das nämlich tun die Geister, so glauben die Einheimischen, und sie fürchten sich vor dem verdrießlichen, schweigsamen Geist, der die Beine bis unters Kinn zieht und sich zusammenkauert, ebenso wie vor dem zornigen Geist, der mit einer rostigen Kette klappert, während er umherzieht, um sich zu rächen, weil man ihn um ein Stück Land betrogen hat oder weil seine Frau ihn verlassen hat. Doch es gibt auch freundliche Geister, die sich nach dem Besuch eines Lebenden sehnen. Der eine mag keine Ruhe finden, weil er eine Angelegenheit nicht zu Ende bringen konnte – weil er das Versteck eines wertvollen vergrabenen Schatzes der richtigen Person mitteilen möchte –, während ein anderer unbedingt den Lebenden eine Geschichte in Erinnerung rufen will, die er wie einen Schatz hütet und an die niemand sonst sich mehr erinnert.

Einen Geist sollte man nicht unterbrechen, doch darf man ihm drei Fragen stellen, bevor er zu seiner Geschichte anhebt, die er mit dem ersten Hahnenschrei beendet. Er verschwindet sodann im Dunst der Dämmerung, der die Farbe von Aprikosen hat, durchquert die Hecken aus Holunderbüschen und den Boden des Friedhofs, als wären auch sie nur Dunst, und kehrt zurück in sein Grab.

Wie sehr wünschte ich mir, ich hätte einen meiner Vorfahren getroffen, um ihm meine Fragen stellen zu können: Wann kamen wir in diesen Teil der Erde, was hielt uns hier und warum hängen wir noch immer so sehr daran?

Der Dunst, den ich erblickte, umhüllte das Land, wirbelte hoch zu den Baumkronen und entschwand dann hinter dem Horizont. Doch er schien leer zu sein, ich konnte niemanden sehen, den er verbarg.

In den Überlieferungen der Einheimischen geht auch der Verdacht um, daß Geister in den Lehmwänden der Tavernen lauern, in denen sie einst haltmachten, um aus plumpen, dickbödigen Gläsern Zwetschgenschnaps zu schlürfen. Es heißt, daß einige unter ihnen nicht auf die Zigeunerweisen verzichten können, die sie früher so geliebt hatten, und daß wieder andere heimlich lauschen, um beim Dorftratsch auf dem laufenden zu bleiben. Es gibt keine Formel, die sie aus den Wänden herauszwingen könnte, die mehr als dreißig Zentimeter dick sein können. Doch immerhin ein Geisterbeschwörer, Gyula Krudy, der zugleich der größte Schriftsteller des Bezirks Szabolcs ist, behauptete zu Beginn dieses Jahrhunderts, daß ein Nachkomme, der bei einer ihnen wohlgefälligen Unternehmung um ihre Hilfe bittet, einen der Geister dazu bewegen könnte, aus der Wand hervorzukommen und sich zu einem Gespräch niederzulassen. Sollte mir das jemals widerfahren, dann glaube ich nicht, daß wir unsere Zeit mit Gesprächen über das jetzige Jahrhundert mit seinen gestürzten Königen und korrupten Bolschewiken, über die Zerstörung im Gefolge des Hakenkreuzes und das Chaos unserer heutigen Zeit, in der der rote Stern endgültig untergeht, vergeuden würden. Statt dessen würden wir über wirklich bedeutsame Dinge sprechen: über die heiligen Regeln, Obstbäume, Weinberge und Weizenfelder zu bestellen, und über die Kunst, unseren Kindern Treue zum Glauben unseres Urvaters Abraham einzuflößen.

Ich betrachte weiter die mit ungelöschtem Kalk getünchten Wände, die so unregelmäßig wie Sand sind, über den der Wind gefegt ist. Doch nur in meinen Träumen haben meine Vorfahren mir einen Besuch abgestattet. Sie waren freundlich und tröstlich, und wenn auch ihr gemessenes Benehmen alle möglichen Geheimnisse zu verbergen schien, so erzählten sie mir keine Geschichte und beantworteten keine meiner Fragen.

Ich gehe die unbefestigte Straße entlang, auf der Verwandte und Dorfbewohner sich an einem unfreundlichen Märztag des Jahres 1920 beim Tragen des Sargs meines Großvaters ablösten. Ich komme am Kanal vorbei, der so schnurgerade wie ein Lineal ist, eine Schenkung meines Urgroßvaters Samuel, und noch immer hilft er, den Sumpf trockenzulegen und vor Überschwemmungen zu schützen. Voll Bewunderung sehe ich das Korn rings um mich wachsen, kleiner zwar als in den Vereinigten Staaten, aber ebenso dekorativ anzusehen mit den aufrechten Stengeln und den sich biegenden Halmen. Keine Menschenseele ist zu sehen, es herrscht vollkommene Stille, nur von Zeit zu Zeit unterbrochen vom durchdringenden Schrei eines in den Feldern verborgenen Vogels.

Die Straße ist nicht nur die kürzeste Strecke zwischen dem Haus meines Großvaters und dem Familienfriedhof – eine Vorschrift, der eine Beerdigungsprozession nach dem jüdischen Gesetz Genüge tun muß – sie ist außerdem Teil eines Netzes unbefestigter Straßen, die das Land durchziehen, ohne auf irgendeiner Karte zu erscheinen. Manchmal verlaufen ungeteerte Straßen parallel zu asphaltierten, manchmal kreuzen sie letzere, und manchmal besteht überhaupt keine sichtbar Verbindung. Die gepflasterten Straßen, an denen Kirchen, Tavernen und die stattlichsten Ziegelhäuser liegen, sind die alten Hauptstraßen, auf denen Armeen und die Steuereintreiber der Regierung vorrückten. Die unbefestigten Straßen, die heute von zerfallenen Lehmhütten und Schuppen, in denen alte Weinpressen stehen, gesäumt sind, wurden von den Bauern, die auf den Feldern arbeiteten, benutzt, von Flüchtlingen, die einen Weg in die Sicherheit suchten, aber auch von geschlagenen Armeen und von heimlichen Liebhabern.

Die einzigen Juden, die es in Derzs noch gibt, sind diejenigen, die auf unserem Familienfriedhof begraben liegen, umgeben von Scheinakazien und eingebettet in Weizenfelder. Die Gräber sind in exakten Reihen angelegt. Die Marmorgrabsteine der letzten hundert Jahre stehen aufrecht, ihre hebräischen Inschriften sind deutlich zu lesen, wenn auch der Regen das Gold herausgewaschen hat. Die Grabsteine aus dem achtzehnten Jahrhundert, die aus dem körnigen, groben Kalkstein eines nahegelegenen Steinbruchs gefertigt wurden, neigen sich auf die eine oder andere Seite und zerbröckeln an den Ecken. Noch ältere Grabsteine sind schon vor langer Zeit in dem weichen Sand versunken, und nur eine kleine Vertiefung auf der glatten Oberfläche erinnert an ihre Anwesenheit. Der älteste von ihnen, der der Straße am nächsten gelegene, muß mindestens einen Meter tief in der Erde versunken sein.

Ein Dorfbewohner Mitte Dreißig kommt herüber, um herauszufinden, wer der Fremde ist und welchen Zweck er wohl mit seinem Besuch verfolgt. Er stellt sich vor als der nächste Nachbar des Friedhofs. Als wir uns die Hände schütteln, sieht er mir in die Augen, blickt prüfend in mein Gesicht und fragt mich dann, und seine Worte schweben wie Rosenblätter durch die Luft: «Sind Sie nicht einer unserer Juden?»

Mit einem Kloß im Hals kann ich nur immerzu nicken.

«Willkommen zu Hause», sagt er darauf.

2.
Der Mann, der einen Engel erblickte

Glücklich sind die Rechtschaffenen, denn sie können ihre Verdienste an ihre Kinder weitergeben.

Jüdische Redensart nach dem Talmud

Im Jahr 1744 wurde einem älteren Ehepaar im kleinen Dorf Derzs, am nordöstlichen Rand der großen ungarischen Tiefebene, ein Kind geboren. Nördlich und östlich davon erstreckten sich die kieferbestandenen Berge der Karpaten, und jenseits davon lagen Rußland und Polen. Derzs lag am Ende einer mit eimergroßen Schlaglöchern übersäten Straße, die in die flache, baumlose, trockene Halbwüste führte, welche die Ungarn *puszta* nennen, und die schließlich am Tor der reichen Handelsstadt Debrecen endete, in der Juden zwar tagsüber ein Aufenthaltsrecht hatten, die sie aber bei Einbruch der Nacht verlassen mußten.

Das Kind, ein Junge, wurde Baruch genannt, das erste Wort in unzähligen jüdischen Segenssprüchen, das soviel wie «gesegnet» bedeutet. Der Name war Ausdruck der Dankbarkeit seiner Eltern, denen nach so vielen Ehejahren, nachdem sie schon alle Hoffnung aufgegeben hatten, endlich ein Kind geschenkt worden war.

Ungarische Bauern bei einem Gelage in einer Dorftaverne im achtzehnten Jahrhundert; zeitgenössische Radierung

Baruchs Vater verdiente seinen bescheidenen Lebensunterhalt, indem er von einem stolzen Edelmann, der sich nie dazu herabließ, mit ihm auch nur ein Wort zu wechseln, Land pachtete – von einem Nachfahren einer jener sieben Stammesführer, die 896 das Land eroberten, das später Ungarn heißen sollte. Er verkaufte den Weizen und das Vieh, das er mit gelegentlicher Hilfe von Tagelöhnern züchtete, und er trieb ein bißchen Handel, zumeist mit anderen Juden in nahegelegenen Dörfern.

Baruch entwickelte sich zu einem drahtigen, ruhelosen, grüblerischen Jungen. Als kleines Kind hatte er oft mit den christlichen Dorfbewohnern gesprochen, die ihn für freundlich und klug, aber etwas seltsam hielten. Mit fünf Jahren sagte er zu seinem Vater, daß er mit Gott sprechen wolle. «Was würdest du ihm sagen?» fragte der überraschte Vater. Baruch antwortete ohne zu zögern: «Ich würde Gott fragen: Wo bist du und wie bist du dahin gekommen?»

Einmal, mit zehn Jahren, verwickelte er den kalvinistischen Priester des Dorfes in eine Diskussion. «Ist Gott ein Jude?» fragte Baruch, und der Priester sagte, Gott sei der Gott aller Völker und könne nicht irgendeinem einzelnen angehören. Es war die höfliche und freundliche Antwort eines nachdenklichen Mannes nach reiflicher Überlegung, doch sie befriedigte Baruch nicht vollständig. Er stellte dieselbe Frage dem gelehrtesten Juden im Dorf. «Natürlich ist Gott ein Jude», kam die überzeugte Antwort, und damit war diese Frage bis auf weiteres geklärt.

Baruch war noch keine zwanzig Jahre alt, als er mit dem Wagen seines Vaters in die Nachbardörfer fuhr und später auch in die zwei Städte des Bezirks Szabolcs, nach Kálló und Nyíregyháza, wo er Säcke voll Weizen und gelegentlich ein Kalb verkaufte und dafür Salz, Töpfe und Pfannen, Tuchballen, Nägel und Farbe einkaufte. Am wichtigsten jedoch war es ihm, einen Blick über den Tellerrand seines Dorfes hinaus zu werfen, in dem nie irgend etwas zu geschehen schien und in dem er sich wie ein Gefangener fühlte. Als er Mitte Zwanzig war, begab er sich auf zunehmend längere Reisen. Er reiste nach Osten, auf den engen, gewundenen, steinübersäten Straßen der Berge Siebenbürgens, und er suchte Dörfer auf, die nur wenige

Fremde je zu Gesicht bekamen. Er durchwanderte die große Tiefebene, das Herzstück des Landes, die in den Sommermonaten staubig, heiß und voller Leben, im Frühling und im Herbst schlammig, kalt und trist war und im Winter unter einem riesigen Federbett aus Schnee zu schlafen schien.

Pflichtbewußt, doch ohne Inbrunst, sang Baruch seine Gebete, alleine oder mit anderen Juden in der Synagoge. Er spähte auch in Kirchen hinein und stand verwirrt vor ihrem geschnitzten und gemalten Bildwerk. Er führte immer einen kräftigen Stock mit sich, um sich gegen Hunde wehren zu können. «Warum hetzt ihr eure Hunde auf mich?» fragte er die Bauern, die ihm entweder gar keine Antwort gaben oder ihn verfluchten. «Warum müssen wir Juden so viel leiden?» fragte er die Juden. «Gibt es irgendeine Hoffnung auf Besserung in unserem Leben vor der Ankunft des Messias?» In seinen Gesprächen mit Christen suchte er nach den wahren Gründen, warum die Juden gehaßt und verfolgt wurden.

Die Überlegung, zum Christentum zu konvertieren, kam ihm in den Sinn, doch er wies diese Idee als feige, unwürdig und undenkbar von sich. Wann immer er konnte, umgab er sich mit Juden. Bei den seltenen Gelegenheiten, da christliche Dorfbewohner ihn in ihre Häuser einluden, dankte er ihnen und sagte, er schlafe lieber in seinem Wagen.

Was ihn umtrieb, waren die Fragen, auf die er keine befriedigende Antwort fand: Gab es eine Welt des Geistes jenseits und hinter der kruden Realität der sichtbaren Welt? Und wenn die Seele unsterblich war, wohin ging sie dann nach dem Tod des Körpers? Warum war Beten – diese endlose, Tag für Tag wiederkehrende Aufzählung derselben Worte – so wichtig?

Warum war das Kaddisch, das Gebet für die Toten, für die Seele des Toten von so entscheidender Bedeutung? Wie half es ihm? Sein Vater nannte ihn in Gesprächen mit Freunden oft «mein Kaddisch», womit er meinte, daß Baruch als sein Sohn nach dem Tod des Vaters das Kaddisch sprechen würde.

War es wahr, konnte es wahr sein, daß eine Seele manchmal in die gleiche Familie oder den gleichen Stamm zurückkehrte und sich möglicherweise vage an ihr früheres Leben erinnerte, ja vielleicht sogar einige körperliche Merkmale ihres früheren Lebens bewahrte? Konnte es sein, daß der instinktive, reflexartige, legendäre Zusammenhalt des jüdischen Volkes und der jüdischen Familie darauf zurückzuführen war, daß Juden immer wieder als Juden wiedergeboren wurden und manchmal sogar in dieselbe Familie zurückkehrten?

Baruch liebte es, das hebräische Wort für Wiedergeburt, *gilgul*, auf der Zunge zu rollen. Dem Wort wohnte eine elementare Macht inne, und doch klang es so spielerisch, als ob ein Kind es erfunden hätte. Es ging ihm nicht aus dem Sinn, daß auch die Bezeichnungen für Wagen und Rad sich aus derselben Wurzel, *gilgul*, ableiteten. War nicht jede Wiedergeburt einer Seele nur eine Umdrehung des Rads auf einer einzigen Reise?

Von der jüdischen Tradition, in der er erzogen war, ebenso angezogen wie von der großen weiten Welt, die ihn faszinierte, zweifelte Baruch daran, ob er je ein ausgewogenes Verhältnis zwischen beiden finden würde. Doch er befürchtete, daß ihm nicht nur die rechte Ausgewogenheit fehlte. Es widerstrebte ihm grundsätzlich, Entscheidungen zu fällen. Jedesmal hatte er nach dem Abschluß eines Geschäfts das Gefühl, er hätte es besser machen können. Er konnte sich auch nie entscheiden, woran ihm wirklich etwas lag. Manchmal ließ er sich von den schlichten Weisheiten einfacher Bauern beeindrucken, die sagten, daß Ungerechtigkeit und Unterdrückung zu den Grundtatsachen des Lebens gehörten und daß die Welt sich nie verändern würde. Bei anderen Gelegenheiten bewunderte er die selbstbewußte Aufgeklärtheit feiner, gebildeter Adliger, deren geschliffene Sätze von Reformen und Fortschritt predigten – von einer besseren Welt. Er begegnete den Soldaten des Habsburgerkaisers, die über die vielen Nationalitäten des Reichs wachten, die eine vor der anderen schützten und gleichzeitig alle miteinander unterdrückten, mit Respekt und Abscheu zugleich.

Seine Eltern machten sich Sorgen. Baruch verbrachte sein Leben damit, mit Fremden zu sprechen und befremdliche Fragen zu stellen. Er war entweder unterwegs zu weitentfernten Orten, oder er trug sich mit der Absicht, aufzubrechen. Er war nicht verheiratet.

«Ein umherziehender Aramäer war mein Vater», sagte Baruch zu seiner Verteidigung, indem er aus der Pessachgeschichte zitierte, die sich auf den Patriarchen Abraham bezog. «Ich bin ein Nomade. Ich kann mir nicht vorstellen, mich an einem einzigen Ort niederzulassen, mich an ein Haus zu binden, an ein einziges Stück Land zu ketten. Ich muß weiterziehen.»

Eines Tages, Baruch war Anfang Zwanzig, überquerte er mit einem Fährschiff die Donau, und schon bald reiste er durch eine hügelige Landschaft nach Westen. Noch nie war er so weit von zu Hause fort gewesen. Er war an den Anblick der heimischen Bäume gewöhnt, die kaum höher als die Häuser im Dorf und nicht sehr zahlreich waren, und die Bäume, die er nun zu Gesicht bekam, erfüllten ihn mit ehrfürchtigem Staunen. Groß wie Glockentürme bildeten sie einen endlosen, anscheinend unbewohnten Wald.

Doch er hatte Geschichten von Banditen, die in den Wäldern lebten, gehört, deren Freunde und Komplizen wilde, mit Äxten bewaffnete Gesellen waren, die Bäume fällten, das Holz schlugen und den Stadtleuten verkauften und jede Nacht betrunken waren. Er erinnerte sich an die Geschichten aus dem Dorf, in denen von verrückten Einsiedlern, bösen Hexen, mißgünstigen Elfen und hinterlistigen Trollen die Rede war, welche in Höhlen und hohlen Bäumen oder unter den Wurzeln alter Baumstümpfe lebten. Baruch hatte nicht sehr auf diese Geschichten geachtet, doch nun, in diesem undurchdringlichen Dämmerlicht, schien ihm plötzlich alles möglich zu sein. «Wir Juden sind Kinder der Wüste», dachte er bei sich. Wir haben nicht einmal Namen für die Geschöpfe, die in den Wäldern lauern.»

Die glatte, graue Rinde der Buchen hatte einen geisterhaften, weißlichen Schimmer und trug schwarze Einkerbungen wie die Buchstaben einer unbekannten Schrift, die vor drohenden Gefahren warnte. Es war kalt, und ihm schauderte. Er fürchtete sich nicht nur vor Banditen und bösen Geistern, er fürchtete sich vor dem Wald selbst.

Es war schon spät am Abend, als er vor sich flackernden Lichtschein erblickte, und bald schälte sich eine Schenke aus der Dunkelheit heraus. Er hörte zorniges Rufen und den Aufprall schwerer Gegenstände, aber er trat dennoch ein. Er sah vier schwankende Bauern, die mit allem, was ihnen in die Hände fiel, aufeinander einschlugen, mit Stühlen, Weinflaschen, Holztischen. Sie waren betrunken und legten die Gaststätte in Trümmer.

Baruch bemerkte auch eine Frau, die leise in einer dunklen Ecke weinte. «Wer seid Ihr?» fragte Baruch. Ihre kleine Gestalt war in einen derben Wollschal gehüllt, und sie wirkte mehr wie ein Kind als wie eine Frau.

Sie antwortete nicht.

Baruch fragte, wo der Besitzer der Schenke sei.

«Mein Mann, Reb Itzig, ist der Besitzer», gab die Frau zur Antwort, indem sie die Respektsbezeugung «Reb» – oder Meister – vor den Vornamen Itzig setzte, der genügt hätte. «Reb Itzig ist im Hinterzimmer und studiert den Talmud.»

Obwohl er noch nie zuvor in eine Schlägerei verwickelt war, stürzte Baruch sich ins Getümmel. Er trennte und entwaffnete die Bauern, die ihm nur wenig Widerstand entgegensetzten und auf den Erdboden niederfielen, wo sie schon kurz darauf in Schlaf sanken.

Er fand den Besitzer beim Lesen eines Buchs. Baruch wartete, bis er sah, daß der Mann eine neue Seite aufschlug. Er fragte ihn sodann voller Respekt, ob er mit ihm sprechen könne.

Der Gastwirt hatte nichts dagegen.

Baruch fragte ihn, ob er den Lärm in der Gaststube gehört habe und ob er irgendeine Vorstellung vom Ausmaß des Schadens habe, den die Bauern verursacht hatten.

Der Gastwirt seufzte und sagte, er könne sich nicht mit solchen weltlichen Angelegenheiten befassen.

«Aber gehört die Schenke nicht Euch?» fragte Baruch verwirrt.

«Doch, die Schenke gehört mir», sagte der Mann, «ich habe sie von meinen Eltern, gesegnet sei ihr Andenken, geerbt. Meine Frau kümmert sich um die wenigen Gäste, die es hierher verschlägt. Doch ich studiere den Talmud, etwas anderes interessiert mich nicht. Zu meinem großen Unglück bin ich ganz allein, und mindestens ein Jahr ist vergangen, seitdem ein Jude hier eingekehrt ist und mir beim Studium Gesellschaft geleistet hat.»

Baruch nahm diese indirekte Einladung zum gemeinsamen Studium an, und Reb Itzig begann auf der Stelle, laut vorzulesen.

Baruch erschien der Text so undurchdringlich und überwältigend wie der Wald um die Schenke herum. Er stellte Fragen, immer mehr Fragen, und die Antworten, die Reb Itzig ihm gab, gaben ihm nur noch mehr Rätsel auf.

Doch Reb Itzig fand Gefallen daran, sich mit Baruchs Fragen auseinanderzusetzen. Immer wieder wies er ihn auf die entscheidenden hebräischen und aramäischen Worte hin, und er legte die Gründe für die Unterschiede zwischen dem Originaltext und den Interpretationen und Kommentaren der verschiedenen Rabbis dar.

Baruch war erstaunt über die Gedankentiefe des Gastwirts und über seine Fähigkeit, die essentielle Aussage eines Abschnitts zu erkennen, während er gleichzeitig jedes noch so unbedeutende Detail in sich aufnahm. Bald hörte Baruch auf, Fragen zu stellen. Pflichtbewußt las er den Text mit Reb Itzig zusammen und lauschte seinen Erklärungen. Wenn die Dämmerung durch die tiefe Dunkelheit der turmhohen, schnurgeraden Bäume brach, hielten sie inne, um zu beten. Als Reb Itzig seine Stimme erhob, konnte Baruch ihm nicht folgen, ihm versagte die Stimme. Reb Itzig schlug vor, aufzuhören und eine Pause zu machen.

Baruch war erschöpft, aber er fand keinen Schlaf in den winzigen Zimmern des Gasthauses. Der Wald und die Bauern, Reb Itzig und der Talmud rasten durch seinen Kopf, und er versuchte, einen Sinn darin zu entdecken. Schließlich stand er auf, ging aus seinem Zimmer in das von Reb Itzig und sah, daß der Gastwirt schon wieder studierte. Dieses Mal wartete Baruch nicht, bis Reb Itzig umblätterte.

«Ich möchte Euch einen Vorschlag machen, Reb Itzig», sagte er. «Ich fahre in die nächste Stadt, verkaufe das Gasthaus und nehme Euch und Eure Frau mit in mein Dorf, das klein ist und weit weg, aber einige anständige, gottesfürchtige Juden aufweist. Ich kann nicht für mich in Anspruch nehmen, im Namen der Gemeinde zu handeln, aber es ist viel geredet worden, daß man einen Lehrer für die Kinder finden müßte, und vielleicht können wir uns eines Tages ja sogar einen Rabbi leisten. Ich weiß, daß Ihr der richtige Mann für mein Dorf seid.»

Reb Itzig sagte, er wäre überall glücklich – überall –, wenn er nur mit anderen Juden zusammen den Talmud studieren könne. Er beauftragte Baruch, die Schenke zu jedem Preis zu verkaufen. Baruch spannte das Pferd vor den Wagen und fuhr einige Stunden lang immer tiefer in den Wald hinein, bis er in eine kleine Stadt gelangte. Es war Markttag, und schon der erste Mann, den er ansprach, zeigte Interesse an dem Gasthaus und willigte ein, es zu dem hohen Preis zu kaufen, den Baruch nur als erste Forderung vorgebracht hatte. Schnell wurde der Vertrag aufgesetzt, und am Abend brachte Baruch den Käufer mit in die Schenke. Reb Itzig warf kaum einen Blick auf die Dokumente, bevor er unterzeichnete, und überließ es seiner Frau, das Geld zu zählen.

Verwundert und hochgestimmt von der Leichtigkeit und dem atemberaubenden Tempo der Ereignisse des Tages und trotz aller Müdigkeit beseelt von einem Gefühl des Triumphes, stürzte Baruch sich in dieser Nacht auf das Studium des Talmud. Zum erstenmal in seinem Leben hatte Baruch das Gefühl, daß er den Sinn dessen, was er las, wirklich verstand. Er konzentrierte sich auf jeden entscheidenden Satz und erkannte das Thema, um das die Sätze kreisten. Er wog Fakten und Meinungen ab, den Text und die Kommentare, und er fand diesen Akt des Abwägens ungemein tröstlich. Die Worte entschlüpften seiner Zunge, bevor er sie noch zu Ende gedacht hatte, und seine Gedanken ergaben einen Sinn. Reb Itzig lächelte und sagte, daß er über Nacht vieles gelernt zu haben schien.

Als der nächste Tag anbrach, setzte Baruch Reb Itzig mit seiner Frau und seinen spärlichen Habseligkeiten auf den Wagen, und sie begaben sich auf die lange Reise aus dem tiefen Wald hinaus, durch das Hügelland, über die Donau und schließlich auf die staubigen Straßen der großen Tiefebene.

Reb Itzig und Baruch unterhielten sich.

Geduldig und genau antwortete Reb Itzig der Reihe nach auf Baruchs Fragen. Wenn Baruch dem gelehrten Mann zuhörte, erfaßte ihn dasselbe Gefühl der Erfüllung, wie wenn er die reifen Äpfel und

Birnen von den Bäumen rund ums Haus seiner Eltern pflückte. Er war glücklich zu sehen, daß Reb Itzig seiner Idee, daß Juden als Juden wiedergeboren würden, durchaus Wohlwollen entgegenbrachte, wenn auch Reb Itzig der Ansicht war, daß es wichtiger sei, den eigenen Platz und die eigene Rolle im jetzigen Leben zu finden, als früheren Inkarnationen auf die Spur kommen zu wollen. Tatsächlich sei es ein Zeichen der Gnade und des Mitgefühls Gottes, so führte Reb Itzig an, daß die Erinnerung an ein früheres Leben so vollständig ausgelöscht war, so daß niemand ewig einem besseren Leben in der Vergangenheit nachtrauern konnte oder, ausgelöst durch einen plötzlichen sozialen Aufstieg, zu selbstherrlich werden würde. Das einzig wirklich Wichtige sei es, so sagte Reb Itzig, der eigenen Vorfahren zu gedenken. Ein Sohn muß das Kaddisch für seinen Vater sagen, damit die Seele des Vaters sich erheben und beim Allmächtigen eingehen kann. Das Kaddisch ist ein Glied in der Kette, die bis zu Jakob, Isaak und Abraham zurückreicht, und die Kette darf nicht abreißen. In der Seele ein Jude zu sein, bedeutet, diese Kontinuität zu bewahren und in ihr bewahrt zu werden.

Reb Itzig und Baruch sangen zusammen die Gebete, und Baruch war erstaunt, wie schnell sie die wogenden Sanddünen des Szabolcs-Lands erreichten. Sobald sie in Derzs ankamen, rief Baruch alle erwachsenen männlichen Juden zusammen – zehn an der Zahl, gerade die Mindestzahl, die das jüdische Gesetz für Gebete und für eine Gemeinde vorschrieb – und stellte ihnen Reb Itzig vor. Die Juden brauchten nicht lange, um gewahr zu werden, daß der Neuankömmling auf den verschlungenen Wegen des Talmud außerordentlich bewandert war. Sie stellten ihn als Lehrer für ihre Kinder an und konnten es kaum erwarten, ihren Freunden in den Nachbardörfern zu erzählen, was für einen Schatz sie erworben hatten.

Wochen, Monate, Jahre vergingen, und Baruch verließ das Dorf nicht ein einziges Mal. Seine Ruhelosigkeit war verschwunden. Jeden Abend studierte er mit Reb Itzig zusammen den Talmud, und tagsüber kümmerte er sich um seine Geschäfte und kam zu bescheidenem Wohlstand.

Seine Eltern waren entzückt darüber, daß seine seltsamen Reisen ein Ende hatten und daß die Fragen, die ihn gequält hatten, nun eine

Antwort fanden. Er heiratete und wurde binnen Jahresfrist Vater eines Sohns, den er nach seinem Lehrer und Freund Itzig nannte.

Die Gemeinde wuchs, und man bat Reb Itzig, ihr erster Rabbi zu werden. Er willigte ein. Aus den umliegenden Dörfern kamen die Juden, um ihn reden zu hören.

An einem außergewöhnlich warmen Frühlingsmorgen wollten Baruchs Gedanken nicht bei der Arbeit bleiben. Die gerade erst aufgetaute Erde strömte einen seltsamen Geruch aus, den er noch nie zuvor wahrgenommen hatte, und er wurde plötzlich überwältigt von der Angst, er tue etwas Unrechtes oder im Dorf geschehe etwas Schreckliches.

Draußen in den Feldern, wo er mit den Tagelöhnern in einer Reihe arbeitete, ging ihm eine Stelle aus der Genesis unablässig im Kopf herum: War das Land verflucht nach dem Sündenfall des Menschen? Wenn auf der Feldarbeit ein Fluch lag, wie konnten dann das Land und seine Früchte gesegnet sein? Unfähig, eine Antwort zu finden, und trotz des warmen Wetters schaudernd, ging er zu Rabbi Itzig. Es war keine Zeit für Besuche, doch Baruch war ein so guter Freund des Rabbis, daß er nicht lange darüber nachdachte.

Er klopfte an Reb Itzigs Tür. Da er keine Antwort vernahm, trat er ins Haus.

Er traute seinen Augen kaum. Wie üblich war Reb Itzig über ein Buch gebeugt. Doch dieses Mal hatte er keine Kleider an.

Eine solche Nacktheit war mehr als nur unpassend: Sie war eine himmelschreiende Verletzung jüdischer Anstandsregeln. Mit Ausnahme ritueller Tauchbäder ist es für den frommen Juden eine Sünde, sich tagsüber nicht zu bedecken. Zu allermindest muß er ein rituelles Unterkleid tragen.

Und doch war der heilige, gelehrte Rabbi vor ihm so nackt wie ein Tier. Wollte er der Heiligkeit des Buchs, das er las, spotten, indem er keine Kleider trug? Trieb er etwa irgendeine Form von Schwarzer Magie? War er heimlich ein Ketzer, der die verborgenen Kräfte des heiligen Buchs für einen ruchlosen eigenen Zweck mißbrauchte und umlenkte, wie es einige Juden, die von den Rabbis entlarvt und verstoßen wurden, angeblich jenseits der Berge, in Polen, taten?

Einen Augenblick lang wog Baruch all seine schwarzen Vermutungen ab, um sie sodann sämtlich von sich zu weisen. Er wußte – er wußte mit absoluter Sicherheit –, daß Reb Itzig eine reine Seele war.

Baruch bedeckte seine Augen und rief aus: «Ich habe einen Engel erblickt! Ich habe einen Engel erblickt, und ich danke Gott dem Allmächtigen, daß ich einen Engel erblicken durfte!»

Darauf drehte er sich um, verließ den Raum, schloß sorgfältig die Tür hinter sich und ließ sich auf der Bank vor dem Haus nieder.

Es ging ihm durch den Kopf, daß er vielleicht wachen Sinnes geträumt hatte. War es möglich, daß die Vision eines nackten Rabbis, der ein heiliges Buch las, nur eine Halluzination an einem seltsamen, ungewöhnlich heißen Tag gewesen war – ein Alptraum? Oder, Gott behüte, war Reb Itzig plötzlich gestorben, und Baruch hatte nur den Geist eines Mannes gesehen, der noch die Seite zu Ende studieren mußte?

Die Zeit verging – vielleicht Stunden, vielleicht nur Minuten.

Schließlich trat Reb Itzig aus dem Haus, bekleidet mit seinem üblichen schwarzen Mantel, mit Hosen und mit einem Hemd angetan. Er setzte sich neben Baruch.

«Ich bin das Kind alter Eltern», hub er zu einer Erklärung an, «und schon immer hatte ich eine extrem empfindliche Haut. Manchmal fühle ich mich so unwohl in meiner Haut, daß ich keinerlei Berührung eines Kleidungsstückes mehr ertrage – sei es aus Baumwolle, Wolle oder Leinen. Am schlimmsten wird der Juckreiz, wenn es warm wird. Dann habe ich das Gefühl, daß ich alle meine Kleider von mir werfen muß, sonst werde ich verrückt.

Diese Krankheit ist mein dunkles, dunkles Geheimnis. Weil du aber nichts Böses von mir gedacht hast, obwohl du jede Veranlassung dazu hattest, und weil du mich nicht in meiner Scham und in meinem Unglück erniedrigt hast, werde ich zum Allmächtigen, zum Gott unserer Vorväter, beten, daß du in Frieden und bei guter Gesundheit leben mögest, solange das Leben eines Menschen währen kann, einhundertzwanzig Jahre lang.»

Baruch nahm Reb Itzigs Erklärung an und bewahrte sein Geheimnis. Sie studierten weiterhin zusammen, und Baruch gewann an

Weisheit. Er wurde als Reb Itzigs Schüler bekannt, und als Reb Itzig in hohem Alter starb, gingen die Leute zu Baruch, um Rat einzuholen.

Baruch wurde immer älter, und die Leute fingen an sich zu fragen, ob der Todesengel ihn wohl vergessen hatte.

Die Kaiserin Maria Theresia, unter deren Herrschaft Baruch geboren worden war, starb 1780 in Wien, als er sechsunddreißig Jahre alt war. Sie sagte, die Juden seien «schlimmer als die Pest», sie erließ Edikte, die die Juden aus Prag und Wien vertrieben, und es kostete ungeheure Summen an Bestechungsgeldern, ihr andernorts ähnliche Vertreibungen auszureden. Nur hinter einer Trennwand war sie bereit, einem Juden eine Audienz zu gewähren.

Doch ihr Sohn, Joseph II., ein Mann der Aufklärung und im Verdacht der Freimaurerei, erhob die Juden in den rechtlichen Status einer «tolerierten Minderheit», damit sie «dem Staat besser dienen konnten». Als begeisterter Verwaltungsmann erließ er 1782 eine Bestimmung, wonach alle Juden in seinem Reich hinfort einen eigenen Familiennamen annehmen mußten, und er gründete Ämter, in denen alle Bürger einschließlich der Juden registriert werden mußten und in denen über Geburt und Tod genau und ohne Verzögerung Rechenschaft abzulegen war. Da er Deutsch zur ausschließlichen Amts- und Hochsprache erklärte, während er Hebräisch und Jiddisch nur noch für Gemeindeaufzeichnungen zuließ, verlangte er von den Juden, daß sie deutsche Namen annahmen. So wurde Baruch zu Baruch Fisch.

1790, auf seinem Totenbett, schockte Joseph II. seine Untertanen, indem er seine Reformen widerrief – ausgenommen die Judengesetze, an die auch seine Nachfolger nicht rührten.

Die alte Ordnung war im Umbruch begriffen, die Welt wurde vom Kopf auf die Füße gestellt. Im weit entfernten Paris hatten die Menschen die Paläste der Reichen gestürmt und ihren König und ihre Königin getötet. Dann besiegte Napoleon Bonaparte, der Erbe dieser Revolution, den Habsburgerkaiser Franz und heiratete dessen Tochter.

Die Juden Europas und des Mittleren Ostens waren gleichermaßen angetan wie verwirrt, als der korsische Emporkömmling, der sich selbst zum Kaiser krönte, in allen Ländern, die er eroberte, die Judenemanzipation vorantrieb und einen Hohen Rat weiser Männer einberief, der neue Judengesetze erlassen sollte. In allen Winkeln der jüdischen Welt debattierten die Rabbis, ob er ein Vorläufer des Messias oder ein verschlagener Feind war, der durch sein Ränkespiel die Juden aus der Synagoge hinaus in die weltliche Gesellschaft locken wollte. Einige der angesehensten Rabbis in Osteuropa beteten für seinen Erfolg. Es hieß, daß Napoleon in seinen Träumen immer wieder einen rotbärtigen Juden erblickte, der ihm die Richtung wies, in der seine Armeen durch Rußland und Polen marschieren sollten. Doch andere, ebenso angesehene Rabbis beteten für seine Niederlage, und am Ende wurde er durch eine Allianz fortschrittsfeindlicher Kräfte vernichtet. Oder, wie Victor Hugo es ausdrückte, «Gott fing an, ihn langweilig zu finden.»

Sobald Napoleon im Exil war, begann die Heilige Allianz der Habsburger und Romanoffs, der Hohenzollern und Bourbonen mit der Restauration der alten Feudalordnung. In Ungarn jedoch war immer häufiger von der Befreiung der Leibeigenen die Rede, und die fortschrittlichsten Adligen erkannten die Notwendigkeit, allen sozialen Schichten, einschließlich der Juden, rechtliche Gleichheit zu gewähren. Die Monarchen widersetzten sich, mit dem Ergebnis, daß 1848 ein Buschfeuer von Revolutionen in Wien und Budapest, in Paris und Berlin, in Prag und Mailand ausbrach. Das Haus der Habsburger wurde in seinen Grundfesten erschüttert. Und wären die Heerscharen des Zaren Nikolaus I. nicht gewesen, dann hätten die Habsburger ihre ungarischen Besitztümer verloren.

Tausende ungarischer Juden, darunter auch Angehörige von Baruch Fischs Familie, schlossen sich den Aufständischen an, und in der darauffolgenden Phase der Unterdrückung mußte die jüdische Gemeinde bitter dafür bezahlen, daß sie sich dem Kaiser widersetzt hatte.

Baruch Fisch überlebte das alles, beschaulich in seinem Geburtsort sitzend, weit weg von den Städten, wo große Männer über große Reformen diskutierten, und weit weg von den Hauptstraßen, auf denen die Armeen zum Schutz oder zur Vernichtung des *ancien régime* marschierten.

Baruch Fisch begrüßte die Reformen Josephs II., doch der imperialistische Nationalismus, den der Monarch auf seine Fahnen schrieb, behagte ihm nicht.

Er gab wenig auf Napoleon und noch weniger auf Napoleons Feinde. «Auch sie werden vergehen», sagte er und zitierte einen Talmudgelehrten. «Nur die Thora ist ewig.»

Er las seine heiligen Bücher und war Vorbeter seiner Gemeinde. Seine Eltern waren vor der Jahrhundertwende gestorben. Seine Frau verschied im ersten Jahrzehnt des neunzehnten Jahrhunderts. Sein einziger Sohn, Itzig, war bereits Großvater erwachsener Männer und Frauen.

Eines Sommermorgens kam Baruch Fisch zu Ohren, daß sein Sohn erkrankt war. Er machte sich auf den Weg zu ihm, und als er das Haus betrat, hörte er Flügelschlagen. Er wußte, dies war der Todesengel, der gekommen war, die Seele seines Sohnes zu holen.

Baruch Fisch flüsterte: «Vor langer, langer Zeit versprach ein gelehrter Mann seligen Andenkens, darum zu beten, daß ich leben möge, solange die Zeit eines Menschen währen kann, einhundertzwanzig Jahre lang. Es scheint mir, daß Reb Itzigs Gebet erhört wurde, denn nun bin ich einhundertneunzehn Jahre alt. Darf ich darum bitten, daß das noch verbleibende Jahr meinem Sohn geschenkt wird, auf daß ich nicht etwas so Trauriges und so Unnatürliches tun muß, wie das Kaddisch bei der Beerdigung meines Sohnes zu sprechen?»

Der Todesengel gab keine Antwort.

Baruch Fisch hielt Itzigs Hand, die sich so kalt wie Eis anfühlte, und er betete für seinen Sohn, dessen Bart so weiß und so lang wie sein eigener war.

Sodann bestieg Baruch Fisch seinen Wagen und fuhr auf die Felder, auf denen er sein ganzes Leben lang gearbeitet hatte, und er nahm die Ernte in Augenschein. Er betete am Grab seiner Eltern, und er wünschte allen Erwachsenen und Kindern, die ihn Großvater nannten, gute Nacht. Er suchte seine Freunde auf. Es war fast Mitternacht, als er nach Hause kam und zu Bett ging.

Am nächsten Morgen erwachte sein Sohn Itzig gesund und auf dem Wege der Besserung. Baruch Fisch aber war tot.

Itzig Fisch, selbst beinahe hundert Jahre alt, lebte noch ein Jahr, und als er neben seinem Vater beerdigt wurde, wurden seine Enkel schon begleitet von ihren eigenen Enkeln – und der jüngste darunter, damals vier Jahre alt, war mein Großvater.

Isaac Taub, der Rabbi von Kálló; Gemälde aus dem Anfang des neunzehnten Jahrhunderts

3.
Eine dunkle Nacht, ein Traum und ein Segen

Das einzig Verwunderliche an einem Wunder ist der Zeitpunkt, zu dem es geschieht. Der Ostwind hat wahrscheinlich schon Hunderte von Malen zuvor eine Furt durch das Rote Meer aufgetan, und er wird das noch unzählige Male tun. Aber daß er das genau in dem Moment tat, wo die Menschen in ihrer Verzweiflung die Füße ins Meer setzten – darin liegt das Wunder.

Franz Rosenzweig, «Judah Ha-Levi»

Es gab in der Alten Welt eine Zeit, und die liegt gar nicht lange zurück, da war ein Jude, der sein eigenes Land bestellte, so selten wie ein schwarzes Schaf. Die Juden zogen von Land zu Land, vertrieben durch den Erlaß eines Königs oder durch die Raserei des Pöbels, oder sie waren, beides fürchtend, auf der Suche nach einem friedlichen, weniger unsicheren Ort, an dem sie sich niederlassen konnten. Noch vor hundert Jahren war es ihnen in mehreren Ländern verboten, Land zu besitzen, und wenn es ihnen freistand, dann schreckten sie davor zurück, Land zu kaufen, denn sie konnten es nicht auf ihre Schultern schnallen, wenn sie es wieder verlassen mußten.

Um zu erklären, warum meine Vorfahren eine so dauerhafte Liebesbeziehung zum Land eingingen, warum sie allmählich immer mehr erwarben und ihr Herz in einer Weise daran hängten, die weit über die übliche Wertschätzung für den eigenen Lebenserwerb hinausging, verweisen meine Familienchronisten auf einen jungen Mann, sechs Generationen vor meiner eigenen, der in der Mitte des achtzehnten Jahrhunderts geboren wurde. Zu dieser Zeit begegnete man den Juden im ungarischen Teil des Habsburgerreichs, die damals an die zwanzigtausend Seelen zählten und so ruhelos wie ein

Schwarm Vögel waren, mit solcher Abschätzigkeit, daß sie von Gesetzes wegen nicht dazu verpflichtet waren, einen Nachnamen zu tragen. Wenn ein Jude Steuern bezahlte, einem Feudalherren Geld lieh oder einen Pachtvertrag für eine Taverne unterzeichnete, so genügte sein Vorname, gefolgt vom Vornamen seines Vaters. Doch da das auch Brauch in der Welt der Bibel war, sah der Jude darin kein Zeichen der Geringschätzung.

Der Vorname des jungen Mannes lautete Daniel, der Vorname seines Vaters allerdings ist im Nebel der Zeit verschwunden. Daniel hatte ein unbekümmertes, fröhliches Wesen und war von Natur aus freundlich und offen. Im Dorf Derzs, wo jeder in die Fußstapfen seines Vaters und seiner Mutter trat und schon die kleinste Abweichung mit Mißtrauen beäugt wurde, war er ein Befürworter neuer Ideen. «Es wird schon gehen, wenn wir es nur versuchen», war sein Lieblingsspruch. Unserer Familienchronik zufolge war er der erste Unternehmer im Bezirk Szabolcs, wenn nicht sogar im ganzen Ostteil des Landes, der in den siebziger Jahren des achtzehnten Jahrhunderts damit begann, eine Schafherde nicht des Fleisches, sondern der Wolle wegen aufzuziehen.

Schon Monate bevor Daniel den Wagen seines Vaters anspannte, um die Wolle der ersten Saison auf dem großen Markt der Hauptstadt Buda zu verkaufen – das damals noch nicht mit Pest am anderen Donauufer vereint war –, sprach er davon, wie sehr er sich auf die Nächte auf der Straße, hingestreckt auf seinen Säcken voll Wolle, freute. Es würde ein großes Abenteuer werden, so erzählte er Freunden und Verwandten, er würde sich umhören und umsehen und neue Ideen mit nach Hause bringen. Seine Eltern machten sich Sorgen, weil die Reise nach Buda mehr als eine Woche dauerte, weil die Durchquerung der großen Tiefebene voller Gefahren steckte und weil ihr Sohn noch nie eine so weite Reise unternommen hatte. Doch sie hielten es für sinnlos, ihn von seinem Vorhaben abbringen zu wollen.

In der ersten Nacht, die mondlos und wolkenverhangen war, dunkler als jede andere Nacht, an die er sich erinnern konnte, machte Daniel in einem geräumigen, scheunenähnlichen Anwesen mit einem robusten Rieddach halt, das an den Seiten offen war. Das

Gebäude stammte noch aus der Zeit der Türken, die es als Karawanserei bezeichneten, und gegen ein geringes Entgelt fand hier ein Mann mit Pferd und Wagen Schutz vor Banditen wie auch vor Regen und Schnee. Nichtsdestoweniger träumte Daniel von Dieben und Wegelagerern, Eisstürmen und heißen Winden. Er verspürte daher fast eine gewisse Erleichterung, als er mitten in der Nacht durch erstickte Klagelaute geweckt wurde.

Er stand auf und fand in der nahezu leeren Karawanserei einen jungen Mann, der jammerte und klagte, als habe er große Schmerzen, und sich auf seinem Lager aus Stroh, mit dem er den Erdboden bedeckt hatte, wand und krümmte. Der junge Mann trug das damals übliche Gewand der Juden: Hosen, die unterhalb des Knies in weiße Strümpfe gesteckt waren, eine knielange Jacke aus schwarzem Gabardine, schwarze Schuhe mit Spangen und einen breitkrempigen schwarzen Hut mit einem Besatz aus schwarzem Biberfell. Er schien von einem Alptraum gequält zu werden.

Daniel, der gelernt hatte, daß man einen Menschen, der in einem Alptraum gefangen ist, aufwecken soll, weckte den jungen Mann. Er bot ihm einen Schluck Wasser aus seiner Feldflasche an und fragte ihn, ob irgend etwas nicht in Ordnung sei.

Der Mann sagte, daß er sich krank und elend fühle, daß es ihm jedoch nicht schlimmer als sonst gehe. «Nachts habe ich Anfälle und Visionen», sagte er mit leiderstickter, von Traurigkeit erfüllter Stimme. «Aber da das der Wille des Allmächtigen ist, darf ich mich nicht beklagen.»

Daniel schlug dem Mann, der etwa sein Alter zu haben schien, vor, mit in den Wagen zu kommen und es sich auf den Wollsäcken bequem zu machen, die so weich wie eine Matratze und so warm wie eine Decke waren. Er war erfreut, daß er so Gelegenheit hatte, zu erklären, daß die Wolle von der Schafherde stammte, die er selbst aufgezogen hatte, und daß es lauter gesunde, wunderbare Tiere mit prachtvollen Fellen waren.

Der Mann nahm die Einladung an. Er fand die Wolle in der Tat weich und warm, und es war für beide genug Platz auf dem Wagen. Doch noch immer warf er sich hin und her und fand keinen Schlaf. Daniel fragte ihn, ob er ihm irgendwie helfen könne.

Der Mann sagte, er sei seit der Morgendämmerung den ganzen Tag über marschiert, und eigentlich müsse er vor Müdigkeit in den tiefen Schlaf der Erschöpfung fallen, doch seine Sorgen seien so zahlreich, so übermächtig und so bedrückend, daß sie ihn entweder wachhielten oder ihm schlechte Träume bescherten, sobald er in Schlaf fiel.

«Was hast du für Sorgen?» fragte Daniel.

Der Mond trat hinter den Wolken hervor, und Daniel schlug einen Spaziergang um die Karawanserei vor. In seiner Familie, so sagte er, galt ein Gespräch auf einem Spaziergang für die beste Art des Nachdenkens.

Der Mann stimmte zu. Er erklärte, daß er soeben erst seine Studien als Rabbi in einem der kleinen Dörfer Polens, nördlich von Ungarn, beendet hatte. Er befand sich auf dem Weg in die Stadt Kálló, die noch immer viele Kilometer entfernt war, wo er sich um seine erste Stelle bewerben wollte.

Daniel fand, es sei wundervoll, Rabbi zu werden, und Kálló, damals die Hauptstadt des Bezirks Szabolcs, sei eine schöne Stadt. Sie war etwa fünfundzwanzig Kilometer von seinem Dorf entfernt, und er hatte sie einmal mit seinem Vater besucht. Die jüdische Gemeinde dort war groß und bedeutsam, sie zählte an die hundert Seelen, und ein Rabbi würde dort ein gutes Leben haben.

«Aber ich bin viel zu jung, um die Stelle eines Rabbis anzunehmen», bekam er zur Antwort. «Ich bin kaum über zwanzig Jahre alt. Kálló ist eine reiche Gemeinde und kann sich mit Leichtigkeit einen älteren, erfahrenen Rabbi leisten, ja sogar einen berühmten. Ich kenne keine Menschenseele in Kálló, und ich habe noch nicht einmal ein Empfehlungsschreiben an ein Gemeindemitglied. Wenn ich nüchtern und vernünftig daüber nachdenken würde, dürfte ich mich um die Stelle gar nicht bewerben.»

Daniel sagte, daß einige Juden in Kálló in der Tat ziemlich wohlhabend seien, daß jedoch häufig jeder vermögende Mann seine eigenen Vorstellungen über den richtigen Rabbi habe. Es könnte sein, daß verschiedene Fraktionen sich für verschiedene Rabbis einsetzten, und ein junger Rabbi, den keiner kannte, könnte gerade der richtige Kompromiß sein, auf den sich jeder einlassen könne, ohne die Gefühle eines wichtigen Gemeindemitglieds zu verletzen. Doch selbst wenn er aus irgendeinem Grund die Stelle nicht bekommen würde, könnte er noch immer Lehrer für die Kinder werden, und das war sicherlich ein guter Weg, zu Ansehen und Einfluß zu gelangen, um eines Tages doch noch Rabbi zu werden.

Der Rabbi dankte Daniel für seine Zuversicht und sagte, daß Daniel wahrscheinlich mit seinen Überlegungen recht habe, daß seine Zweifel jedoch noch tiefer wurzelten. «Soll ich wirklich Rabbi werden?» fragte er. «Ist es mir wirklich bestimmt, Rabbi zu werden?» Die Vorstellung lebenslangen Studierens behagte ihm nicht, so sagte er. Er zog ein aktiveres Leben vor, als den ganzen Tag im Talmud zu lesen, wie löblich dies auch sei, oder Hochzeiten und Beerdigungen vorzunehmen, ganz egal, wie bedeutend die Synagoge und wie gläubig die Gemeinde war.

Außerdem flößte ihm die Vorstellung, an eine einzige Synagoge gefesselt zu sein, Unbehagen ein. Als er in Polen und davor in Mähren studierte, zog er von einer Rabbinerschule zur nächsten, immer angezogen von der Aussicht auf einen neuen Lehrer und begierig, sich unter eine neue Gruppe von Studenten zu mischen. Doch auch das endlose Band der Straße lockte ihn. Er hatte einmal geträumt, daß irgendwo weit weg von der Hauptstraße eine enge, gewundene Straße zu einem kleinen, stillen Dorf führte, das kein Fremder kannte, und daß dieses Dorf, inmitten schöner Bäume und Vögel, den Schlüssel zum Geheimnis des Glücks barg.

«Ich lebe in einem winzigen Dorf weitab von der Hauptstraße, das niemand eines Blickes würdigt», sagte Daniel. «Die wenigen Fremden, die dorthin kommen, sind alle schon einmal dort gewesen.»

«Du hast Glück, in einem solchen Dorf zu leben», sagte der Rabbi. «Verlaß es nicht.»

Daniel dachte über den Ratschlag nach. Dann fragte er: «Was hat in dir den Wunsch geweckt, Rabbi zu werden?»

«Ungefähr das einzige, was mich für das Rabbinerleben geeignet erscheinen läßt, ist meine gute Gesangsstimme», erwiderte der Rabbi, doch seine Stimme klang müde und kraftlos. «Der Versuch in Kálló soll nicht nur erweisen, ob ich Rabbi in dieser bestimmten Gemeinde werde, sondern auch, ob ich überhaupt Rabbi werden soll.»

Daniel sagte, daß auch er vor einer Entscheidung stünde. Auch er war gerade erst zwanzig geworden, und erst vor einem Jahr hatte er seinen Vater, der von einem Adligen Land pachtete, davon überzeugt, drei Dutzend Schafe zu kaufen und zu züchten, um Wolle zu produzieren. Es war seine erste Reise, um Wolle zu verkaufen, und er hatte den Wagen und das beste Pferd seines Vaters genommen. «Wird es sich auszahlen, Schafe der Wolle wegen zu züchten?» fragte Daniel. «Ich glaube es, und das sage ich auch meinem Vater, aber manchmal habe ich Zweifel daran. Tatsache ist, daß niemand es wissen kann. Und wer außer dem Allmächtigen könnte sagen, ob ich zur Schafzucht und zum Wollverkauf tauge?»

Wie der Rabbi, so hatte auch Daniel tiefergehende Zweifel. «Sag mir, Rabbi, wer hat je von einem Juden gehört, der Landarbeit verrichtet?» fragte er, und nun klang seine Stimme kläglich, und Zweifel schwang in ihr. «Soll ein Jude die schmerzvollen Erfahrungen all unserer Vertreibungen vergessen und versuchen, Land zu kaufen, Vieh darauf zu züchten und es zu bebauen? Sag mir, Rabbi, beantworte meine Frage: Soll ein Jude sein eigenes Land bestellen?»

«Ja, ein Jude kann Land kaufen», sagte der Rabbi mit plötzlich wieder fester Stimme. «Natürlich verbietet uns das Gesetz heute, Land zu kaufen. Doch das Gesetz wird sich ändern.» Er hatte gehört, daß der Kronprinz Joseph nicht wie die anderen Habsburger war und noch weniger wie seine Mutter, Maria Theresia, die die Juden immer gehaßt hatte, mehr noch, als sie die Protestanten haßte. Doch Joseph war ein Reformer, ein Freidenker, ein Förderer religiöser und kultureller Vielfalt. «Der Rabbi in Polen, der mein Lehrer war», so führte der Rabbi aus, «behauptet, daß die Juden nach Prinz Josephs Meinung nicht mehr länger auf den Handel beschränkt werden sollten, sondern daß es ihnen freistehen sollte, jede Art von Unternehmen, jede Art von Geschäft zu wählen, um den Wohlstand des Reichs zu mehren. Und warum sollte ein Jude nicht auf dem Land arbeiten? Waren unsere biblischen Vorfahren nicht Schäfer und Bauern? Haben sie sich nicht als Schäfer und Bauern hervorgetan?»

Daniel sagte, er habe noch nie jemandem anvertraut, daß seine Seele am Frühlingsanfang vor der Schönheit der frisch ausgetriebenen grünen Felder erbebe und daß er manchmal den Drang verspüre, manche Bäume zu umarmen, als wären sie heilige Thorarollen. In der Synagoge schlug sein Herz jedesmal schneller, wenn er hörte, daß die Thora einem «Lebensbaum» gleichgesetzt wurde. Er liebte es, eine Handvoll loser, soeben umgepflügter Erde aufzunehmen, mit den Fingerspitzen zu kneten und daran zu riechen, als wäre es jenes köstliche Gewürz, dessen Duft man zum Ausklang des Sabbats einsog, zur Erinnerung an die Besonderheit und Fülle des heiligen Tages, der über allen anderen steht. «Ich liebe den Boden», sagte er, «und ich möchte mein eigenes Land besitzen und bestellen.»

Der Rabbi sagte, es sei kein Fehler, als Jude solche Gefühle zu hegen. Ganz im Gegenteil müßten Daniels Gefühle denen Abrahams, Isaaks und Jakobs sowie auch Davids und der Propheten ähneln. Freilich lebten sie in unserem Heimatland, im Land Israel, das der Allmächtige uns gegeben hatte. Doch, so fügte der Rabbi hinzu, und er erstaunte über seine eigenen Worte, auch das Land ist beweglich. So wie die Synagoge, die überall in der Welt errichtet werden kann, ein beweglicher Tempel geworden ist, nachdem die Römer den heiligen Tempel in Jerusalem zerstört hatten, so ist auch das Land beweglich geworden, nachdem wir das Heilige Land verloren haben. Wo immer wir auch sind, der Allmächtige erwartet, daß wir treue Hüter seines Landes sind.

Der Rabbi setzte große Hoffnungen in das neunzehnte Jahrhundert, zu dem nur wenige Jahre fehlten: Eine neue und bessere Welt war im Entstehen, und die Erlösung, die Ankunft des Messias, rückte schnell näher. Der Messias würde nicht in den dunkelsten Momenten unserer Geschichte kommen, so führte er aus, beispielsweise während der Inquisition. Der Messias würde kommen beim Anbruch eines erleuchteten Zeitalters, das die Gleichheit aller Menschen anerkannte. Der Rabbi erklärte mit leidenschaftlicher Stimme: «Der Messias muß in unseren Tagen kommen, zu unseren Lebzeiten.»

«Du bist der erste Mensch, der mir so gute Kunde bringt», sagte Daniel. «Du hast mir die Gewißheit gegeben, daß das, was ich tue, richtig ist und seine Ordnung hat, daß ich mich unserer Tradition nicht entfremde, sondern zu ihren Wurzeln zurückkehre. Du bist ein Mann, der Erleuchtung bringt. Ja, du bist ein Rabbi! Du bist mein Rabbi!»

Nach Daniels Ausbruch trat eine Pause ein. Dann sagte der Rabbi, langsam und leise: «Ich muß dir sagen, daß ich nur selten ein solches Selbstvertrauen verspüre. Tatsächlich ist es das erste Mal, daß ich bei einer Frage, die jemand einem Rabbi stellt, meiner Sache so sicher bin. Ich habe auch nur wenig Erfahrung mit Fragen, wie sie üblicherweise an einen Rabbi gestellt werden. Aber dein Mut, das Ungewisse zu wagen, hat mir Sicherheit verliehen.»

Als sie zu Daniels Wagen zurückgingen, sagte Daniel, er habe eine Bitte. «Du hast gesagt, du hast eine gute Gesangsstimme. Ich nicht, zu meinem großen Bedauern, doch ich liebe es, einer schönen Stimme zu lauschen. Versprich mir, daß du am Morgen ein Lied für mich singen wirst.»

«Ich werde es aus ganzem Herzen tun», sagte der Rabbi. «Nun wünsche ich dir eine gute Nacht. Möge dir ein angenehmer Traum beschert werden.» Daniel hatte ihm kaum gedankt, da war er auch schon eingeschlafen, und der Rabbi desgleichen.

Daniel hatte einen Traum.

Er ging über eine weite, sonnenüberflutete Wiese, auf der dicht und hoch das Gras stand. Ein Lamm sprang daraus hervor und rieb sich zutraulich an ihm. Sein Fell war lang, und auch sein Körper war außergewöhnlich lang, so lang, daß das Lamm sich in einem Kreis um Daniels Beine wand. Schon bald war er umgeben von vielen anderen Schafen mit ähnlich langgestreckten Körpern, die sich in einem immer größer werdenden Kreis um ihn scharten. Er blickte auf und bemerkte ein Haus, das große Ähnlichkeit mit dem seiner Eltern hatte. Als er sich dem Haus näherte, wuchs plötzlich noch ein Flügel auf einer Seite, und auf der anderen kam noch ein Zimmer hinzu. Er sah Kinder aus dem Haus laufen und dann Männer und Frauen. Viele Menschen jeden Alters kamen aus dem Haus und gingen zu den Wiesen hinüber. Sie sprachen, lachten und sangen. Dann erschien ein zotteliges Pferd mit langem, langem Fell, das sich an ihn schmiegte. Plötzlich zog das Pferd einen Wagen, und er sprang auf den Wagen, und lange Zeit fuhr er auf gewundenen, unbefestigten Straßen dahin, von Weizenfeldern umgeben, so weit das Auge reichte.

Daniel erwachte kurz nach Tagesanbruch mit einem Lächeln auf den Lippen. «Du hast wohl geträumt», sagte der Rabbi bei seinem Anblick. Daniel fragte den Rabbi, wie er geschlafen habe, und der Rabbi erwiderte, er fühle sich ausgeruht und sei begierig, seine Reise fortzusetzen.

Zuerst sangen sie die Morgengebete. Der Rabbi betete mit großer Inbrunst, als würde er direkt zum Allmächtigen sprechen. Sodann sang er ein Lied über David, den König der Schäfer, und das Lied war so schön, daß Daniels Augen sich mit Tränen füllten. Der Rabbi hatte einen kräftigen, volltönenden Baß, und er sang dieses Lied für Daniel, der spürte, daß er auf diesen Moment seit langem gewartet hatte.

Daniel, der eigentlich die Straße nach Westen Richtung Buda einschlagen sollte, sagte dem Rabbi, daß er zuerst die Straße nach Osten, nach Kálló nehmen werde. Der Rabbi protestierte, doch Daniel bestand darauf, daß ein Rabbi, der um eine Stelle kämpfte, nicht vom Gehen erschöpft sein durfte und daß er nicht zu Fuß ankommen sollte wie ein Bettler. Auf dem Weg nach Kálló erzählte Daniel dem Rabbi seinen Traum.

«Du solltest den Traum der letzten Nacht wie einen Schatz in deiner Erinnerung bewahren, mein Freund Daniel», sagte der Rabbi. «Dein Traum bedeutet nichts anderes, als daß Wohlstand, Ehre und Glück dich erwarten, daß du viele Nachkommen haben wirst, denen Wohlstand, Ehre und Glück zuteil werden wird, und daß Gott dir ein langes und schönes Leben bescheren wird.»

Als die ersten Häuser Kállós am Horizont sichtbar wurden, bat der Rabbi Daniel, den Wagen anzuhalten. «Möge Gott dich und deine Nachfahren segnen», sagte er. «Möge Gott dir bei deinem jetzigen Unterfangen beistehen und bei allen weiteren Abenteuern, die sicherlich folgen werden. Weil du mit dem Beginn dieses Unternehmens so viel Mut bewiesen hast und weil du mir so viel Freundlichkeit erwiesen hast, werde ich zum Allmächtigen beten, zum Gott unserer Vorväter, daß deine Nachkommenschaft so zahlreich und so gesegnet sein möge wie die Abrahams und daß du so ein erfolgreicher Viehzüchter wirst wie Jakob.»

Der Rabbi zitierte den Propheten Amos: «Denn ich will sie in ihr Land pflanzen, daß sie nicht mehr aus ihrem Land ausgerottet werden, das ich ihnen gegeben habe, spricht der Herr, dein Gott.»

Schließlich fügte er noch hinzu: «Möge der Herr dich und alle deine Nachkommen, die die Gesetze Moses bewahren und das Land bestellen, segnen und beschützen.»

Die zwei jungen Männer verabschiedeten sich vor der Synagoge Kállós voneinander.

Der Rest des Tages verging ohne weitere Vorkommnisse. Eine Woche später kam Daniel sicher in der Marktstadt Buda an. Er verkaufte all seine Wolle, und der Preis, den er dafür erzielte, war höher als alles, was irgend jemand im Dorf für möglich gehalten hatte.

In den folgenden Jahren erweiterte Daniel die Schafzucht und machte mit dem Verkauf der Felle ein gutes Geschäft. Wie der biblische Jakob, dieser geschickteste und fürsorglichste aller Schäfer, achtete auch Daniel darauf, die Qualität seiner Herde zu verbessern. Seine Schafe waren gut gefüttert und gepflegt, und ihr Fell war immer voll und dicht.

Und er wurde Landbesitzer. Wenn unsere Familienchronisten recht haben, dann war er der erste Jude, der im Nordosten Ungarns, wenn nicht sogar in Ungarn überhaupt, ein Gut erwarb, irgendwann in den ersten Jahren des neunzehnten Jahrhunderts, lange bevor das Reformparlament von 1840 erklärte, es sei rechtens, daß ein Jude Land besaß. Wie er das zuwege brachte, weiß man nicht genau, doch die klügsten Köpfe unter meinen Chronisten haben dafür zwei Erklärungen anzubieten: die Abgelegenheit des Dorfes Derzs und Daniels allgemeine Beliebtheit.

Viele von Daniels Nachkommen blieben auf dem Land und widerstanden den Versuchungen, die das Stadtleben, der Handel und die Industrie für sie bereithielten, ebenso wie dem Ansehen, das mit dem Beruf des Arztes oder des Rechtsgelehrten verbunden war. Sie liebten das Land, und das Land erwiderte ihre Liebe.

Der Segen des Rabbis tat mehr als hundertvierzig Jahre und sechs Generationen lang seine Wirkung. Sein Zauber wirkte, solange Daniels Nachfahren, die das Land bestellten, sich an die Gesetze Moses hielten – an die vielen Vorschriften und Regeln, die vom genießbaren Fleisch bis zum Verzicht auf jegliche Arbeit am Sabbat, vom Sonnenuntergang am Freitag bis zum Sonnenuntergang am

Samstag, reichen. Man könnte einwenden, daß der Segen noch immer wirkt, denn viele meiner Verwandten, die sich in Israel niedergelassen haben, sind erfolgreiche Bauern. Allerdings halten sie sich nicht mehr an die Gesetze Moses.

Aber was ist ein Segen? Worin besteht sein Zauber?

Ein Segen wurzelt im Innersten des Glaubens, in der unumstößlichen Überzeugung, daß Gott streng und gerecht ist und diejenigen belohnt, die auf dem «richtigen Weg» wandeln, wie es schon immer heißt. Gewöhnlich wird ein Segen wie eine Art Vorschuß einem vielversprechenden Jüngling erteilt, der auf diese Weise ermutigt wird, sich selbst unter Beweis zu stellen. Ein Segen kann direkt von Gott kommen, wie in Abrahams Fall, und dann als unschätzbare, unteilbare und einzigartige Gabe an einen Lieblingssohn weitergegeben werden – von Abraham zu Isaak, von Isaak zu Jakob. Doch nachdem Jakob Joseph seinen Brüdern den Vorzug gegeben hatte, mehrte sich nicht nur der Erfolg, sondern es kamen auch Zwietracht und Leid. Am Ende segnete der sterbende Jakob alle seine zwölf Söhne mehr und minder gleich, während er gleichwohl Joseph und seine Söhne bevorzugte – und den ältesten Bruder Juda.

In der nachbiblischen Zeit war es der Rabbi, der als Vermittler zwischen Gottes Gnade und den Sehnsüchten eines menschlichen Wesens sich möglicherweise dazu veranlaßt sah, Gott um die Erteilung eines Segens für einen Menschen zu bitten, sei es als Belohnung für eine erwiesene Freundlichkeit, sei es als Hilfe in der Not für einen Menschen, der es verdiente, oder beides zusammen. Dieser Handel mit Gunstbezeugungen versüßt das Spiel des blinden Zufalls und des rücksichtslosen Wettbewerbs, aus dem die Wirklichkeit so oft allein zu bestehen scheint, auch wenn dies nur die Welt der Zyniker ist. Es gibt nur glückliche Zufälle, sonst nichts, sagte der heidnische Römer. Der fromme Jude hat dem nie zugestimmt. Ein Segen ist eine Hand auf der Schulter oder ein Arm um die Schultern. Er ist eine Versicherung, daß alles sich zum Guten wenden wird – *y'h'yeh tov*, wie es auf hebräisch heißt. Sorge dich nicht, ich bin mit dir.

Wie und warum meine Familie diesen Segen aus den siebziger Jahren des achtzehnten Jahrhunderts verlor, ist umstritten. Verloren meine Onkel und Cousins ihr Land, weil sie die vielen Regeln des jüdischen Glaubens nicht mehr einhielten, die Bedingung – das *tnai* – für den im Segen versprochenen Wohlstand? Doch diese Bedingung war durch einen Rabbi festgelegt worden. Als Gott den Segen erteilte, nahm er da die Bedingung eines Rabbi an? Was war mit der Plünderung unserer Ländereien während und nach dem Ersten Weltkrieg und mit dem Ausmaß der Vernichtung durch die Nazis, das seinesgleichen suchte? Waren die Nazis nicht die fleischgewordene Verleugnung, ja die Auslöschung von Begriffen wie dem guten Willen Gottes, der Grundvoraussetzung eines Segens?

Vielleicht war der Segen aber einfach an eine bestimmte Zeit und an einen Ort geknüpft, vielleicht war er nur in der wohlgeordneten Welt gültig, die mit dem Ersten Weltkrieg in Schutt und Asche fiel. Oder vielleicht war der Segen auch einfach langsam aufgebraucht, auch das konnte man gelegentlich hören.

Und was wurde aus dem Rabbi?

Es ist überliefert, daß er zuerst als Lehrer für die Kinder angestellt wurde und 1781, einige Jahre später, zum Rabbi der Gemeinde Kálló und gleichzeitig auch zum Oberrabbiner des Bezirks Szabolcs bestellt wurde.

Verglichen mit den Maßstäben seiner Zeit, ja sogar unserer Zeit, war Isaac Taub, überall in Ungarn und in den angrenzenden Ländern nur als der Wunderrabbi von Kálló oder schlicht als der Rabbi von Kálló bekannt, ein höchst unkonventioneller Rabbi. Er unternahm lange Wanderungen durch das Land, manchmal in Begleitung eines anderen Juden, wie es der Brauch verlangte, manchmal jedoch auch allein, was als unklug galt, denn er hätte dabei auf Versuchungen und Gefahren stoßen können, die er allein vielleicht nicht hätte meistern können. Manchmal verschwand er tagelang auf geheimnisvollen Irrfahrten und zog mit dem Wagen auf Hauptstraßen und im Hinterland umher. Er machte im Schatten bestimmter Bäume ein Nickerchen, in der Hoffnung, er würde dort bedeutsame Träume träumen: Träume, die ihm die Richtung wiesen, die er oder seine Bittsteller einschlagen sollten, Träume, die bisher verschlossene Tore öffnen würden, Träume, die die Erklärung von Problemen bringen würden, für die er im Licht des Tages keine Lösung fand.

Er suchte die Obstgärten auf, besonders während der Blüte; er sprach mit jenen, die die Bäume beschnitten, um die jüdische Überlieferung, in der der Obstgarten als Sinnbild des Paradieses gilt, besser verstehen zu können. Im Unterschied zu anderen Rabbis seiner Generation, die Jiddisch und Hebräisch konnten, aber kaum oder gar nicht Ungarisch sprachen, sprach er ein volksnahes, blumiges Ungarisch. Er verkehrte auch mit Nichtjuden. Er gesellte sich zu den Lagerfeuern von Schäfern und Fischern, und er saß mit den Bauern in den Schenken zusammen. Er lernte ihre Lieder, und er sang mit ihnen genauso, wie er in der Synagoge sang, aus ganzem Herzen.

Unter den jüdischen Gelehrten gilt Rabbi Taub als ein Schüler des Baal Shem Tov, des ersten und wohl größten aller Rabbis der sogenannten Chassidim. Die Chassidim stellten ihre inbrünstige Frömmigkeit in den Mittelpunkt des Glaubens und wandten sich der Welt jenseits des Rationalen zu, im Gegensatz zum traditionellen Judentum, das den Schwerpunkt auf die Interpretation der Gesetze legte und das Rationale betonte. Nach dem Tod der beiden Rabbis konnte man nur schwerlich der Versuchung widerstehen, eine Verbindung zwischen ihnen herzustellen. Isaac Taub war neun Jahre alt, als der Baal Shem Tov 1760 starb, und einige unter Rabbi Taubs Anhängern behaupteten, daß der Baal Shem Tov ihn einmal unterrichtet hatte. Eine andere Version der Geschichte lautet, daß der Baal Shem Tov kurz vor seinem Tod einen Brief an einen kleinen Jungen schrieb und daß der Brief rätselhafterweise erst viele Jahre später, als aus dem kleinen Jungen der Rabbi von Kálló geworden war, übergeben wurde.

Das Leben der zwei Rabbis verlief in ähnlichen Bahnen. Beide wurden arm geboren und schon in früher Kindheit zu Waisen. Beide verrichteten untergeordnete Arbeiten und zogen dann von einer Rabbinerschule zur nächsten, beide zweifelten an ihrer Berufung, ja sträubten sich scheinbar dagegen, und wanderten dann von einem Dorf zum anderen. Beiden war mehr daran gelegen, das elende Leben der Juden zu erleichtern, als dem jüdischen Wissen noch einige weitere Bände hinzuzufügen. Beide sehnten sich nach der Ankunft des Messias mit einer Glut, die nur der Inbrunst ihrer Bitten vergleichbar war, mit denen sie Gott um Hilfe für in Not geratene Juden anflehten. Beide waren dem Schreiben abhold und brachten auch ihre Schüler davon ab, ihre Worte und Taten festzuhalten, und so kommt es, daß uns ein Schatz an Geschichten über sie erhalten ist, die von ihren Anhängern entworfen und ausgeschmückt wurden.

Für meine Vorfahren war der Baal Shem Tov das große Leuchtfeuer auf dem Gipfel der Karpaten, das weithin sichtbar strahlte, Rabbi Taub aus der nahen Stadt Kálló aber war die Kerze, deren Schein jeden Freitagabend die Häuser erhellte.

Was für ein Mensch war der Rabbi von Kálló?

Eines seiner Gemeindemitglieder, ein frommer Schneider, der gegen Ende des neunzehnten Jahrhunderts von einem Schriftsteller befragt wurde, schilderte ihn als einen «hochgewachsenen, mächtigen Mann mit hoher Stirn und intelligenten Augen, die immer zu lächeln schienen». Er hatte nichts mit dem ewig zürnenden Propheten gemein, der gegen die Sünde wettert und Verbote erteilt, sondern er war ein mitfühlender, vertrauenerweckender Freund, dessen Glaube ansteckend war.

Er überraschte jüdische Besucher aus anderen Ländern, die Freitagabend an seinem Tisch Platz nahmen, indem er auf eine traditionelle hebräische Melodie ein ungarisches Volkslied folgen ließ. Er pries Joseph II., den Habsburgerkaiser, der den Juden die Bürgerrechte verlieh, doch er übte öffentliche Kritik an Josephs Bestrebungen, Wiens Kontrolle über Ungarn zu festigen. Nach dem Tod Josephs II. schloß er Freundschaft mit einem Adligen, einem der ungarischen Verschwörer, die nach Unabhängigkeit verlangten. Ungeachtet der Gefahr einer offiziellen Zurechtweisung oder gar seiner Verhaftung betrauerte der Rabbi von Kálló in einer Predigt seinen Freund und sprach offen über seine Sympathie für die Verschwörer, nachdem diese 1795 in der letzten mittelalterlichen Zeremonie dieser Art auf einer Wiese unterhalb des Burgbergs von Buda, die bis auf den heutigen Tag «Blutfeld» heißt, enthauptet worden waren.

Selbst beim Pessachmahl sang der Rabbi von Kálló ungarische Lieder, und er verglich die jüdische Gefangenschaft in Ägypten mit Ungarns Unterjochung durch Österreich. Nichtjuden waren, egal, was für eine gesellschaftliche Stellung sie hatten, an seiner Tafel immer willkommen. Einmal ergab es sich, daß er einen alten nichtjüdischen Schäfer einlud, einen Fremden, der in Lumpen gekleidet und Schafgeruch ausströmend um Mitternacht vor seiner Tür stand. Zum Entsetzen seiner anderen Gäste – alles Mitglieder der Gemeinde – ließ der Rabbi den Schäfer ungehindert nach dem für den Propheten Elias bestimmten Kelch greifen, der in der Mitte jeder Pessachtafel steht, in der frommen Hoffnung, daß der sagenumwobene Himmelswanderer erscheinen und das Kommen des Messias ankündigen möge. Der Schäfer trank den Wein des Propheten Elias in einem Zug aus, sang auf Bitten des Rabbi ein Lied und verschwand sodann auf Nimmerwiedersehen.

Der alte nichtjüdische Schäfer hätte der Prophet Elias sein können, welcher immer verkleidet reist, oder er war eben nur ein alter, nichtjüdischer Schäfer. Es war schon gewagt, die Möglichkeit in Betracht zu ziehen, daß er Elias sein könnte, und der Rabbi setzte sich mit dieser Annahme der Lächerlichkeit aus, doch er wollte es nicht anders haben. Nach Ansicht des großen Gelehrten Jakob Jizchak, des Rabbis von Lublin, war niemand zu einem so tiefen Verständnis für die Bedeutung des Pessachfests gelangt wie Rabbi Taub.

Ganze Bände sind angefüllt worden mit Geschichten über den Rabbi von Kálló, und für jede Geschichte finden sich mehrere Versionen. Ein allen gemeinsamer Zug ist sein Glaube an die Heilkraft der Träume, und ein anderer ist seine rastlose Suche, das verborgene Selbst hinter dem zu entdecken, was der jüdische Mystizismus «wandernde Seelen» nennt – Menschen, deren frühere Inkarnationen so bestimmend waren, daß sie nach einem Weg suchen müssen, wie sie wieder dorthin zurückkehren können.

In einer Geschichte, die ich vor vielen Jahren hörte, vermutlich von meiner Großmutter, empfing Rabbi Taub einen Besucher aus Polen, einen Juden, der von einem anderen für seine Wunder bekannten Rabbi zu ihm geschickt worden war. Der Mann war eine einsame, unglückliche Seele, und sein Körper, besonders sein Magen, steckte so voller Schmerzen wie seine Tasche voller Goldstücke. Er konnte dem Leben keinerlei Reiz abgewinnen. Rabbis und Ärzte hatten ihm nicht helfen können, und in seiner Verzweiflung unternahm er die weite Reise nach Süden, nach Ungarn, um den Rabbi von Kálló aufzusuchen. Rabbi Taub hörte dem reichen Mann zu, wie er von seinen vielen Sorgen sprach. Dann sagte der Rabbi: «Ihr hattet eine lange Reise, und Ihr müßt müde sein. Es ist ein wunderschöner Tag und ein lieblicher Nachmittag, geht also und ruht Euch aus, wir wollen hoffen, daß Euch der Schlaf vergönnt ist und daß Gott Euch einen guten Traum schickt.» Der Rabbi zeigte auf einen großen, ausladenden Walnußbaum nicht weit von seinem Haus entfernt, der seiner Ansicht nach für eine Ruhestunde bestens geeignet war. Es war Frühling, und die ersten Blattspitzen waren kaum ausgetrieben. Sowie der Mann sich unter den Baum gelegt hatte, fiel er in Schlaf und träumte.

In seinem Traum stand der Walnußbaum in vollem Grün, und er hörte einen Vogel ein wunderschönes Lied trällern. Er blickte auf und sah auf einem Ast einen Vogel mit goldenen Flügeln und Füßen. Er rief: «Komm her, mein Vogel!» Der Vogel flog auf die Schulter des Mannes und sang weiter.

Plötzlich hielt der Vogel in seinem Gesang inne und sagte, und seine Stimme war die einer Frau: «Geh und suche den Arzt auf, der neben dem Rabbi von Kálló wohnt. Er wird dich heilen.»

Als der Mann erwachte, ging die Sonne bereits unter. Er ging in die Synagoge, um am Abendgebet teilzunehmen. In seiner Unsicherheit, ob er dem Traum Glauben schenken und den Anweisungen des Vogels Folge leisten sollte, fragte er seinen Betnachbarn, ob es einen guten Arzt in der Stadt gebe. Man sagte ihm, daß gleich neben dem Rabbi von Kálló ein ausgezeichneter Arzt wohne. Der Mann suchte den Arzt auf und erzählte ihm von seinen Magenkrämpfen. Der Arzt hörte zu und schlug ihm vor, einige Tage lang kein Fleisch zu essen und zu sehen, ob er sich dann besser fühle.

Der Mann tat wie gesagt, und seine Magenkrämpfe verschwanden. Am Sabbat ging er in die Synagoge und lauschte dem Gesang des Rabbis von Kálló. Ihm war, als habe er niemals eine schönere Stimme gehört. Er ging zum Rabbi, erzählte ihm den Traum und fragte ihn, was er als nächstes tun solle. Der Rabbi schlug ihm vor, noch eine Woche in Kálló zu verweilen und lange Spaziergänge über Land zu unternehmen und auf alles, was er hörte oder sah, genau zu achten.

Der Mann befolgte die Anweisungen des Rabbis und fand zu seiner

ZÖLD ERDŐBEN, ZÖLD MEZŐBEN

m *fi szi l t d' r'*

Eine Version des berühmtesten Lieds von Rabbi Taub über einen Wundervogel mit dem Titel: «In grünen Wäldern, auf grünen Wiesen»

Überraschung, daß ihm der Anblick der Wiesen und Bäume Freude bereitete. Zudem war sein Körper frei von Schmerzen. Jeden Tag fühlte er sich besser. Am folgenden Sabbat ging er wieder zum Rabbi von Kálló, um ihm zu danken und zu fragen, was er nun tun solle. Der Rabbi trug ihm auf, noch einmal unter dem Walnußbaum zu ruhen. Wieder fiel der Mann sofort in Schlaf und hatte einen Traum. In seinem Traum erschien wieder der schöne Vogel und sang, ließ sich sodann auf seinen Schultern nieder und sagte mit seiner Frauenstimme, er solle nach Polen zurückkehren und sich verheiraten. Von nun an würde er ein glückliches Leben führen, so versprach ihm der Vogel.

Der Mann erzählte dem Rabbi seinen Traum, und der Rabbi riet ihm, auf den Vogel zu hören. Doch bevor der Mann nach Polen zurückkehrte, erzählte er seine Geschichte den Juden von Kálló, und diese wiederum erzählten sie weiter.

In vielen Geschichten, die über den Rabbi von Kálló in Umlauf sind, hat er einen treuen Begleiter, einen guten Freund namens Aaron Fisch, der ein Enkel Baruch Fischs war – des Mannes, der einen Engel erblickte und einhundertneunzehn Jahre alt wurde. Aaron Fischs Tochter Rachel heiratete Lazar Schwarcz aus Derzs, einen Enkel Daniels, dem der Rabbi von Kálló einen Segen zuteil werden ließ. Und Rachel Fisch war meine Urgroßmutter, ihr Grabstein auf dem Friedhof von Derzs ist noch zu entziffern.

Wenn der Rabbi von Kálló ihn darum bat, fuhr Aaron Fisch ihn auf einem Wagen oft bis in die hintersten Dörfer des Bezirks Szabolcs. Aaron Fisch fragte ihn nie nach dem Zweck dieser Reisen, noch nach dem Grund für den Zeitpunkt des Aufbruchs, meist erst spät am Abend, noch warum er immer erst sehr kurzfristig davon erfuhr. Aaron Fisch schienen diese Reisen Teil einer Suche zu sein, die er nur verschwommen nachvollziehen konnte und über die der Rabbi nur in Andeutungen sprach, mit Zitaten aus den heiligen Büchern, wie beispielsweise mit einem aus dem mystischen Buch Sohar der Kabbala: «Ein ungedeuteter Traum ist wie ein ungelesener Brief.»

Einmal, als der Rabbi in einem außergewöhnlichen Erregungszustand war, fuhr ihn Aaron Fisch in das Dorf Levelek, wo der Rabbi die

Einheimischen durch seine Fragen nach einem Mädchen, das einer bestimmten Beschreibung entsprach, nicht wenig in Erstaunen setzte. Es stellte sich heraus, daß das Mädchen die Tochter eines Wasserträgers, des ärmsten Juden in der Stadt, war. Der Rabbi ging sodann daran, die Hochzeit zwischen diesem Mädchen und einem polnischen Jungen, der in seinem Haus aufwuchs, auszurichten.

Der Rabbi erzählte Aaron Fisch, daß er schon seit Jahren die Dörfer des Bezirks Szabolcs nach einem Mädchen absuche, das er dem Jungen, einem Waisen, den er auf drängende Bitten hin schon vor vielen Jahren in seine Obhut genommen hatte, zur Frau geben könne. Der Rabbi offenbarte, daß die Braut und der Bräutigam in ihrem früheren Leben römisch-katholisch und von prinzlichem spanischen Blut gewesen waren. Doch die blinde Raserei der Inquisition und das Beispiel ihres Lehrers, der heimlich Jude war, hatten ihre Seelen dem Judentum geöffnet, und sie konvertierten. Es war von höchster Bedeutung, sie ein weiteres Mal einander zuzuführen und so eine wunderbare Erneuerung des alten Verhältnisses zu bewirken, durch die womöglich die Ankunft des Messias beschleunigt werden konnte.

Bei einer anderen Gelegenheit bat der Rabbi von Kálló Aaron Fisch, am Nachmittag vor dem Versöhnungstag zu einer Fahrt aufzubrechen. Jedermann war damit beschäftigt, das Mahl zu bereiten, das vor dem Beginn des Fastens zum Sonnenuntergang eingenommen wurde, und es war wahrlich kein günstiger Zeitpunkt für einen Ausritt.

Sie fuhren über Ländereien, die Aaron Fisch gepachtet hatte, als sie auf einen kleinen Teich stießen, den sie nie zuvor erblickt hatten. Der Rabbi von Kálló sprach schnell ein Gebet und tauchte sodann in das Wasser, als nehme er ein rituelles Bad. Noch bevor sein Begleiter sich von dem Schock erholen konnte, daß er auf seinem eigenen Grund, auf dem er seit Jahren arbeitete, etwas so Wichtiges wie ein Gewässer übersehen hatte, war der Rabbi von Kálló schon wieder angekleidet und saß neben ihm auf dem Wagen.

Sobald der Versöhnungstag vorüber war, kehrte Aaron Fisch zu dem Ort, den er mit dem Rabbi von Kálló aufgesucht hatte, zurück, doch er fand keinerlei Wasser, nicht einmal ein Pfütze. Dieses Mal konnte Aaron Fisch seine Neugier nicht bezähmen. Er ging zum

Rabbi von Kálló und fragte ihn nach einer Erklärung. Der Rabbi von Kálló sagte, daß das Wasser, welches sie erblickt hatten, Miriams Quelle sei, die nach der jüdischen Überlieferung die Kinder Israels auf den Jahren ihrer Wanderschaft durch die Einöde der Wüste Sinai begleitet hatte und die Rabbi Taub zufolge unerwartet und immer nur für wenige Stunden im Szabolcs-Land erschien. Und er tadelte seinen Freund milde, weil er die Gelegenheit, in ein reines Wasser zu tauchen und so seinen Körper und seine Seele vor dem Versöhnungstag zu reinigen, ungenutzt hatte verstreichen lassen.

Die Geschichte von der biblischen Quelle, von der der Rabbi von Kálló behauptete, daß sie im Szabolcs-Land wieder aufgetaucht sei, muß die Gutgläubigkeit vieler frommer Juden arg strapaziert haben. Doch es scheint, daß Aaron Fisch und viele meiner Vorfahren die Geschichte geglaubt haben und daß sie das ihre dazu beitrug, daß Ungarn und insbesondere der Bezirk Szabolcs in den Augen meiner Familie zu einem Auswuchs des Gelobten Landes wurde, wenn es nicht gar an seine Stelle trat. Meine Mutter schrieb in ihren Memoiren: «Mein Vater hatte zwei Leidenschaften: seine Familie und den Geruch des schwarzen ungarischen Bodens. Sein Land war sein Glaube, und er pflanzte seinen Kindern diesen Glauben ein.»

Der Rabbi, der die Zeremonie beim Begräbnis meines Großvaters leitete, war ein Urenkel des Rabbis von Kálló.

Der Rabbi von Kálló soll auch nicht wenig zur Verbreitung eines rätselhaften Liedes über einen wunderbaren Vogel beigetragen haben – wenn er es nicht selbst komponiert hat –, das bis zum heutigen Tag eine in ganz Ungarn bekannte Volksweise ist und von den chassidischen Juden in der ganzen Welt in der ungarischen Originalversion gesungen wird. Es heißt, daß er es von einem Schäfer gelernt hat.

Einer Version dieser Geschichte zufolge hörte der Rabbi einen jungen Schäfer, der das Lied auf seiner Flöte spielte, fand Gefallen daran und bat den Schäfer um die Flöte. Nachdem der Rabbi die Melodie gelernt hatte, gab er die Flöte zurück. Doch die Flöte, die der Hirtenjunge aus einem Walnußbaum geschnitzt hatte, konnte nie wieder ein anderes Lied spielen oder auch nur einen anderen Ton hervorbringen. In einer anderen Version heißt es, daß der alte nichtjüdische Schäfer, den der Rabbi zum Pessachmahl geladen hatte, der Urheber des Liedes

Rabbi Taubs Gruft heute. Es war sein Wunsch, direkt neben der Durchgangsstraße beerdigt zu werden.

gewesen sei. Das Lied hatte eine Melodie, in der sich tiefe Qual und überschwenglicher Jubel vermischen. Die Worte sind verschlüsselt, und die Bilder wirken, als kämen sie aus einem Traum.

Der Anfang ist hoffnungsfroh. «Die Dämmerung bricht an, und der Hahn kräht. Wenn Gott es so wollte, dann könntest du mein sein.» Doch es handelt sich nicht etwa um ein Liebeslied, was durch einen abrupten Themawechsel klar wird: «Ein Vogel geht auf einer blauen Wiese in einem grünen Wald umher.» Die nächste Zeile endet mit einem Ausrufungszeichen: «Was für ein Vogel!» Das Folgende ist rätselhaft: «Der Vogel hat goldene Füße und goldene Flügel. Der Vogel wartet. Warte, Vogel, warte. Warte, warte, immerzu.»

Darauf folgt eine Frage, die die Juden als Frage nach dem Messias lesen: «Wann wird das Warten ein Ende haben?» Die Antwort, die in der ungarischen Version fehlt, ist die einzige hebräische Zeile des Liedes: «Wenn der Tempel wiederaufgebaut ist.»

Als Rabbi Taub 1821 starb, war er Ungarns gefeiertster Rabbi, dem Juden und Nichtjuden gleichermaßen ihr Vertrauen schenkten und den zahlreiche Menschen um seinen Rat baten. Im Jahr nach seinem Tod wurden alle jüdischen Knaben, die im Bezirk Szabolcs geboren wurden, nach ihm benannt. Fast zwanzig Jahre lang konnte es die jüdische Gemeinde von Kálló nicht über sich bringen, einen anderen Rabbi in Dienst zu nehmen, und sie schufen einen neuen Friedhof, weil nach ihm niemand mehr eines Begräbnisses auf demselben Friedhof für würdig befunden wurde.

In Kálló und in den Dörfern des Bezirks Szabolcs und unter den Nachkommen der Juden aus dem östlichen Ungarn erinnert man sich noch heute an den Rabbi Taub. «Der heilige Rabbi hat in den Wiesen und auf den Straßen, auf denen er umherwanderte, seine Fußspuren hinterlassen», so sagte mir ein Tagelöhner, ein gläubiger Katholik. Er sagt, es sei ihm eine Ehre, auf der anderen Straßenseite des Friedhofs zu wohnen, in dem der Rabbi von Kálló begraben ist.

Seine Gruft liegt an einer vielbefahrenen Überlandstraße, nur einen Meter von der Umfriedung zurückgesetzt. Der Rabbi lehnte die Ehre ab, in der Mitte begraben zu werden, und zog es vor, dicht neben der Straße, auf der er so gerne umherwanderte, beerdigt zu werden.

Bis zu zwanzig Menschen erweisen ihm täglich ihre Verehrung

und beten an seinem Grab. Wieder andere formen aus den Zetteln, auf denen sie ihre Bitten niedergeschrieben haben, Kügelchen, die sie über die zwei Meter hohe Betonmauer werfen. In den Bittschriften fleht man seinen Beistand an, um einen Nierenstein loszuwerden, um einen guten Ehemann für die noch immer unvermählte Tochter zu finden, um ein Kind zu empfangen oder um einem ewig deprimierten Mann Freude zu bereiten. Sie sind in Hebräisch, Ungarisch und Jiddisch abgefaßt, manchmal auch in einer Mischung aus allen dreien. Manche Bittschriften klingen wie Gebete, andere sind im familiären Stil eines Schwätzchens gehalten, wo der Rabbi mit «lieber alter Freund» angeredet wird und der Schreiber selbst sich als Nachkomme eines Gemeindemitglieds vorstellt, welches ein Problem mitteilen oder sich einfach nur in Erinnerung rufen möchte.

Der Wind bläst, und die Zettel, viele davon aus einem ungefähr handgroßen Spiralblock herausgerissen, fliegen davon. Manche verfangen sich in den Dornen hoher Disteln, und die Schrift wird langsam vom Regen abgewaschen; andere Schnipsel bahnen sich einen Weg durch das Unkraut und schieben sich in den weichen Sand.

Die Gruft mit ihren mörtelüberzogenen Ziegelsteinen ähnelt einem schlichten Bauernhaus aus dem neunzehnten Jahrhundert, die Fassade jedoch ist von einem barocken Bogen gekrönt, wie man ihn an den Kirchen und Bahnhofsstationen jener Zeit häufig sieht. Der Außenanstrich ist in jenem universellen Gelb des Habsburgerreichs gehalten, das zunächst ein wenig zu grell ist, mit der Zeit aber einen angenehmen Ton annimmt. Hinter der schweren, rostigen Eisentür befindet sich ein kleiner Vorraum, und dann führen drei Stufen in ein kleines, niedriges, fensterloses Gewölbe, das dem Besucher das Gefühl vermittelt, sich im Grab selbst zu befinden. Überall sieht man Bittschriften. Klein zusammengefaltet stecken Papierstückchen in den Spalten der bröckelnden Gipswände und in den Ritzen um den Türrahmen; sie liegen auf dem unbefestigten Boden verstreut und auf der einfachen Blechablage über dem Grab. Zu Hunderten sind sie in einen Sack gestopft, wie man ihn für Weizenkörner benutzte, der in einer Ecke hinter dem Grab steht.

In seinem Sarg aus ungehobeltem Kiefernholz träumt der Rabbi seinen ewigen letzten Traum.

Zeichnungen jüdischer Figuren aus Theaterstücken des 19. Jahrhunderts: links ein Pelzhändler und rechts ein Gastwirt (mit freundlicher Genehmigung des Fettman-Lehrstuhls, Hebräische Universität von Jerusalem)

4. Zwei Fässer Wein

Denn deine Liebe ist lieblicher als Wein

Die Bibel, das Hohelied Salomos, 1,2

Meinem Onkel Shumi – auf seiner Geburtsurkunde steht Samuel – war es bestimmt, der Familienchronist zu werden.

Mit einundzwanzig Jahren kam Shumi, wie es das jüdische Gesetz verlangt, seiner Verpflichtung als ältester Sohn nach und sprach in der Synagoge seines Heimatdorfs Gyulaj das Kaddisch für seinen Vater. Doch er dachte nicht daran, den Platz seines Vaters einzunehmen, den Ehrenplatz, der ihm als größtem Landbesitzer des Dorfes und frommem Juden zugestanden hätte. Shumi war ein Rationalist, er lehnte die Frömmigkeit der Älteren im zwanzigsten Jahrhundert als bedeutungslos ab.

Doch die Jahre gingen dahin, und schließlich war Shumi der letzte Überlebende seiner Generation, der den Schatz der Erinnerung an die Welt, in die er hineingeboren worden war, noch bewahrte. Er machte es sich zur Aufgabe, nahe wie entfernte Verwandte aufzuspüren, den Kontakt mit ihnen aufrechtzuerhalten und einen Austausch über das Leben und die Ansichten unserer Familie, die nun über drei Kontinente verstreut war, in Gang zu setzen. Voller Gewissensbisse, weil er die Erwartungen seiner Eltern nicht erfüllt hatte, und um so vernarrter in seine Nichten und Neffen, als er keine eigenen

Kinder hatte, wurde er zu einem treuen Hüter unser aller Erinnerungen.

1966, nach seinem siebenundsechzigsten Geburtstag, begann er mit der Niederschrift all der Familiengeschichten, die er in seinem letzten Lebensdrittel gesammelt und kolportiert hatte. Er trug alle Einzelheiten zusammen, an die er oder andere Familienmitglieder sich erinnerten, und er kopierte alle Dokumente, die er auftreiben konnte. Mit zwei Fingern auf seiner ramponierten tragbaren Schreibmaschine aus den frühen dreißiger Jahren hämmernd, füllte er an die hundert Seiten – ohne Rand und einzeilig. Er brauchte keinen Entwurf, selten nur mußte er einen Buchstaben oder gar ein Wort ausstreichen.

Zum Jahresende vollendete er die Aufgabe, die er sich selbst gesetzt hatte. Er widmete sein Werk seinem Vater und schickte es mir, in der Erwartung, daß ich die Geschichten ebenso schätzen würde wie er. Sein Manuskript war nicht zur Veröffentlichung bestimmt, sondern es sollte in einer Mappe für meine Kinder, auf deren baldige Geburt er hoffte, aufbewahrt werden. Er sagte, er wüßte ganz genau – angeblich war das nur «vernünftig» –, daß ich irgendwann in einem Buch von seinem Werk Gebrauch machen würde.

Die folgende Geschichte ist eine Übersetzung eines Kapitels aus seinem Buch. Ihr Held ist Shumis Großvater, der vier Jahre vor Shumis Geburt starb und mit dem Shumi sich inniger verbunden fühlte als mit seinem eigenen Vater, welchen er zwar bewunderte, in dessen Fußstapfen er jedoch weder treten wollte noch konnte.

Von der Wand unseres Eßzimmers in Gyulaj blickt ein Mann mit ernstem Gesichtsausdruck und sorgsam gestutztem Bart auf die lärmende Schar seiner umherrennenden Enkel. Er scheint zwischen sechzig und siebzig Jahre alt zu sein, und er stützt sich mit einer Hand auf den Tisch. Es ist Samuel, mein Großvater väterlicherseits, nach dem ich benannt wurde.

Zwischen diesem Bild und der Geschichte, die ich erzählen will, klafft eine Lücke von fünfzig oder sechzig Jahren. Es muß in den ersten Jahren dieses Jahrhunderts gewesen sein, daß ich auf das Gemälde meines Großvaters blickte, und Anfang der fünfziger Jahre des neunzehnten Jahrhunderts muß er das Haus seiner Eltern in

Derzs (ein Dorf, das etwa vier Meilen von Gyulaj entfernt war) verlassen haben, als er sich auf diese Reise begab, um Wein einzukaufen.

Wer in der Zeit unmittelbar nach der Niederschlagung der Revolution von 1848 in unserem Haus in Derzs gelebt hat, hat wohl eine Zeit politischer Wirren und wirtschaftlicher Not durchgemacht. Die acht Hektar Land, die meine Familie besaß, und das zusätzlich gepachtete Land brachten nicht genug Ertrag, um einen ausgedehnten Haushalt und all die Verwandten und Gäste, die zu Besuch kamen, zu versorgen. Lazar, das Familienoberhaupt, arbeitete hart und hörte sich tagsüber beständig nach lukrativen Ideen um, während er seine Nächte damit zubrachte, über eine Verbesserung der Situation nachzugrübeln. Eines Tages erwähnte ein Reisender, der aus dem ungarischen Hochland kam, daß es im Bezirk Bereg, viele Kilometer weiter nördlich, Unmengen von gutem Wein gebe, der in den Kellern lagere und zu einem guten Preis zu erstehen sei.

So entstand folgender Plan: Jemand mußte in den Bezirk Bereg fahren, ins Dorf Drágabártfalva, wo ein rechtschaffener und wohlhabender Jude namens Jakob Wiesner lebte, der den Wein entweder selbst kaufen oder Vermittlerdienste leisten sollte, sodann sollte der Wein nach Derzs gebracht und dort mit bescheidenem Gewinn wieder verkauft werden. Das Familienoberhaupt beschloß, es wäre am besten, zu diesem Zweck den noch immer unverheirateten Sohn Samuel loszuschicken.

Doch noch bevor überhaupt Vorbereitungen für die Reise getroffen werden konnten, mußten langwierige Verhandlungen mit einem Dorfbewohner getätigt werden, der zwar für seine Zuverlässigkeit weithin bekannt war, dessen Pferde jedoch noch vom ganzen Dorf inspiziert und für gut befunden werden mußten. Erst nachdem diese Verhandlungen erfolgreich zu Ende gebracht waren, begann die Haushälterin mit dem Packen für die Reise. Wer wüßte heute noch zu sagen, welche Art von Vorräten sich unter der im Volksmund gebräuchlichen Bezeichnung «Kuchen, der in der Asche eines Feuers gebacken wurde» verbirgt.

Doch die Mutter (deren Name Rachel Fisch war) quälten noch ganz andere Sorgen. «Unser Sohn hat nicht die richtige Kleidung für eine solche Reise», rief sie aus. Das Familienoberhaupt mußte, bei aller Bescheidenheit und Anspruchslosigkeit, seiner Frau recht geben. Zum Schneider zu gehen, um einen Anzug fertigen zu lassen, kam nicht in Frage. Daraufhin schlug jemand vor, einen Anzug zu leihen. Glücklicherweise fand sich ein junger, etwa gleich alter Dorfbewohner von ähnlicher Größe, der freundlicherweise sein Teil zu dem Unternehmen beitrug und seinen Anzug auslieh, welcher etwas weniger abgetragen als der Samuels war.

Nun galt es noch, Geld für den Erwerb des Weins aufzutreiben. Ich glaube nicht, daß die Familie genügend Geld unter einer Matratze versteckt hatte, und noch unwahrscheinlicher ist es, daß man zu einer Bank ging. Doch irgendwie gelang es ihnen, die erforderliche Summe zusammenzubringen. Als nächstes mußten zwei große Fässer erstanden werden, die anschließend gründlich gereinigt, mit Schwefel behandelt und mit neuen Pfropfen versehen wurden.

Der letzte Akt der Angelegenheit wurde in tiefer Nacht vollzogen: Jemand mußte sich in aller Heimlichkeit eine der vier Geschirrstangen aneignen, mit denen die zwei Pferde in Zaum gehalten wurden. Denn ganz egal, wie ehrenwert der Kutschenbesitzer war, und unabhängig von dem Vertrauen, das man ihm als Samuels Begleiter entgegenbrachte, war es keinesfalls notwendig, daß er wußte, welche der vier Stangen ausgehöhlt und wieder zugestopft worden war, um darin für den Fall eines räuberischen Angriffs das Geld zu verstecken.

Nun blieb wirklich nichts mehr zu tun; einzig der Kutschenbesitzer mußte noch zur Beichte gehen und den Segen des Priesters erbeten. Mein Großvater suchte den nächsten Rabbi auf, der für ihn betete und sich vergewisserte, daß im Gepäck kein Amulett fehlte (welches der Rabbi noch zum Schutz Samuels besorgte). Mit dem Anbruch eines schönen Tages setzte der Wagen sich zu einer langen Reise in Bewegung.

Zu jener Zeit war die Reise in der Tat sehr lang. Heute lächeln wir über die Entfernung zwischen den zwei Dörfern: gute hundert Kilometer. Doch damals war es kein geringes Unterfangen, auf schlechten Straßen eine solche Reise zu unternehmen, voller Ungewißheiten, in ständiger Furcht, sich zu verirren oder überfallen zu werden, und Tausenden von Gefahren ausgesetzt.

Die beiden Reisenden überquerten die Theiß bei Čop (heute die Grenze zwischen Ungarn und der Sowjetunion), ließen sodann die Stadt Ungvár (mit dem russischen Namen Užgorod heute Teil der Ukraine), hinter sich und gelangten in ein gebirgiges Land, das ihnen wie auch den Pferden fremd war. Hier und dort fanden sie in kleinen Gebirgsdörfern Schutz bei gottesfürchtigen Juden, und die Pferde konnten sich vom Gras am Wegrand ernähren. Es war nicht leicht, den Weg in Erfahrung zu bringen, denn die Einheimischen sprachen eine andere Sprache, nämlich Ruthenisch (ein Dialekt der Ukraine).

Schließlich erblickten die Reisenden den Kirchturm von Drágabártfalva. Mein Großvater hat den Wagen wohl an einem Bach anhalten lassen, wo er sich wusch, seine Kleider in Ordnung brachte, seine Stiefel reinigte, sein Haar kämmte und ein dem Anlaß angemessenes Gebet sang.

Sie betraten das Dorf und fanden heraus, wo ein Jude namens Jakob Wiesner wohnte, und mein Großvater klopfte, rundum herausgeputzt und selbstbewußt, an dessen Tür. Der Mann, der ihnen öffnete, war über den Besuch erfreut, denn in jenen Tagen war jeder Gast willkommen und geschätzt, überbrachte er doch Nachrichten aus der Welt jenseits des Dorfes. Abgesehen davon verlangt die jüdische Tradition der Gastfreundschaft, jedem Fremden einen freundlichen Empfang zu bereiten.

Mein Großvater versäumte es nicht, bevor er über die Schwelle trat, die Mesusa am Türpfosten zu küssen. Darauf folgte eine Auseinandersetzung über die Frage, wer als erster ins Haus eintreten solle, und die Reisenden bestanden darauf, Jakob Wiesner den Vortritt zu lassen, weil er der ältere war. Auch die Hausherrin war über den Besuch erfreut und deckte sogleich den Tisch. Schon bald stand eine dampfende Suppe vor ihnen, und der Duft von gebratenem Fleisch zog zu ihnen herüber. Ein guter Leib Challah-Brot lag bereit, und eine Flasche köstlichen koscheren Weins erschien auf dem Tisch. Nachdem sie sich die Hände gewaschen hatten, setzten sie sich nieder. Erst während des Mahls hatte mein Großvater endlich Gelegenheit, sich und seinen Begleiter vorzustellen und den Zweck ihrer Reise von der Ebene ins Gebirge darzulegen.

Jakob Wiesner beeilte sich, seinem Gast zu versichern, daß er ihm in jeder erdenklichen Hinsicht beistehen werde, und seine Frau bot an, daß mein Großvater und sein Begleiter bis zum Abschluß ihrer Geschäfte in ihrem bescheidenen Haus Wohnstatt nehmen und speisen sollten.

Die freundschaftliche Unterhaltung, die auf das Mahl folgte, wurde durch ein unvorhergesehenes Ereignis unterbrochen. Eine Tür öffnete sich, und herein kam eine junge Frau, deren langes, goldblondes Haar lose herabfiel. Überrascht von der Anwesenheit zweier fremder Männer lief sie sofort wieder hinaus. Damals galt eine Frau, die ihr Haar nicht hochband und unter einem Kopftuch verbarg, als ebenso unanständig, wie wenn sie nur teilweise bekleidet wäre.

Mein Großvater muß beim Anblick der jungen Frau mitten im Satz innegehalten haben. Mit weitgeöffneten Augen starrte er vollkommen verblüfft auf den Griff der Tür, die sich hinter ihr geschlossen hatte. Er war bezaubert.

Der Vater murmelte etwas, das bedeuten sollte, daß das seine Tochter Taube war, doch die Mutter muß ausgerufen haben: «Was für ein schamloses Mädchen!» Nur mein Großvater blieb still, doch nicht lange.

«Reb Wiesner», sagte er (er benutzte die jiddische Respektsbezeugung für Meister). «Erlaubt mir, um die Hand Eurer Tochter anzuhalten. Ich weiß, daß Ihr nicht viel über mich wißt, doch ich werde Euch alles über mich erzählen. Mein Vater hat eigenen Landbesitz, und er pachtet zusätzliches Land rund um das Dorf Derzs im Bezirk Szabolcs. Ich bin fünfundzwanzig Jahre alt und habe noch keinen eigenen Beruf. Ich besitze nichts, und selbst der Anzug, den Ihr an mir seht, ist nur eine Leihgabe. Aber ich verspreche Euch, daß ich Eure schöne Tochter – lang möge sie leben und bei guter Gesundheit bleiben – glücklich machen werde, daß sie viele erfolgreiche Kinder haben wird und daß ich gut für sie sorgen werde.»

Ich glaube, daß dieser Antrag, der vor mehr als hundert Jahren vorgebracht wurde, selbst moderne Eltern überrascht hätte. Den Wiesners muß es den Atem verschlagen haben, und sie fanden nur mit Mühe die richtige Antwort darauf, eine Antwort, die weder ja noch nein lautete, die weder verletzte noch beleidigte, noch vorschnell etwas versprach und schmeichelte. Schließlich waren Töchter dazu da, verheiratet zu werden, und der junge Mann vor ihnen bewies Mut und sprach offen und ohne Umschweife. Dennoch, aus was für einer Familie stammte er denn, und, o Gott, wie weit weg von ihnen würde ihre geliebte Tochter dann leben? Was war da zu sagen?

Der weise, mit beiden Beinen auf der Erde stehende Jakob Wiesner wußte es ganz genau.

«Mein Sohn», so hub er an, «zunächst einmal bist du erschöpft. Du mußt einige Tage hierbleiben und mit uns den Sabbat verbringen. Ich werde dich meiner Tochter vorstellen, und wir werden sie auch nach ihrer Meinung fragen – wenngleich sie nicht ausschlaggebend sein wird. In der Zwischenzeit wirst du dich um deine Geschäfte kümmern, und ich werde dir dabei helfen. Dann wirst du, mit Gottes Hilfe, mit Glück und mit seinem Segen, nach Hause zurückkehren. Später dann, nach den hohen Feiertagen, werde ich, wenn meine Zeit es zuläßt, nach Derzs reisen, deine Eltern kennenlernen – sie mögen hundertzwanzig Jahre alt werden – und einen Blick auf ihr Haus und ihr Land werfen. Ich werde mit ihnen die Fragen besprechen, die bei solchen Anlässen zu klären sind. Und so Gott will, wenn meine Erwartungen nicht zu sehr enttäuscht werden – und wenn meine Taube nicht mehr zögert, als angemessen –, dann können wir im Frühling die Hochzeit ausrichten.

Aber ich warne dich, verlier nicht den Kopf, wenn beispielsweise mein Rabbi mir abrät oder wenn meine Taube mehr weint, als zu erwarten ist, oder wenn meine Frau sich nicht mit dem Gedanken abfinden kann, daß unsere Tochter so weit weg ziehen soll. Doch ich kann dich schon jetzt insofern beruhigen, als du mit deinem offenen und ehrlichen Antrag mein Herz bereits erobert hast, und ich hoffe, daß ich in meinem Urteil nicht enttäuscht werde.»

Wie der weitere Lauf der Ereignisse bewies, war Jakob Wiesners Urteil durchaus zutreffend.

Mein Großvater kehrte überströmenden Herzens und mit zwei Fässern Wein, die er zu einem äußerst günstigen Preis erstanden hatte, nach Hause zurück.

Er wunderte sich, wieviel kürzer doch die Heimreise war. Er wurde glückstrahlend aufgenommen, und nachdem er über die Geschäfte berichtet hatte, erzählte er von den übrigen Ereignissen.

Schon bald machte sich Jakob Wiesner auf den Weg nach Derzs, wo er alles zu seiner Zufriedenheit vorfand. Sodann reiste mein Urgroßvater Lazar nach Drágabártfalva, und auf diesen Besuch folgte eine Hochzeit, die drei Tage und Nächte dauerte, und aus dieser Ehe gingen sieben wunderbare Söhne und eine wunderbare Tochter hervor.

So endet das Kapitel von Onkel Shumi, das er «Die Legende von der Heirat meines Großvaters» nannte.

Wenn man zwischen den Zeilen von Shumis Geschichte liest – die er als Kind viele Male gehört hatte –, dann kann man sich vorstellen, daß Lazar seinen Sohn Samuel nicht in ein so weit entferntes Dorf schickte, ohne zuvor eine Vielzahl von Erkundigungen eingezogen zu haben, zweifellos auch mit Unterstützung mancher Besucher. Zu seinen Quellen müssen auch die allzeit gesprächsbereiten, in vieles eingeweihten wandernden Bettler gehört haben, die unter den mildtätigen Juden des Landes, darunter auch Jakob Wiesner, ihre Runden drehten. Einem Juden wurde es im Himmel als Verdienst angerechnet, Besucher aller Art an seinen Tisch zu laden, vor allem am Sabbat und an den Festtagen.

Der Import guten Weins in ein Land, das zumeist dünne, saure Weine produzierte, war ein vernünftig klingender Gschäftsvorschlag und versprach, sich zu einer einträglichen neuen Einkommensquelle zu entwickeln. Lazar muß von irgend jemand den Rat erhalten haben, sich in dieser Angelegenheit an Jakob Wiesner, einen Händler und ehrbaren Mann, zu wenden.

Lazar war sich ebenfalls der Tatsache bewußt, daß Jacob Wiesner nebenbei auch ein wohlhabender Jude war, der seine Tochter eine stattliche Mitgift in Aussicht stellen würde. Doch an erster Stelle stand für Lazar sicherlich die Zukunft seines ungestümen, temperamentvollen Sohns Samuel, der sich in der Revolution von 1848 den Freiwilligen, die für die Unabhängigkeit Ungarns kämpfen, angeschlossen hatte und entschlossen war, seine Frau selbst auszuwählen. Da Samuel die Zwanzig überschritten hatte, konnte diese Wahl nicht mehr lange hinausgezögert werden.

Lazars Überlegungen schlossen auch das Abenteuer einer langen Reise, die, so hoffte er, von einem Zusammentreffen mit der lieblichen Taube gekrönt wurde, mit ein. Es ist nur logisch, daß

Lazars Informanten ihm vom goldblonden Haar und der Schönheit von Jakob Wiesners Tochter ebenso berichtet hatten wie von ihrer schnellen Auffassungsgabe und ihrer Kenntnis des Talmud, die für eine Frau ihrer Zeit selten war.

B'shert haben meine Vorfahren wohl bei der Hochzeit angesichts ihrer Vorliebe für dieses jiddische Wort gesagt, das an einen blitzartigen Hammerschlag denken läßt und soviel wie «Es war ihnen vorherbestimmt» bedeutet. Doch meine Vorfahren wußten auch, daß der Allmächtige es nicht als unzulässige Einmischung ansieht, wenn jemand den Boden so vorbereitet, daß Sein Wille geschehe.

5.
Ein Edelmann bittet um einen Gefallen

Der Sohn wird geboren, auf daß er Zeugnis ablege vom Vater seines Vaters ... Über der Dunkelheit der Zukunft strahlt am sternenübersäten Himmel das Versprechen: «Aus deinem Samen werde ich hervorgehen.»

FRANZ ROSENZWEIG, «Der Stern der Erlösung»

Mitten in der Nacht, während die Donnerschläge von den Karpaten grollten und ein Regensturm die Fenster peitschte, wurde mein Urgroßvater Samuel Schwarcz von einem Diener geweckt, der ihm mitteilte, daß ein benachbarter Landbesitzer eine wichtige Botschaft geschickt hatte, die keinen Aufschub duldete. Samuel Schwarcz erhob sich.

Stocksteif vor der Schlafzimmertür stand ein wildblickender, alter Kämpfer in einem abgewetzten Soldatenrock, der einmal scharlachrot gewesen war. Er stellte sich als oberster Diener eines Adligen vor, der in einem etwa fünfundzwanzig Kilometer entfernten Dorf lebte. «Mein Meister bittet darum, daß Sie ihn auf der Stelle aufsuchen», sagte er, schlug dann die Hacken zusammen und salutierte: «Er braucht Sie sofort», fügte er hinzu.

Die Bitte klang wie ein Befehl.

Samuel Schwarcz war verwirrt. Der Adlige war mit seinen ungefähr siebzig Jahren nur wenige Jahre älter als er selbst, und ihr

Lajos Kossuth, der Führer der ungarischen Erhebung gegen die Habsburgermonarchie, vor einer Menschenmenge; zeitgenössische Radierung

einziges und eher kurzes Zusammentreffen lag nahezu ein halbes Jahrhundert zurück. Dem Adligen, dem letzten Glied einer alten und berühmten Familie von Offizieren und hohen Regierungsbeamten, ging der Ruf eines exzentrischen Einsiedlers voraus. Sein ganzes Leben lang Junggeselle, hatte er ein Jahr zuvor dem ganzen Bezirk einen Schock versetzt, als er eine achtzehnjährige Bauerstochter heiratete. Sie stammte aus dem Dorf, dessen bedeutendster Großgrundbesitzer er war und in dem alle Bauern für ihn arbeiteten. Schon die Vorfahren der Bauern hatten jahrhundertelang, bis zur Befreiung der Leibeigenen 1848, als Leibeigene für seine adeligen Vorfahren gearbeitet. Es hieß, das Mädchen sei weder hübsch noch häßlich, weder klug noch dumm. Sie war einfach ein armes, gewöhnliches Bauernmädchen, das keinerlei Aussicht hatte, über die ersten vier Klassen der Dorfschule hinauszukommen.

Der Gedanke, sich eine Bedenkzeit zu erbitten, kam Samuel Schwarcz nicht einmal in den Sinn. Nicht nur gehörte der Mann, der nach ihm schickte, der feudalen Oberschicht an, deren Wort noch immer Gesetz war, Samuel Schwarcz war zudem nicht der Mensch, der einem Nachbarn die Hilfe verweigerte.

Er blickte in das zerfurchte Gesicht des Bediensteten, das so unbeweglich und so undurchschaubar wie das eines Reptils war, und ihm wurde klar, daß jeglicher Versuch, ein Wort der Erklärung aus ihm herauszuholen, sinnlos war. Er kleidete sich schnell an und sprang in die Kutsche – eine arg mitgenommene, quietschende, schwarze Postkutsche –, die der Adlige ihm geschickt hatte. Der alte Kämpfer, der seinem Meister auch als Kutscher diente, fluchte auf dem ganzen Weg bei seinen nur von mäßigem Erfolg gekrönten Versuchen, seine zwei lahmen Mähren zum Galoppieren zu bewegen.

Auch Samuel Schwarcz wartete voll Ungeduld auf die Ankunft im Dorf des Adligen. Er wog die verschiedenen Möglichkeiten, die zu der seltsamen Einladung geführt haben mochten, gegeneinander ab, und das hielt ihn wach. Wollte er Geld leihen? Nicht mitten in der Nacht. Wollte er Land verkaufen? Nicht bei einem Sturm. Sollte es sich um eine Beichte auf dem Sterbelager oder um den letzten Willen handeln? Sie waren keine Freunde. War ein Jude im Dorf des Adligen in Not geraten? Der Adlige galt nicht als Freund der Juden. Samuel Schwarcz konnte trotz seiner lebhaften Vorstellungsgabe keine einzige vernünftige Erklärung finden.

Als sie schließlich im Dorf ankamen, erwartete der Adlige sie, ohne auf den Regen zu achten, draußen am Tor vor seinem Haus.

«Ich habe einen Sohn», verkündete der Adlige mit feierlicher Stimme, als er seinem Gast die Hand schüttelte. «Er wurde vor wenigen Stunden geboren, eine Frühgeburt, und ich bin in großer Sorge um ihn. Er hat den Schoß seiner Mutter viel zu früh verlassen. Er ist klein und schwächlich, und was auch immer der Arzt sagt, für mich sieht er krank aus, wie jemand, der nicht lange auf dieser Erde verweilen wird. Ich möchte, daß Sie das richtige Gebet für ihn sprechen, in Ihrer Sprache und gemäß Ihren Gebräuchen, damit er am Leben bleibt. Dann möchte ich, daß Sie ihn als erster küssen.»

Samuel Schwarcz verstand gar nichts. Warum um alles in der Welt wollte ein Katholik, daß ein alter Jude als erster seinen Sohn küssen und für seine Gesundheit beten sollte, als wäre er ein jüdisches Kind? Doch er tat, was ihm gesagt wurde, stellte keine Fragen und wartete geduldig auf eine Erklärung.

«Morgen früh, wenn mein Sohn getauft wird, werde ich ihn Samuel nennen – nach Ihnen», sagte der Adlige, als er seinen Gast aus dem Kinderzimmer, das mit zerbrochenen Stühlen und durchgebogenen Bücherregalen und Papieren vollgestopft war, in einen geräumigen Salon mit hoher Decke führte, der von einem riesigen Ledersofa und zwei dazu passenden Sesseln beherrscht wurde. Das Leder hatte die Farbe vertrockneter Blätter, und wo die Falten durchgescheuert waren, stand büschelweise Roßhaar heraus. Die Armlehnen der Stühle endeten in geschnitzten Löwenköpfen, und die Beine hatten die Form von Löwenpfoten.

Hohe, dicke Kerzen in schmiedeeisernen Ständern waren bereits entzündet, und ihr Licht vertiefte noch die Blässe auf der Haut des Edelmanns, die so grau wie Asche und so dünn wie Pergament war. Doch seine dunklen, von schwarzen Wimpern eingerahmten Augen glühten wie feurige Kohlen.

Eine alte Frau, die ein Silbertablett mit einer Flasche Zwetschgenschnaps, zwei silbernen Bechern und etwas Gebäck brachte, trat ein.

Sie verbeugte sich vor den beiden Männern und sagte zu Samuel Schwarcz, daß sie Jüdin sei und im Dorf des Adligen lebe und daß er sie gebeten habe, für koscheres Essen und Trinken zu sorgen.

Samuel Schwarcz bedankte sich bei seinem Gastgeber für dessen Aufmerksamkeit und trank auf die Gesundheit und das Glück des Neugeborenen. Der Adlige murmelte ein unsicheres und leises «Amen» zum festen, lauten «l'chaim» des Juden.

Während Samuel Schwarcz den Inhalt seines Glases in einem einzigen, vollen Zug leerte, nahm der Adlige nur einen zaghaften Schluck.

«Ich sehe, daß Sie wie ein echter Sohn des Szabolcs-Landes trinken», sagte der Edelmann.

«So ist der Rat des Arztes, damit der Magen sich beruhigt und der Geist sich beflügelt», antwortete sein Gast.

Doch damit war das Geplänkel schon beendet. Der Edelmann verlor keine Zeit, bevor er auf das Wesentliche zu sprechen kam.

«Ich möchte, daß Sie und Ihre Söhne sich um meinen Sohn kümmern, wenn ich nicht mehr bin», sagte er. «Wenn ich sterbe, werden meine Verwandten – die nicht einmal meinen Namen tragen – zu beweisen versuchen, daß ich zu alt war, um einen Erben zu zeugen. Sie werden sich zusammentun und ihre vielfältigen Beziehungen zu hochgestellten Persönlichkeiten nutzen, um meinem Sohn sein Land zu rauben. Ich weiß, ich kann mich darauf verlassen, daß Sie für das rechtmäßige Erbe meines Sohnes kämpfen werden.

Ich werde Sie zu meinem Testamentsvollstrecker ernennen, Samuel Schwarcz. Ich möchte, daß mein Sohn hier in diesem alten Haus, auf dem Land seiner Vorväter, bleibt. Sie werden dafür Sorge tragen, daß er nichts von diesem Gut verkauft. Es sind zweihundertfünfzig Hektar gutes Land, obschon es der Fürsorge eines gutausgebildeten, modernen Agronomen bedarf. Ich habe mich nie für Landwirtschaft interessiert, aber ich möchte, daß Sie dafür Sorge tragen – und ich verlasse mich darauf, daß Sie als erfolgreicher Vater von acht Kindern geeignete Mittel und Wege der Überzeugung finden –, daß mein Sohn ein ebenso vorbildlicher Hüter dieses Landes wird wie Sie, und nicht ein ewig abwesender Landbesitzer, der sein

Vermögen verschleudert, Karten spielt, ins Theater geht und in Budapest und Wien hinter den Frauen her ist.»

Samuel Schwarcz nickte, mehr aus Verlegenheit denn als Zustimmung, und auf seinem Gesicht spiegelte sich seine Verwirrung wider. Doch als er zu einer Frage ansetzte, unterbrach ihn der Adlige.

«Ich weiß, daß wir einer Meinung darin sind, daß das Land die einzige Realität ist, die wirklich von Bedeutung ist und den Einsatz von Leben und Tod wert ist, weit mehr als so flüchtige Illusionen wie Vaterland und Reich», sprach er. «Ich glaube, Sie werden mir auch zustimmen, daß diese Illusionen von Leuten in die Welt gesetzt werden, die nur von ihrer eigenen Verrücktheit oder ihrem eigenen Interesse getrieben sind und daß sie uns andere nur vom rechten Weg abbringen können.»

Der Adlige sprach verächtlich von «der unübertroffenen Torheit der Revolution von 1848», die er als «ein Fest unserer Nationalkrankheit, der Tagträumerei» bezeichnete. Die Vernunft hätte «eine geordnete, allmähliche Verbesserung der Lage der Leibeigenen» erfordert und «eine ruhige, maßvolle Versöhnung mit unserem fortschrittlicheren, kultivierteren österreichischen Nachbarn». Doch er verurteilte mit schneidenden Worten die «verräterische Leichtherzigkeit» und die «infame Hast», mit der die Ungarn nicht einmal zwanzig Jahre, nachdem die Truppen Kaiser Franz Josephs die Revolution niedergeschlagen und ihre Führer mit blutiger Rache überzogen hatten, Frieden mit ihm schlossen.

«Die Hände Franz Josephs waren befleckt vom Blut unseres Volkes», hub er an. «Wir hätten ihm nicht so leicht vergeben dürfen. Wir sind eine Nation aus Tagträumern, die weinen und jammern, wenn sie endlich merken, daß ihre Tagträume zu nichts führen. Jeder Ungar lebt für den schönen Abglanz eines Abends mit einigen Gläsern Wein, nach deren Genuß jede Idee, die ihm gerade durch den Kopf geht, nicht nur möglich, sondern auch machbar erscheint. Er denkt nicht an den Katzenjammer am folgenden Morgen.

Einer meiner Nachbarn träumt von einem Gut mit zig Hektar Land, das seinen Vorfahren angeblich irrtümlich vor zwei Jahrhunderten durch einen Erlaß geraubt wurde, das er jedoch mit Hilfe von Dokumenten, die er eines Tages in einem alten Archiv oder in einem

Baumstamm zu entdecken hofft, zurückgewinnen will. Bis es soweit ist, hat er kaum genug zum Essen. Ein anderer feiner Bürger dieses unseres großartigen Landes glaubt, daß unser großer Nationaldichter, Sándor Petöfi, nicht etwa 1849 auf dem Schlachtfeld den Russen zum Opfer fiel, sondern als Kriegsgefangener nach Sibirien verschleppt wurde und später verkleidet nach Ungarn zurückkehrte, um ihm einen Besuch abzustatten. Er sucht noch immer nach dem Dichter, der in seinen Träumen zu ihm spricht. Er schreibt Leuten im ganzen Land, die ebenfalls den Dichter gesehen haben wollen, Briefe. Er tut nichts anderes und verbraucht sein ganzes Erbe.

Ich bin vielleicht der einzig nüchtern denkende Mensch in diesem Land, und ich will unser traumverlorenes Jahrhundert und unsere ganze trunkene Vergangenheit begraben.»

Der Adlige war überzeugt, daß das zwanzigste Jahrhundert, von dem sie nur noch wenige Jahre trennten, die veralteten Allianzen, die auf Klassenzugehörigkeit, Religion und Nationalbewußtsein gründeten, zerschmettern würde. Ein Jahrhundert der Gerechtigkeit, der Aufklärung und der Gleichheit würde anbrechen, so prophezeite er. Die Klassen würden abgeschafft werden, und die Reiche und Nationalstaaten, die ruhelosen Minderheiten und die stolze Militärkaste, sie alle würden sich der Autorität einer in höchstem Maße vernunftgeleiteten Weltregierung beugen.

Er forderte Samuel Schwarcz eindringlich auf, sich auf das Unvermeidliche einzustellen: daß seine Enkel ihre Bärte abschneiden und Nichtjuden heiraten würden, daß sie nicht mehr koscher essen würden. Kirchen wie Synagogen würden gleichermaßen leerstehen. In ihrem Unglück würden Priester und Rabbis zueinander finden und Freundschaft schließen.

Samuel Schwarcz hörte zu. Sehr bald hatte er erkannt, daß man von ihm keinen Kommentar erwartete. Als er die Worte seines Gastgebers auf sich einwirken ließ, spiegelten seine lebendigen braunen Augen und die hochzuckenden Augenbrauen Sympathie wie Skepsis wider. Doch den Adligen interessierte keine von beiden Reaktionen, ihm lag nur an der Fortsetzung seines Monologs.

«Ich bin ein Anachronismus», verkündete er. «Ich zehre von den Geistern, die mit mir dieses Haus bevölkern. Ich glaube an Verstand und Vernunft, und ich sage den Leuten im Dorf immer wieder, daß es keine Geister gibt, daß Tote tot und Lebende lebendig sind und daß es zwischen beiden keinen Verkehr geben kann. Und doch höre ich Geister, die Geister meiner armen Verwandten, die murmelnde Flüche gegen Könige und längst verstorbene Ritterkumpane ausstoßen. Nie haben sie ein gutes Wort für jemand übrig. Ich selbst bin ein Geist. Ich besitze dieses Land, weil vor fast einem Jahrtausend einer meiner Ahnen einem König etwas zu Gefallen getan hat. Vielleicht war es auch eine Ahnin. Gott allein weiß, wie es sich wirklich zutrug, daß meine Familie in den Adelsstand erhoben und so berühmt und mächtig wurde.

Aber kann es irgendeinen vernünftigen Grund auf der Welt geben, warum ich ein so großes Stück Land besitze, während so viele Bauern überhaupt kein Land besitzen? Mit welchem Recht lasse ich die Bauern für mich arbeiten, im Schweiße ihres Angesichts sich für mich in Stücke reißen? Ist ein Privileg ewig gültig? Es ist gut, daß mein Sohn das Bauernblut seiner Mutter in seinen Adern hat. Nur die Bauern, die das Land bestellen, verdienen es wirklich.»

Zum Abschluß kam der Adlige auf das Thema Juden zu sprechen.

«Ich bin kein Mann der Moderne», sagte er. «Ich war nie mit einem Juden befreundet. Sie nehmen alles zu ernst, sie sind zu gierig und zu ehrgeizig. Aber ich habe nichts gegen sie, und ich habe etwas gegen Leute, die keine Juden mögen.

Ich habe Angst vor den Juden. Ich kann mir nicht helfen: Ich bin ein Spiegelbild der vergangenen Jahrhunderte. Doch ich weiß auch, daß meine Welt – diese ungerechte alte Welt, die auf den absurden Launen der Monarchie und auf den krassen Privilegien des Adels gründet – zugrunde geht. Einige unter meinen adligen Zeitgenossen versuchen, sie zu erhalten, indem sie auf ihre Verdienste hinweisen: auf ihre historische Führungsrolle bei der Eroberung Ungarns vor tausend Jahren und auf ihre Verdienste bei der Aufstellung der Heere, die in den darauffolgenden Jahrhunderten fremde Invasoren in die Flucht schlugen. Was für ein Unsinn! Was für eine Heuchelei! Seit Jahrhunderten schon hat der ungarische Adel keinen Krieg mehr geführt! Er ist schon längst keine Militärkaste mehr – wenn er überhaupt je eine solche war.

Ich will die alte Welt nicht wiederauferstehen lassen. Sie soll sterben und tief unter der Erde begraben werden, wie es sich gehört, und je früher die Beerdigung stattfindet, um so besser! In der neuen Welt, die um uns herum entsteht, werden die Bauern mit ihrer Kraft und die Juden mit ihrem Verstand die führenden Rollen spielen. Wir, der Adel, wir können die Bauern und die Juden nicht mehr länger am Boden halten, und was auch immer für Fehler ich in meinem Leben begangen habe, ich bin stolz darauf, daß ich die Bauern und die Juden nie habe ausgrenzen wollen.

In meiner Familie gibt es eine seltsame Tradition, die viele Generationen zurückreicht: Immer, wenn wir in Bedrängnis geraten, wenden wir uns an einen Juden um Hilfe. Ich habe Sie ausgewählt, weil Sie und Ihre Familie so an das Land glauben wie ich.

Sie kaufen teure neue Maschinen von auswärts, Sie versuchen, diesen armseligen, sandigen Boden, mit dem wir geschlagen sind, zu verbessern. Sie machen Experimente. Sie kaufen immer mehr Land, egal wie unfruchtbar es ist und wo es liegt. Ich mag ja ein Einsiedler sein, aber ich kann mir ziemlich genau vorstellen, welche Bestechungsgelder wohl fällig waren, bis die Verantwortlichen in der Regierung und die Ingenieure dazu zu bewegen waren, die Sümpfe in der Nähe Ihrer Ländereien trockenzulegen.»

Der Adlige übersah die Hand seines Gastes, die dieser wie ein Schüler in der Schule gehoben hatte.

«Ich bin kein Moralist», fuhr er fort. «Ich sitze nicht zu Gericht über Sie oder jemand anderen. Was Sie getan haben, war gut für das Land. Ich schere mich einen Teufel um die Meinung der Leute.

Ich bin Schriftsteller. Vor Jahren habe ich mit der Abfassung eines philosophischen Aufsatzes über den verborgenen Sinn der ungarischen Geschichte begonnen. Ich wollte erklären, warum wir uns von allen anderen Nationen Europas unterscheiden: weil wir asiatische Nomaden sind, die sich mit den seßhaften Slawen, die wir in diesem Land vorfanden, verheiratet haben, und weil dieses Land ein gelobtes Land war, das nicht nur Eroberer, sondern immer neue Wellen von Einwanderern aufsog. Ich habe diese Absicht aufgegeben. Einige Jahre lang habe ich an einem Roman gearbeitet, der alles, was ich in meinem Leben zu Gesicht bekommen habe, zusammenfassen sollte.

Jede Nacht schreibe ich. Ich arbeite bis Tagesanbruch, dann gehe ich zu Bett. Ich mag das Sonnenlicht nicht, und ich sehe nicht gerne andere Menschen. Am Nachmittag erwache ich, und etwa bei Sonnenuntergang lese ich, was ich in der vorhergehenden Nacht geschrieben habe. Ich hasse es. Nie sagen die Wörter, was ich sagen möchte. Also verbrenne ich alle Seiten im Kamin.

Ich habe mich aller Ideologien entledigt, ich halte keinem Glauben, keinem ‹Ismus› mehr die Treue. Und ich bin Atheist geworden. Ich trage nicht mehr länger die Bürde einer großen Sache. Ich bin ein freier Mann!»

Samuel schüttelte mißbilligend den Kopf. Die Andeutung eines Lächelns huschte über das Gesicht des Adligen, als er fortfuhr.

«Die Frömmigkeit der Juden ist mir ein Rätsel. Ich sehe, daß die Katholiken und die Kalvinisten von ihrem Glauben profitieren. Wie aber könnt ihr weiter an euren Jahwe aus der Wildnis glauben, wenn unübersehbar ist, daß er euch vor Urzeiten verlassen hat? Wie könnt ihr über die Verfolgung und den Spott der Welt hinwegsehen und weiter all die Hunderte von Regeln und Beschränkungen einhalten, die Moses euch im Namen Gottes auferlegt hat? Eure Weltfremdheit erschwert euch das Leben. Eure Treue gilt einer Abstraktion. Euer Tagtraum ist absurd. Aller scharfsinnigen Intelligenz und aller klugen Planung zum Trotz gehören Sie zu den Narren des Lebens, Samuel Schwarcz. Aber das ist der Grund, warum ich Ihnen vertraue.»

Samuel Schwarcz verstand nicht alles, was der Adlige sagte. («Warum wendet sich seine Familie nur dann an einen Juden, wenn sie in Bedrängnis gerät?» fragte er später seine Frau Taube. «Und was stand am Anfang einer solchen Tradition?» «Und warum nehmen wir Juden diese Last auf uns?» antwortete Taube.) Doch er akzeptierte das in ihn gesetzte Vertrauen. («Was hätte ich sonst tun sollen?» fragte er Taube, wobei seine Hände durch die Luft fuhren. «Was hätte irgendein Mann mit menschlichen Gefühlen anderes machen können?» «Du hast recht», erwiderte Taube. «Aber der Adlige war klug genug, sich an den richtigen Juden zu wenden.»)

Die Wahrheit war – und dieses Eingeständnis fiel Samuel Schwarcz schwer –, daß er dieses Ansinnen als Auszeichnung empfand, als er in einem abgewetzten Ledersessel im baufälligen Haus des Adligen saß, das seit Jahrzehnten keinen frischen Anstrich mehr gesehen hatte. Es war, als ob er für seine Tapferkeit und seine außerordentlichen Verdienste ausgezeichnet würde. In der Stunde seiner Not wandte sich ein Nachbar an ihn und erwählte ihn unter allen Menschen im Land. Er, Samuel Schwarcz, wurde zum Vertrauten einer einsamen, edlen verzweifelten Seele, und ihm wurde das kostbarste Gut dieser Seele anvertraut: der Sohn, der Erbe des Familienbesitzes. Er sollte gewährleisten, daß ein winziges Neugeborenes die ihm vorbestimmte Rolle spielen konnte. Er dachte an den Segen, der seiner eigenen Familie zuteil geworden war. Als ihm das Bild des Rabbis von Kálló durch den Sinn ging, wie er seinem Urgroßvater Daniel die Hände auf den Kopf legte und ihm versprach, er werde auf dem Land zu Wohlstand kommen, erinnerten sich Samuel Schwarczs Lippen an die Weichheit des Kindergesichts, das er geküßt hatte, und er dachte voll Rührung an die Verbundenheit des Vaters mit seinem Sohn und mit seinem Land.

Im Laufe dieser langen Nacht erkannte Samuel Schwarcz in der zerbrechlichen, gebeugten Gestalt des Edelmannes langsam jenen hochgewachsenen, strammstehenden Leutnant in scharlachroter Husarenuniform, welcher in jenem weit zurückliegenden, unvergessenen Frühling 1848 nach Derzs gekommen war und dort vor der kalvinistischen Kirche eine flammende Rede gehalten hatte. Der Leutnant trommelte Freiwillige zusammen, die für die Ziele der Revolution – Unabhängigkeit von Österreich, Vereinigung mit Siebenbürgen, Abschaffung der Zensur und ein demokratisch gewähltes Parlament, das nur dem Volk verantwortlich war – kämpfen wollten. Er versprach, daß die revolutionäre Armee der Tyrannei und jeder Unterdrückung ein Ende machen und eine neue Welt der Gleichheit herbeiführen würde.

Samuel war damals achtzehn, unverheiratet und sah eher wie ein stämmiger Bauer aus als wie ein Student der Chederschule, der traditionellen jüdischen Schule. Wie in Trance war er damals zu dem Adligen geeilt, hatte ihm die Hand geschüttelt und sich als Freiwilliger verpflichtet.

Selbst wenn der Adlige sich nicht an diesen für den Rekruten so entscheidenden Handschlag erinnern sollte, so mußte er doch gewußt haben, daß Samuel Schwarcz in den Revolutionskriegen mitgekämpft hatte. Im Bezirk Szabolcs, seit jeher ein Zentrum patriotischer Begeisterung, führten die Leute in ihrem Bewußtsein Akten über jedermanns Haltung in der kritischen Zeit der Jahre 1848/49. Dennoch erwähnte der Adlige mit keinem Wort diesen gemeinsamen glorreichen Augenblick ihrer Jugend, und Samuel Schwarcz erhielt keine Gelegenheit, die Sprache darauf zu bringen.

Die Dämmerung brach bereits an, als dem Gastgeber in den Sinn kam, daß sein Gast vielleicht müde sei. Der Edelmann begleitete den Juden zu seiner Kutsche, die abfahrbereit mit angeschirrten Pferden wartete, während der Kutscher steif auf seinem Sitz saß.

Schon einige Zeit vorher hatte es aufgehört zu regnen, und ein dicker Nebel bedeckte das Land wie eine grobe Wolldecke.

Samuel Schwarcz verspürte nicht die geringste Müdigkeit auf dem Nachhauseweg. Er dachte über Anwälte und eidesstattliche Versicherungen nach, über Geräte, die angeschafft, und über Männer, die angestellt werden mußten. Zweihundertfünfzig Hektar waren eine Menge Land, und bei entsprechender Bodenverbesserung und guter Verwaltung würde das Gut ein echtes Vermögen abwerfen. Der kleine Erdenbürger, für den er die Verantwortung übernommen hatte, hatte eine glänzende Zukunft vor sich.

Samuel Schwarcz sah den Adligen nie mehr wieder. In den folgenden Monaten verfiel der Vater immer mehr, während der Sohn zu Kräften kam, und starb schließlich, noch bevor das Kind seinen ersten Geburtstag erlebte.

Der alte Samuel vergaß den jungen Samuel nicht. Wie vorhergesehen wurde der Letzte Wille angefochten, doch Samuel Schwarcz fand einen guten Anwalt, kümmerte sich um die Zeugen, stand der verängstigten Witwe bei und trug dafür Sorge, daß das Erbe unangetastet erhalten blieb. Die unerfahrene und unwissende Witwe mußte schwierige Geschäftsentscheidungen treffen, aber Samuel Schwarcz war zur Stelle, um ihr zu helfen.

Als Samuel Schwarcz an der Schwelle zum zwanzigsten Jahrhundert starb, nahm der kleine Samuel an der Beerdigung teil. Mit einem ungewohnten Gebetskäppchen auf seinem flachsblonden Haar stand er bei den acht Kindern des alten Samuel, hielt die Hand einer seiner Töchter und weinte wie sie alle. Sie waren alle erwachsen, und einer von ihnen versprach, sich um ihn zu kümmern.

Der kleine Samuel wuchs zu einem gutmütigen, geradlinigen, großzügigen, strammen Bauernburschen mit Händen wie Schaufelräder heran. Er studierte Landwirtschaft, und als er nach Hause zurückkehrte, arbeitete er hart und mehrte Schritt für Schritt den Wert des Gutes.

Als der Erste Weltkrieg ausbrach, wurde er eingezogen und in den Rang eines Oberleutnants erhoben – schließlich war sein Vater ein Offizier adliger Herkunft gewesen. Er wurde zum Kampf gegen die in einem volkstümlichen Lied so genannten «Hunde-Serben, die den Erzherzog ermordeten», bestimmt und gehörte zu den ersten, die «auf dem Feld der Ehre» fielen, wie es offiziell hieß.

Der junge Samuel hinterließ keine Kinder. Aber viele Schulden waren zu bezahlen und Hypotheken neu auszuhandeln. Noch vor Ablauf eines Jahres mußte das Gut versteigert werden. Einflußreiche Verwandte kauften den größten Teil des Landes auf; Samuels Mutter konnte das Gutshaus behalten. Doch sie war untröstlich. Als sie Witwe geworden war, hatte sie sich bereits in Schichten schwarzer Kleider gehüllt wie eine alte Bauersfrau. Nach dem Tod ihres Sohnes verstand ein jeder, warum sie keinen Abend mehr nüchtern bleiben konnte.

Auch das Gut der Schwarczens war in finanziellen Nöten. Einige von Samuels Kindern hatten zuviel Land gekauft und konnten die ganzen Hypotheken nicht mehr abzahlen. Sie hatten sich auf zu viele Risiken eingelassen, denn der Glaube der Schwarcz-Familie an Verbesserung und Fortschritt kannte keine Grenzen.

Der Weizenpreis fiel abrupt, und die Anteile an staatlichen Kriegsanleihen, die aus patriotischen Gründen in zu großer Anzahl ausgegeben worden waren, konnten nicht flüssig gemacht werden, weil die k. u. k. Monarchie den Krieg verlor und in viele Länder auseinanderbrach. Die Besetzung des östlichen Ungarns durch Rumänien und ein kommunistischer Staatsstreich in Budapest führten zu einem Chaos, das schlimmer war als der Krieg, und Wellen von Plünderern, mit und ohne Uniform, überzogen das Land. Vagabundierende Soldatenbanden, die von der Front oder aus den Kriegsgefangenenlagern zurückkehrten, verwüsteten große wie kleine Landgüter, raubten und zerstörten die Maschinen, stahlen Pferde und Vieh und setzten Scheunen in Brand.

Die Allianz, die die großen Monarchien der Alten Welt verband, erwies sich schließlich für die Habsburger, die Hohenzollern, die Romanoffs und die Osmanen als Selbstmordpakt. Als in Ungarn endlich wieder Ruhe einkehrte und ein Admiral der königlichen Marine die Herrschaft über das Königreich, das keinerlei Zugang zum Meer hatte, übernahm, herrschte unter den Schwarcz-Brüdern und ihren Kindern Uneinigkeit darüber, wie sie das Land ihrer Vorväter retten könnten. Wenige Jahre nach dem Friedensvertrag von Versailles war der Familienfriedhof – das erste Stück Land, das sie vor Gott weiß wie vielen Jahrhunderten erworben hatten – das einzige Stück Land aus Samuel Schwarczens Erbe, das noch immer auf den Namen Schwarcz eingetragen war.

Meine Großeltern Róza und Karl Schwarcz 1896, kurz nach ihrer Hochzeit

6.
Die richtige Rachel

Wem ein tugendsames Weib beschert ist,
das ist viel edler denn die köstlichsten Perlen.

Die Bibel, Sprüche Salomos, 31,10

Es war einmal vor langer Zeit, zu Beginn der neunziger Jahre des neunzehnten Jahrhunderts, als der weißbärtige Kaiser Franz Joseph noch den Frieden unter seinen Österreichern, Ungarn, Polen und Rumänen, Katholiken und Protestanten, Juden und Moslems bewahren konnte, da wurde in der kleinen Stadt Nagykároly in Siebenbürgen, damals noch zu Ungarn gehörig, die heute Karei heißt und zu Rumänien gehört, eine Hochzeit gefeiert. Unter einem samtenen, mit purpurfarbenen und goldenen Seidenfäden bestickten Baldachin und gemäß den Gesetzen Moses nahm ein schlanker junger Mann mit dem Namen Zhigmond, wohlhabender Besitzer von Weizenfeldern, Vieh und Schafen, eine liebliche junge Frau namens Sarah zur Frau, die ältere von zwei Töchtern eines angesehenen einheimischen Bankiers mit dem Namen Kaufmann.

Die Brüder des Bräutigams, darunter auch der jüngere namens Akiba, der, so wollte es der Brauch, als nächster heiraten sollte, wurden der jüngeren Schwester der Braut vorgestellt, die ebenfalls noch unverheiratet und von außergewöhnlicher Schönheit war und den hebräischen Namen Rachel trug. Schon nach einigen wenigen Worten höflicher Konversation – das Äußerste an zulässigem Kontakt für damalige Verhältnisse – hatte sie Akibas Herz erobert. Mehr noch, er hatte den Eindruck, nicht mehr und nicht weniger als einen Eindruck, aber eben doch den Eindruck, daß Rachel ihm durchaus wohlgesonnen war.

Sobald das Hochzeitsmahl vorüber war, nahm Akiba seinen Lieblingsbruder Jankev beiseite und bewog ihn dazu, Rachels Vater aufzusuchen und vorsichtig zu erkunden, wie er der Vorstellung einer zweiten Verbindung zwischen den beiden Familien gegenüberstehen würde.

«Eine derartige Verbindung kommt überhaupt nicht in Betracht», lautete die prompte und unumwundene Antwort des Bankiers. «Ich habe zwei Töchter, und ich möchte nicht, daß sie zwei Brüder heiraten – besonders nicht, wenn beide in der Landwirtschaft tätig sind. Ich habe genug davon, mit eurem Vater – er möge leben, bis sich seine Zeit erfüllt hat – darüber zu diskutieren, daß Landbesitz eine vernünftige Investition und Landarbeit die beste Art des Lebensunterhalts ist. Dein Bruder ist nun mein Schwiegersohn, und das heißt, daß ich eure Familienphilosophie zumindest nicht ablehne.

Aber was Investitionen angeht, so ist es nie klug, alles auf eine Karte zu setzen. Viel ratsamer scheint es mir, meine Tochter Rachel mit jemanden zu verheiraten, der in der Industrie oder im Handel tätig ist, vielleicht auch mit einem Arzt oder einem Rechtsanwalt.» Damit war Jankev entlassen.

Die zwei Brüder machten einen Spaziergang, um über die nächsten Schritte zu beraten. Jankev dachte, daß die Erwiderung des Bankiers zu heftig war und zu sehr seinem Innersten entsprang, als daß er seine Meinung noch ändern würde, und schlug vor, daß Akiba in der nächsten Zeit die Tiefe seiner Gefühle für Rachel prüfen sollte. Jankevs Rat lautete, zumindest bis auf weiteres die Sache nicht mehr zu erwähnen – und insbesondere ihren Eltern gegenüber kein Wort darüber verlauten zu lassen. Wie gewöhnlich befolgte Akiba den Rat seines Bruders.

Akiba kehrte ins Haus seines Vaters zurück und tat sein Bestes, um Rachel Kaufmann zu vergessen. Jankev kehrte mit seiner Frau in sein Dorf zurück.

Die Hochzeit in Nagykároly war an Lag Be'Omer abgehalten

worden, jenem unbeschwerten Feiertag im Frühling, der mit Picknicks und Freudenfeuern begangen wurde. Lag Be'Omer gilt als günstiges Datum für eine Hochzeitsfeier – einen Neuanfang –, denn an diesem Tag wurde Shimon bar Yochai, der große Weise und Mystiker des Talmud, zum Rabbi ernannt, und am selben Tag tauchte er wieder aus den Katakomben empor, in denen er sich vor den Römern, welche ihn verhaften und hinrichten wollten, verborgen hatte.

Als nächstes folgte im Kalender Schawuot, das fröhliche Fest der Erstlinge. Es heißt, daß sich in der Schawuot-Nacht die Himmel öffnen und daß der Allmächtige dann mehr als zu jeder anderen Zeit im Jahr geneigt ist, die Bitten eines Sterblichen zu erhören. Akiba bat, er möge ihm beistehen, damit er Rachel Kaufmann vergessen könne.

Dann kam Tisa Be'Aw, jener Fastentag zum Gedenken an den flirrend heißen Sommertag, an dem die Römer, wie zuvor schon die Babylonier, den Tempel in Jerusalem in Brand gesetzt hatten. Akiba betete, während er barfüßig auf dem Boden saß, und vergoß Tränen über den Tempel und das jüdische Volk, das aus dem Gelobten Land vertrieben worden war, und über sein eigenes Schicksal.

Bald kam Rosch Haschana, das Neujahrsfest. Die Getreideernte war eingebracht, den Schafen wuchs das dicke Winterfell, und die Herbstregen setzten ein. Doch Akiba fühlte sich nicht wie neugeboren.

An Jom Kippur, dem Tag, an dem ein Jude auf die Ereignisse des vergangenen Jahres zurückblickt und Bilanz zieht, kam Akiba zu dem Schluß, daß er den Anblick Rachel Kaufmanns nicht aus seinem Bewußtsein verbannen konnte. Er behielt seine Gedanken für sich.

An Simchat Thora, dem Freudenfest der fünf Bücher Moses, tanzte Akiba um die Thorarolle und sang wie jedermann sonst, doch er verspürte nichts von der überschäumenden Energie, die ihn an diesem Feiertag immer erfüllt hatte.

Der Winter kam, und die langen Abende stürzten Akiba in eine immer tiefere Melancholie. Er hörte seinen Brüdern gar nicht zu, wenn sie ihm von den Vorschlägen berichteten, welche der Heiratsvermittler ihren Eltern unterbreitete.

Während des Purimfestes schließlich entschlossen sich Akibas

Eltern, herauszufinden, was mit ihrem für gewöhnlich immer fröhlichen Sohn geschehen war. Er saß still in einer Ecke, während alle um ihn herum Wein tranken, laut den Tyrannen Haman verfluchten, welcher alle Juden Persiens hatte töten wollen, und die überaus kluge und schöne Esther priesen, die Haman zu Fall gebracht und das jüdische Volk gerettet hatte.

Die Eltern entlockten Jankev, der zum Fest nach Hause gekommen war und dessen Zunge der Wein gelöst hatte, ein Geständnis. Alle drei beschlossen, daß sofort etwas geschehen müsse und daß Akiba am besten den angesehenen Rabbi Yissachar Dov aufsuchen und um Rat fragen sollte. Der Rabbi war nicht nur ein heiliger Mann und ein Talmudgelehrter, sondern er stand in dem seltenen Ruf, auch «die Herzen der Menschen zu verstehen». Er lebte weit weg, und eine lange Reise wie auch ein Tapetenwechsel galten als probate Mittel, um ein gebrochenes Herz zu heilen. Natürlich sollte Jankev seinen Bruder begleiten.

Akiba gefiel diese Vorstellung, und binnen weniger Tage befand er sich mit Jankev zusammen auf dem Weg nach der kleinen Stadt Belz, an die vierhundertfünfzig Kilometer weiter nordöstlich jenseits der Karpaten, an der Grenze der polnischen Provinz Galizien des Habsburgerreichs und heute auf der russischen Seite der polnisch-russischen Grenze gelegen. Mehr als zwei Wochen brauchten die Brüder mit der besten Kutsche ihres Vaters, gezogen von einem Paar seiner trittsichersten Pferde, um dorthin zu gelangen. Der Wind hörte nicht auf, auf sie einzupeitschen, und es war kälter, als sie sich je erinnern konnten. Die Brüder froren in ihren Schaffellmänteln.

Sie waren überrascht, um wieviel ärmer Galizien war als Ungarn. Sie nahmen Bettler und andere Reisende mit, die über den unfruchtbaren Boden und die herrschende Unterdrückung klagten, jedoch auch erzählten, daß es jenseits der Grenze, wo der Zar herrschte, noch weit schlimmer sei.

Belz sei nicht schwer zu finden, so sagte man den Brüdern, denn die goldenen Kreuzblumen auf der Spitze der Synagoge glitzerten meilenweit sichtbar. Die Synagoge, die sich mitten in der dreitausend Einwohner zählenden Stadt befand, hatte nicht ihresgleichen. Sie sah

In der Mitte, mit Pelzhaube, der Rabbi von Belz, der die tiefsten Geheimnisse des Talmud ergründete und die Herzen der Menschen verstand.
Unten: Eine Postkarte aus der Zeit um die Jahrhundertwende, auf der die Synagoge von Belz, heute eine Kleinstadt in der Sowjetunion, zu sehen ist. Die Nazis brannten die Synagoge nieder.

aus wie eine Burg und war vom Großvater des jetzigen Rabbi erbaut worden, der nicht nur die quadratische Anlage geplant hatte – eine ungewöhnliche Form für eine Synagoge –, sondern auch am Bau selbst mitgewirkt hatte und mit eigener Hand Mörtel geworfen und Ziegelsteine aufgeschichtet hatte.

Die Brüder bewunderten die Schönheit und Harmonie der Synagoge und die Geräumigkeit des angrenzenden Hauses von Rabbi Yissachar Dov. Die Räumlichkeiten waren gut beheizt und voller Bittsteller, die über ihre früheren Besuche beim Rabbi sprachen und ihn ob seiner weisen Ratschläge rühmten. Die Brüder, die den Rabbi nie zuvor gesehen hatten, warteten bis nach Mitternacht, bis sie an der Reihe waren.

Der Rabbi war ein kräftiger und hochgewachsener Mann, er trug Hosen und einen knöchellangen Mantel mit Gürtel, alles aus demselben feinen, schimmernden schwarzen Tuch, das wie Seide aussah. Er war alt, und sein gelockter weißer Bart bedeckte seine Hemdbrust. Seine dunklen Augen funkelten, und er blickte auf die beiden jungen Männer, als ob er genau wüßte, was der Grund ihres Besuchs war. Sie küßten seine Hand, und er lud sie ein, in zwei hohen Sesseln ihm gegenüber Platz zu nehmen.

«Was bedrückt dich, mein Sohn Akiba?» fragte er.

Akiba erklärte, daß er eine wunderschöne Frau mit Namen Rachel Kaufmann kennengelernt habe, die die jüngere Schwester der Frau seines Bruders Zhigmond war, und daß er sich in sie verliebt habe, ja sogar glaube, auch er sei ihr nicht gleichgültig, daß jedoch ihr Vater, ein Bankier, nichts davon wissen wollte, daß seine beiden Töchter Brüder heirateten, die beide in der Landwirtschaft tätig waren.

«Der Bankier ist ein kühl kalkulierender Geschäftsmann, Euer Ehren», sagte Jankev zum Rabbi, «und mein Bruder Akiba hat das weiche Herz eines Poeten. Aber beide sind sie gleich hartnäckig.»

Der Rabbi hörte geduldig Akibas ausführlichen, leidenschaftlichen Bericht und Jankevs Kommentar an. Sodann nahm er Akibas Hände, blickte ihm lange Zeit in die Augen und lächelte schließlich.

Er strich sich über seinen Bart und sprach: «Gehe heim in Frieden, mein lieber Sohn Akiba, denn es wartet eine andere Rachel Kaufmann auf dich.»

Die Audienz war zu Ende. Die zwei Brüder verließen Belz bei Anbruch des nächsten Tages.

Die ersten beiden Tage der Heimreise verliefen ereignislos. Die Luft war frisch, und von der Kälte ging eine belebende Wirkung aus. Akiba grübelte über das, was der Rabbi gesagt hatte, und dachte laut vor sich hin: Spielte der Rabbi auf eine Veränderung betreffend Rachel Kaufmanns Situation an? Sollte ihr Vater anderen Sinnes werden? Oder meinte der Rabbi, daß er schließlich eine *andere* Frau mit dem Namen Rachel Kaufmann kennenlernen würde? (Der Name war nicht selten, wenngleich es kein Allerweltsname war.) Oder meinte der Rabbi ganz einfach, daß er eine andere reizende Frau wie Rachel Kaufmann treffen würde, weil für den alten Rabbi eine junge Frau – ob sie nun Rachel oder Lea, Ruth oder Devora hieß – so gut wie jede andere junge Frau war. Oder steckte in jenen Worten, die Akiba enträtseln sollte, noch eine andere verborgene Bedeutung?

Jankev sagte nichts, denn Akiba sagte schon alles, was es zu sagen gab. Jankev hielt es für das beste, die Worte des Rabbi nicht zu sehr zu analysieren, sondern einfach zu warten und den Ereignissen ihren Lauf zu lassen.

Die Brüder sangen ihre Gebete, und in der übrigen Zeit sang Jankev Lieder, wie es seine Art war. Zum erstenmal seit vielen Monaten bat Akiba Jankev, bestimmte Lieder zu singen, und einmal mehr pries er Jankevs schöne Stimme, wie er es in der Zeit vor Rachel Kaufmann oft getan hatte.

Ohne jede Vorwarnung stieß ein grimmiger Schneesturm vom Himmel herab, trieb Schneeschwaden aus den Tälern empor und ließ Mann und Pferd erblinden. Schneeflocken groß wie Zwetschgen wirbelten um die Kutsche. Als die Brüder versuchten, auf der unwegsamen Bergstraße voranzukommen, kippte die Kutsche und schlug auf einem Felsen auf, und die Achse zerbrach in zwei Teile. Die Brüder bestiegen die Pferde und ritten eine geraume Weile, bis sie in ein Dorf kamen.

Glücklicherweise gab es dort eine Gastwirtschaft, die einem Juden gehörte. Sein Name war Kaufmann, und er war ein gesprächiger, fröhlicher alter Mann, der sich über die Besucher aus dem ungarischen Tiefland sehr freute. Sie sprachen auch über Geschäfte, und es dauerte nicht lange, da rückte der Gastwirt, der ebenfalls ein wenig Handel trieb, mit einem Vorschlag heraus. Er würde Holz aus seiner Gegend tauschen gegen den Weizen und die Schaffelle der Brüder. Während sie noch die Einzelheiten erörterten, betrat eine junge Frau das Zimmer.

»Das ist Rachel, die einzige Tochter meines Bruders«, stellte der Gastwirt sie vor. »Sie ist auch meine einzige Nichte und gerade bei mir und meiner Frau zu Besuch. Sie ist wie eine Tochter für uns, denn der Allmächtige hat uns zu unserem Unglück nicht mit einem Kind gesegnet.»

Akiba blickte auf die Frau. Sie war schlank, klein und trug das wellige, rotbraune Haar zu einem Knoten geschlungen. Sie hatte ein zartes, herzförmiges Gesicht und grüne Augen. Sie trug ein langes blaues Kleid mit einem Spitzenkragen. Sie war sanft und anmutig, und Akiba zweifelte nicht im geringsten, daß sie die Rachel Kaufmann war, von der der Rabbi ihm gesprochen hatte.

Nachdem die Brüder zu Abend gegessen und sich auf ihr Gastzimmer zurückgezogen hatten, bat Akiba Jankev, am nächsten Morgen mit dem Gastwirt zu sprechen und ihm die Heirat anzutragen. «Aber dieses Mal brauchst du nicht um den heißen Brei herumzureden», sprach Akiba. «Sprich ohne Umschweife.»

Jankev tat, wie ihm gesagt worden war. Der Gastwirt antwortete, er fühle sich durch das Interesse eines so edlen jungen Mannes geehrt, doch wie er ja schon erklärt habe, sei Rachel nicht seine, sondern seines Bruders Tochter, und in jedem Fall sollten die beiden jungen Männer besser erst nach Hause zurückkehren und mit ihrem Vater sprechen.

Mit der Hilfe des Gastwirts fanden die beiden jemand im Dorf, der die zerbrochene Achse auswechselte, und am Nachmittag schon eilte die Kutsche bei Sonnenschein und schmelzendem Schnee, der Frühling lag schon in der Luft, der Heimat entgegen.

Akibas Eltern waren entzückt über die Rede des Rabbis, und die Geschichte über das Zusammentreffen in der Gaststätte trieb ihnen Tränen in die Augen. Der Vater brauchte nur wenige Wochen, bis er einen Besuch bei Rachel Kaufmanns Eltern einrichten konnte, die etwas mehr als hundert Kilometer nordöstlich in dem Dorf Töketerebes lebten, das damals noch zu Ungarn gehörte und heute Teil der Sowjetunion ist. Er machte die Entdeckung, daß auch Rachel Kaufmanns Vater Land besaß und pachtete und die Landwirtschaft für den idealen Beruf hielt. Die beiden Väter waren einander sofort sympathisch und kamen schnell zu einer Übereinkunft betreffs ihrer Kinder.

Zu Lag Be'Omer im Jahr 1895 wurde die Hochzeit gehalten: Akiba, mein Großvater, und Rachel, meine Großmutter.

Großvater Karl 1891, mit dreißig Jahren

7.
Ein Spaziergang unter Roßkastanien

Mein Gott! Mein Herz, mein allerinnerst Herz,
das unbeschwert umherschweift, durch fremde Länder zieht,
hierhin kehrt es zurück und findet seinen innren Frieden,
seinen wahren Herzschlag, seinen eignen Takt
hier zwischen Wiesen, Gärten, Wegen und Gebüsch.

VITA SACKVILLE-WEST, «Nacht»

In Wien bin ich nie allein auf meinen Spaziergängen. Mein Großvater mütterlicherseits, Karl Schwarcz, der 1920, kurz nach dem Ende des Ersten Weltkriegs und siebzehn Jahre vor meiner Geburt, starb, leistet mir immer Gesellschaft. Als junger Mann besuchte er die Konsularische Akademie Wiens, eine liberale Einrichtung, in der Diplomaten und andere loyale Diener der konservativen Habsburgermonarchie ausgebildet wurden, und mit der Zeit liebte er die glitzernde österreichische Kaiserstadt fast ebensosehr wie das winzige ungarische Dorf Derzs, in dem er 1862 geboren worden war, und dessen gleichermaßen bescheidenen Nachbarort Gyulaj, wo er sein Haus erbaute und sein Gut begründete. In der Familiensaga ist überliefert, daß er nahezu jedes Jahr nach Wien reiste, und bei jedem Besuch postierte er sich einmal vor der Hofburg und wartete darauf, daß die Kutsche von Kaiser Franz Joseph vorbeifuhr. Wenn sie dann kam, immer pünktlich, dann hielt er seinen mit einer silbernen Spitze versehenen Spazierstock hoch und rief mit lauter Stimme: «Lang lebe der König von Ungarn!»

Mindestens einmal nickte der König und Kaiser und bekundete damit seine Genugtuung über die Loyalitätsdemonstration seines

Untertanen. Die Erinnerung an dieses Nicken – es war immer von einem «anmutigen» Nicken die Rede – wurde als denkwürdiges Souvenir nach Gyulaj mitgebracht und in der Familie wie auch Freunden gegenüber immer wieder, von Generation zu Generation, weitergereicht.

Ich wurde nach meinem Großvater genannt. Sowohl mein hebräischer Name, Akiba, wie auch mein ungarischer Name, Károly – den er in der deutschen Version Karl benutzte und den ich später, nach der Auswanderung in die Vereinigten Staaten, mit Charles übersetzte –, beide waren von ihm. Jeden Morgen, wenn ich mich rasiere, sehe ich unwillkürlich sein Gesicht in meinem. Zusammen mit seiner goldenen Taschenuhr habe ich die Leichtigkeit geerbt, mit der er sich zwischen unterschiedlichen Kulturen und Standpunkten bewegte, seine Bindung an Familie und Land und seinen typischen Optimismus, wie er Vätern und Gärtnern gemeinsam ist.

Als meine Kinder geboren wurden, kam mir wieder das jüdische Sprichwort in den Sinn: «Jedes Kind bringt sein eigenes Glück mit.» Wenn ich sehe, wie eine Pflanze sprießt, dann muß ich an den Glauben denken, daß hinter jedem Grashalm ein Engel steht, der flüstert: «Wachse, liebes Gras, wachse!» Ich weiß – ich weiß –, daß mein Großvater dieselben Gedanken hatte, daß er sein Glück denselben traditionellen Formeln verdankte, und wenn ich daran denke, wie sehr ich ein Echo seiner selbst bin, dann fühle ich mich so tröstlich aufgehoben, als hätte der biblische Stammvater Abraham mich gesegnet.

Jedes Mal, wenn ich nach Wien reise, habe ich das Bedürfnis, einen Spaziergang unter jenen Roßkastanien zu unternehmen, an denen mein Großvater so sehr gehangen hatte. Wie die Wiener bewunderte auch er ihre Türme dichten, grünen Blattwerks, die in ordentlichen Doppelreihen postiert waren. Ihre schattigen Alleen sollten zu stiller Betrachtung einladen, aber auch ein Hort von Romantik sein. Die Allee ist nichts anderes als ein bezähmter Wald und doch noch immer Wald, und wenn mein Großvater auch ein Verfechter des Fortschritts und der Zivilisation war, so trat er dennoch dafür ein, am Grün als Ursprung des Lebens festzuhalten.

Ich erinnere mich an die Erzählungen meiner Großmutter Róza, wie er, wenn sie im Frühling nach Wien reisten und unter den Roßkastanien spazierengingen, mit seinem Spazierstock auf die stacheligen Schalen, die auf den Boden gefallen waren, einschlug, damit sie sich öffneten und die Früchte freigaben, die mehr glänzten als die Maronen, denen sie ähnelten, und so braun waren wie die Kruste eines ungarischen Brotes. Und immer fanden sich ein paar Fiakerpferde, die nach den Kastanien schnappten.

Die Geschichte von der Roßkastanie ist eine Parabel über das vergängliche Glück der Kaiserreiche und die bleibende Schönheit der Pflanzen. Roßkastanien stammen ursprünglich aus den Hügellandschaften des Balkans, wo ein türkischer Sultan auf seinen Eroberungszügen mit dem Blick des wahren Ästheten ihr auserlesenes Grün entdeckte und seinen Paschas befahl, sie an Straßen und in Parks anzupflanzen. Als der Halbmond der Osmanen im Untergang begriffen war, war es Prinz Eugen von Savoyen, Nemesis der Türken und ein hervorragender französischer General, der die kaiserlichen Truppen der Österreicher befehligte, der von der Pracht der Bäume bezaubert wurde. Er brachte die ersten Schößlinge nach Wien, nachdem seine Christen 1699 den letzten moslemischen Türken aus Ungarn gejagt hatten.

Die in den Himmel ragenden, türmchengleichen weißen Blüten der Bäume, die bis zu dreißig Zentimeter hoch werden und zu Hunderten aus dem Blattwerk herausragen, stehen aufrecht und in strenger Symmetrie. In den römisch-katholischen Teilen des Habsburgerreichs wurden die Blütenstände denn auch umgehend zu «Kerzen der Jungfrau Maria» umbenannt. Dann beschloß ein österreichischer Dichter, an dessen Namen sich selbst meine gelehrten Wiener Freunde nicht mehr erinnern können, daß das Blatt der Roßkastanien den tiefsten Urgründen der Wiener Barockseele entsprang und ein künstlerisches Abbild der menschlichen Hand darstellte. So wurde die Roßkastanie zu Wiens schönstem Alleebaum und zu seiner botanischen Ikone.

In diesen Tagen längstvergangenen Ruhms zeichneten sich die Wiener Kastanienalleen durch eine ansprechend ungleichmäßige Mischung aus alten und jungen Bäumen aus, und Kenner versichern mir, daß einige davon schon in den ersten Jahren dieses Jahrhunderts gepflanzt wurden, manche sogar noch früher. Es kommt mir in den Sinn, daß mein Großvater die ältesten Bäume gesehen hat, als sie noch Schößlinge waren.

Mein Großvater, der aus den Schwemmebenen der träge dahinfließenden Theiß, einer der unzähligen Nebenflüsse der Donau, stammte, liebte es, mit dem Zug oder dem Wagen dem Lauf der hurtigen Donau zu folgen, die sich durch Hügel und Täler wand. Für ihn war die Donau das Band, das alle Länder von Deutschland bis zum Schwarzen Meer zusammenhielt. Daß er ein ungarischer Patriot war, stand für ihn in keinerlei Widerspruch zu seiner glühenden Überzeugung, daß die Donau-Anrainerländer sich, möglicherweise unter der Oberhoheit der vorausblickenden Habsburger, zu einer Konföderation zusammenschließen sollten. Eine derartige Konföderation ist damals wie heute ein Hirngespinst, das jeder Grundlage entbehrt und in keine Ära paßt. Die typische Idee von Leuten, die nur das Beste wollen. In einer Region voller aufmüpfiger Nationen, die sich untereinander bekämpfen und sich gegen aggressive Nachbarn zur Wehr setzen müssen, kann eine solche Idee nicht realisiert werden.

Wie so viele Ungarn seiner Generation bewunderte mein Großvater Karl Schwarcz Franz Joseph als den großen Friedensstifter seiner Zeit. Und das trotz der Tatsache, daß sein Vater und Vorbild Samuel sich mit achtzehn Jahren bei der Revolution von 1848 als Freiwilliger im Kampf gegen den damals ebenfalls achtzehnjährigen Franz Joseph verpflichtet hatte, eine impulsive Tat, die unweigerlich als Rechtfertigung hervorgeholt wurde, wenn ein Familienmitglied sich auf ein gefährliches Unternehmen einließ.

Für meinen Großvater verkörperte Franz Joseph nicht nur Anstand und Gerechtigkeit, sondern auch Berechenbarkeit, diese solideste aller bürgerlichen Tugenden, die gerade ältere Menschen so beruhigend finden. (Unberechenbarkeit ist die Lust des Tyrannen; seine Untertanen wetteifern darin, seine Launen zu analysieren, und er frohlockt, weil er allein und niemand sonst weiß, wo und wie er als nächstes zuschlagen wird.) Berechenbarkeit war selten eine so geschätzte Tugend wie zu Franz Josephs Zeiten, als die aufstrebende und blühende Bourgeoisie noch an immerwährendes Wachstum und grenzenlosen Wohlstand glaubte. Franz Joseph schenkte seinen nahezu fünfzig Millionen Untertanen die dauerhaftesten Jahre des Friedens und die gerechteste Gesetzgebung, die diesem Teil der Welt bis dahin je beschieden war. Für die Generation, die mit ihm alt und reich wurde, schienen Beständigkeit und Wohlstand Zeichen der Loyalität ihm gegenüber zu sein.

In einer Hinsicht allerdings unterschied sich Franz Joseph gänzlich von der Bourgeoisie. In einer Zivilisation, die sich dem Komfort verschrieben hatte, blieb er ein Puritaner, der auf einem schmalen, eisernen Feldbett schlief, jeden Morgen um fünf Uhr früh aufstand und um neun zu Bett ging – oder um zehn, falls ein Staatsbankett ihn zum Aufbleiben zwang. Er aß wenig, und sein einziges Laster waren Löffelbiskuits, die er in Champagner tunkte. Vertrocknet und unglücklich war er ein Gefangener von Konvention und Vorsicht, die Nummer eins unter den Beamten der österreichisch-ungarischen k.u.k. Monarchie, der sein ganzes Leben der Verwaltung und den Paraden, Einweihungen und Inspektionen verschrieben hatte. Er war ein in höchstem Maß pflichtbewußter Kaiser, so zuverlässig wie der mechanische Ritter eines Glockenturms.

Mit jedem Jahr hing mein Großvater mehr an dem alten Kaiser. Als er an einem grimmigen Novembertag des Jahres 1916 die Nachricht von Franz Josephs Tod hörte, setzte er sich an seinen Schreibtisch mit Rolltüren, barg sein Gesicht in den Händen und weinte. Er befahl, daß ein riesiges schwarzes Banner, zwei Teile schwarzen Tuchs von je sechs Metern Länge, die aneinandergenäht und an einer stabilen Stange aufgehängt wurden, auf dem Dach gehißt werden sollte.

Es war, als ob die Uhr stehengeblieben, als ob die Zeit zum Stillstand gekommen wäre.

Als Kind lauschte ich den Erzählungen Onkel Shumis über das Begräbnis Franz Josephs, das nach dem mittelalterlichen Ritual der Habsburger abgehalten wurde. Nach der Requiemsmesse im Stephansdom zog der lange kaiserliche Trauerzug gemessenen Schrittes durch die Straßen Wiens. Schließlich gelangte er zur Kapuzinergruft, der Begräbnisstätte der Habsburger. Doch der Zeremonienmeister, der die Prozession anführte, fand die Tür zu seiner Überraschung verschlossen vor. Er klopfte.

«Wer begehrt Einlaß?» tönte es aus dem Innern.

Der Zeremonienmeister antwortete, daß er für Ihre Kaiserliche Majestät Franz Joseph I., Kaiser von Österreich und König von Ungarn, König von Böhmen, Dalmatien, Kroatien, Slowenien, Galizien, Lodomerien und Illyrien, Einlaß in die kaiserliche Gruft fordere. Mit lauter Stimme zählte der Zeremonienmeister alle Titel auf, die Franz Joseph beanspruchen konnte.

Den kennen wir nicht, dröhnte die unbekannte Stimme aus dem Innern der Kirche.

Zornig schlug der Zeremonienmeister an das Tor und verlangte, daß es, im Namen des Kaisers, unverzüglich geöffnet werde.

Von innen kam keine Antwort, und ein peinliches Schweigen senkte sich auf die draußen stehenden Trauergäste.

Darauf fragte der Zeremonienmeister mit leiser Stimme, ob einem armen, erbärmlichen Sünder, der zur ewigen Ruhe eingehen wolle, Einlaß gewährt würde.

Die schweren, mit Eisen befestigten Holztore schwangen auf, und der Sarg Franz Josephs wurde hineingetragen und neben denen seiner Vorfahren abgestellt.

Als Onkel Shumi die Geschichte zu Ende erzählt hatte, sagte er mir, daß er sie zuerst von seinem Vater, Karl Schwarcz, gehört hatte, einem gläubigen Juden, der die Schönheit im Prunk eines anderen Glaubens, eines anderen Landes erkannte und der mit seinem jüdischen Herzen seinen römisch-katholischen König liebte.

Im April 1989 nahm ich in der St. Matthews Kathedrale in Washington am Requiem für Zita, Österreichs letzte Kaiserin und Ungarns letzte Königin, die Frau von Franz Josephs glücklosem Sohn Karl, teil. Sie starb mit sechsundneunzig Jahren in der Schweiz, und wenn sie auch die Ungarn nicht mochte, denen sie den Zusammenbruch ihres Reichs zur Last legte, so war sie doch die letzte Königin meines Großvaters. Ich fühlte mich verpflichtet, ihr die letzte Ehre zu erweisen.

Die Zeremonie war schmucklos und unpersönlich und doch bewegend. Zum erstenmal in meinem Leben hatte ich Gelegenheit, das *Kaiserlied* zu singen, die Hymne der Habsburger und das Schlußlied der Messe. Es blieb mir nicht verborgen, daß die Hymne, ein großartiger Triumphmarsch von Haydn, kein Wort über irgendeinen anderen Teil des Reiches, abgesehen von Österreich, enthielt. Für die Habsburger und die Österreicher war Ungarn letzten Endes nichts anderes als ein erobertes Land, eine Kolonie.

Und doch verstehe ich meinen Großvater, sagte ich zu mir selbst, ich verstehe ihn wohl. Franz Joseph ließ uns unsere Gärten bestellen und erleichterte uns den Handel und den Verkauf unserer Produkte. Er war der erste Habsburgerkaiser, der an der Einweihung unserer Synagogen teilnahm. Durch seine tadellosen Vorstellungen bei der Ausübung zeremonieller Pflichten – und er schien tatsächlich berührt zu sein, wenn er von einem Juden gegrüßt und von einem Rabbi gesegnet wurde – trug er dazu bei, daß unsere Welt heil blieb.

In unserem Herzen wußten wir, daß dieser strenge, engstirnige Mann, der nie eine gefühlsmäßige Bindung zu seinem einzigen Sohn Rudolf (einem nachdenklichen, empfindsamen, wenn auch natürlich ausschweifenden Charakter) herstellen konnte und der seinen Neffen Franz Ferdinand (einen starren, kalten und aggressiven Menschen) verabscheute, uns Juden in sein Herz geschlossen hatte. Vielleicht hatte es etwas mit der Überzeugung zu tun, mit der wir zu unseren Bindungen hielten – zu unserem Glauben, zur Thora, zu unseren jüdischen Mitbrüdern und sicherlich auch zu ihm. Vielleicht war der Grund aber auch der elementare, bedingungslose Charakter unserer Treue selbst, unsere Loyalität dem Begriff der Loyalität gegenüber.

Der alte Kaiser erfüllte die alten Versprechen des Königtums: Er verkörperte Ruhe und Würde. Mit Ausnahme der ersten fünfzehn Jahre war seine Regierungszeit das goldene Zeitalter des Liberalismus. Bis zum Jahr 1867 hatte er alle Forderungen der Revolution von 1848 erfüllt – freie Presse, freie Wahlen und ein großzügig bemessenes Maß an Autonomie für all diejenigen, die sich nicht als Österreicher verstanden. Im selben Jahr kam es auch zur Emanzipation der ungarischen Juden.

Doch wenn ich an das auch Franz Josephs politischem Selbstverständnis entsprechende Wort von der «Ruhe» als «erster Bürgerspflicht» denke, dann spüre ich, wie meine Seele in Aufruhr gerät. Ruhe bewahren – was für eine eigennützige, blutleere Nichtantwort! Was für ein Kriechzustand, verglichen mit der Anmut von Bewegung und Gefühlsrührung. Kein Wunder, daß die Jugend von 1848 auf die Barrikaden ging! Mir wird klar, daß jene Zivilisation, die Österreich jahrhundertelang für die Länder im Osten verkörperte, die Leidenschaften, welche sie zu beherrschen suchte, weder überwunden noch verstanden hat. Österreich verließ sich schamlos auf seine militärische Macht und auf seine Geheimpolizei, und erst mit seinem Niedergang kam heitere Gelassenheit auf, besonders aber nach jenen fatalen Schüssen von Sarajewo.

Auf der anderen Seite ist jede Revolution vielleicht eine bloße Jugendtorheit, und ihr kurzer Zauber schenkt einer Nation nur die Illusion, jung zu sein. Die hohen, unerreichbaren Ansprüche der Jugend erfahren im mittleren Alter eine Mäßigung, wenn sie auch nie ganz dem Vergessen anheimfallen. Wie die erste Liebe und andere glühende Leidenschaften der Jugend, so hinterläßt auch eine Revolution ihre Spuren an denen, die die berauschenden Tage der Freiheit und ihr herzzerreißendes Ende erlebt haben. Der März des Jahres 1848 – wie auch der Oktober 1956 – war ein heiliger Augenblick, eine Zeit, in der die Menschen, die sich gegen die Tyrannei erhoben, schön, mächtig und rein waren. Es ist eine Jugend, die nie zurückkehren kann. Zumindest nicht in derselben Generation.

Was für ein Mensch war Karl Schwarcz?

Er liebte Bäume und Weizenfelder, Pferde und Flüsse. Er hing an jenen Teilen der jüdischen Liturgie, die Gott für den Überfluß allen Lebens dankten. In seinem Dorf und anderswo schritt er auf der Erde dahin und pries Gott und seine Schöpfung. Beim Reisen blühte er auf, er machte neue Pflanzenkreuzungen und landwirtschaftliche Maschinen ausfindig und schloß mit all den unterschiedlichen Menschen, die an solchen Unternehmungen beteiligt waren, Freundschaft. Doch ebensosehr liebte er das Drama seiner Heimkehr. Jedesmal, wenn er zurückkam, verkündete er seine Überzeugung, daß sein Dorf Gottes persönlicher Garten auf Erden sei, wie schön und wie wohlhabend auch immer die Orte waren, die er besucht

Róza und Karl Schwarcz, im Urlaub in Abbazia (heute Opatija), an der zum Habsburgerreich gehörenden Adriaküste zu Beginn des Jahrhunderts, posieren im Innenhof ihres Hotels

hatte. In seinem Herzen lebten der nomadisierende Schäfer Jakob und der seßhafte Nestbauer König Salomon einträchtig nebeneinander.

Jedes Jahr schmückte Karl Schwarcz an einem schönen, sonnigen Frühlingstag seine beste offene Kutsche und seine zwei besten Pferde mit langen, bunten Bändern und nahm dann seine Frau Róza – Rachel auf hebräisch – und seine Kinder mit auf einen Ausritt über alle Ländereien, die er besaß oder gepachtet hatte, um das liebliche frische Grün der jungen Weizentriebe zu inspizieren. «Das ist Leben»! rief er dann aus, umarmte und küßte seine Frau und sang sodann das Dankgebet mit einer Inbrunst, die seine schon normalerweise beachtliche Glut noch übertraf. An einem schönen Sommertag, wenn die Weizenfelder sich in ein golden wogendes Meer verwandelt hatten, unternahm er eine weitere zeremonielle Rundfahrt.

Doch wenn mit der Ernte etwas schiefging, dann erfand er Entschuldigungen und schob die Rundfahrt hinaus. Er konnte es nie über sich bringen, schlechte Nachrichten zu verkünden, insbesondere seiner geliebten Frau. Für diesen Zweck hatte er seinen Bruder Jankev, seinen Lieblingsbruder unter den sechs Brüdern und einer Schwester.

Karl Schwarcz konnte nicht gut singen, aber er hörte leidenschaftlich gerne Musik. Wenn er Leute für die Feldarbeit anstellte, dann führte er mit ihnen stets ein ungewöhnliches Einstellungsgespräch. «Sing mir dein Lieblingslied vor», bat er, und wenn der Bewerber schön sang, dann hatte er oder sie gute Aussichten auf eine Einstellung.

Er hatte einen Kutscher, der ein ewig betrunkener, besessener Schürzenjäger war, ein fauler Taugenichts, dessen Entlassung jeder im Haushalt mit Freuden gesehen hätte. Doch mein Großvater wollte nichts davon hören, denn er sagte: «Wenn dieser Kutscher singt, dann beginnen die Engel zu tanzen.»

Mein Großvater lebte in Frieden mit seinen Nächsten und weigerte sich, in jemandem einen Feind zu sehen. 1915 stand er am Tor vor seinem Haus in Gyulaj und erwartete die russischen Kriegsgefangenen, die auf Beschluß der Regierung auf seinem Gut einquartiert werden sollten. Die Dorfbewohner blieben in ihren Häusern und verrammelten die Türen, denn es hieß, die Russen seien wilde Riesen, die man in Ketten legen mußte, damit sie nicht außer sich gerieten und Leute angriffen.

Karl Schwarcz begrüßte das zerlumpte, traurige Häuflein von fünfundzwanzig Gefangenen mit einer kleinen Ansprache in Französisch, eine Sprache, die er in der Schule in Wien gelernt hatte. Er wählte Französisch, weil er kein Russisch konnte, aber er hatte auf ungarisch Tolstois *Krieg und Frieden* gelesen, in dem die Offiziere Französisch sprachen. Die Russen verstanden seine Worte nicht, aber sie verstanden wohl ihren Sinn.

Er befahl den ungarischen Wachleuten, die Gefangenen von ihren Ketten zu befreien, und die Wächter gehorchten. Er schüttelte jedem Gefangenen die Hand, sowie er von dem Pferdewagen abgestiegen war. Er forderte sie auf, ihm in die Scheune zu folgen, ein geräumiges und saubergefegtes Gebäude, in dem die alljährlichen Erntedankfeste abgehalten wurden. In der Mitte der Scheune stand ein Tisch, bedeckt mit einem weißen Tuch, der sich unter Essen und Getränken bog. Er streckte beide Hände aus und benutzte seine Lieblingsformel für eine Einladung, an die sich seine Kinder gut erinnern können: *Részesedjünk* – ein einfacher, kompakter ungarischer Satz, der soviel bedeutet wie: «Ein jeder möge sich einen Anteil nehmen.»

Der Krieg ging ins zweite Jahr, und die Verluste der Habsburgermonarchie an der russischen Front, wo die meisten ungarischen Soldaten, einschließlich vieler junger Männer aus Gyulaj, standen, waren beträchtlich. Die meisten Ungarn warfen den Russen vor, die Serben aufgehetzt, das Mordkomplott gegen den Kronprinzen Ferdinand geschmiedet und zum Krieg aufgestachelt zu haben. Und die Ungarn vergaßen auch nicht, daß vor zwei Generationen ihre Revolution von 1848 ebenfalls von einem Zaren, von einem anderen Nikolaus, niedergeschlagen worden war. Daher waren russische Kriegsgefangene in Ungarn eine harte Behandlung gewohnt und über Karl Schwarczs Gastfreundschaft sehr verwundert. Sie bewiesen ihre Dankbarkeit mit Singen und Tanzen, was sich über mehrere Stunden erstreckte, als sich herausstellte, daß ihr Gastgeber, der noch nie in

Rußland gewesen war, ihre Musik liebte. Die festlichen Klänge lockten einige Dorfbewohner aus ihren Häusern hervor, und hinter der Sicherheit des Schwarczschen Palisadenzauns stellten sich Gruppen von Lauschern auf.

Von diesem Zeitpunkt an speisten die beiden Offiziere täglich im Eßzimmer der Schwarczens, während die gemeinen Soldaten, die sämtlich vor dem Krieg Bauern gewesen waren, auf dem Gut untergebracht und beschäftigt und normal entlohnt wurden. Einer der Offiziere, ein gepflegter Leutnant namens Alexander, der im Zivilleben Journalist war, verliebte sich in Karl Schwarczs älteste Tochter Elza, die mit ihren siebzehn Jahren die Familienschönheit war. Sobald dem Vater das Interesse des Leutnants zu Ohren kam, wurde Elza für einen ausgedehnten Besuch zu einem entfernten Onkel geschickt. Der Leutnant jedoch blieb noch viele Monate in Ehren als Gast, bis seine Regierung ihn gegen einen ungarischen Offizier auslöste.

Alexanders Kollege war Student gewesen. «Leutnant Tyomkin mit dem Babygesicht», wie er in der Erinnerung hieß, machte Fräulein Laura den Hof, der jungen, unschuldigen Lehrerin aus der benachbarten Stadt, die sich ein Zubrot verdiente, indem sie sich in den Sommerferien um die kleineren Kinder der Familie kümmerte. Tyomkin behauptete, er wolle Ungarisch lernen, vielleicht war das aber auch nur eine Ausrede von Fräulein Laura, um zu erklären, warum sie soviel Zeit mit ihm verbrachte. Fräulein Laura beging mit einem Sprung in die Theiß Selbstmord, nachdem Tyomkin die Erlaubnis zur Heimkehr erhalten hatte und plötzlich über alle Berge war.

Teilweise wohl wegen des Beispiels, das ihnen Karl Schwarcz vorlebte, akzeptierten die Dorfbewohner schließlich die Russen, einige freundeten sich mit Mädchen aus dem Dorf an, heirateten sie und kehrten nach Kriegsende nicht mehr nach Rußland zurück. Ihre Kinder und Kindeskinder leben noch immer in Gyulaj, und meine Mutter Anna, die sie besucht hat, berichtet, daß sie alle wissen – so wurde es ihnen überliefert –, daß es im Dorf einmal einen Landbesitzer gab, der als erster dem Feind die Hände gereicht hatte.

Karl Schwarcz war ein frommer Jude, der jeden Sonnenaufgang

und -untergang mit einem Gebet begrüßte. Er achtete den heiligen Sabbat und beging alle Feiertage. Doch er übte keinen Druck auf andere aus, seine hohen Ansprüche zu erfüllen. Sein Anwalt Aladár Elekes, ein lebenslanger Freund, war ein Jude, den andere für gottlos hielten, denn er beging nur einen einzigen Feiertag, Jom Kippur, den Versöhnungstag. «Der Anwalt hat Angst davor, an Wochentagen oder sogar am Sabbat zu seinem Gott zu sprechen; er kann seinem Schöpfer nicht öfter als einmal im Jahr unter die Augen treten», so redeten die Leute hinter seinem Rücken.

Jedes Jahr lud Karl Schwarcz Elekes ein, den Feiertag betend in der winzigen Synagoge von Gyulaj zu verbringen und gemeinsam das Fasten zu beenden. Wenn der Rechtsanwalt sich an die Brust geschlagen, um Vergebung für seine Sünden gefleht und das Festmahl eingenommen hatte, das nach dem Erscheinen der ersten drei Sterne am Himmel aufgetragen wurde, dann kehrte er in die Bezirkshauptstadt Nyíregyháza zurück und lebte frei von den vielen Gesetzesvorschriften des Judentums ein weiteres Jahr.

Manche Leute hielten es für unschicklich, daß ein frommer Jude wie Karl Schwarcz direkt neben einem Abtrünnigen betete, Gebetsschal an Gebetsschal. Gab Karl Schwarcz, der wohlhabendste Landbesitzer und damit der erste Bürger seines Dorfes sowie der jüdischen Gemeinde, damit nicht anderen ein schlechtes Beispiel, die womöglich daraus schlossen, daß man sich über die jüdischen Gesetze hinwegsetzen konnte? Von Zeit zu Zeit wurde Karl Schwarcz gefragt: «Wird dein Freund Elekes je Reue zeigen und zum Glauben zurückfinden?»

Die Antwort meines Großvaters war Jahr für Jahr die gleiche: «O ja, das ist gut möglich. Aber wenn ich ihm eine solche Frage stelle, dann wird es deswegen keinen Tag früher dazu kommen.»

Jeden Frühling, kurz vor dem Pessachfest, ließ Karl Schwarcz sein Haus innen wie außen weiß tünchen. Auch die Zierborte aus dreihundertfünfundsechzig Blumensträußen, die als Streifen etwa zehn Zentimeter unterhalb der Decke rund um die Wände des Speisezimmers verlief, erhielt einen Neuanstrich in leuchtenden Farben, ausgenommen ein Stückchen direkt über der Eingangstür. Dieser absichtlich nicht bemalte Abschnitt sollte ihn und seine Familie daran erinnern, daß ihr Glück, auch wenn die Dinge bestens für ihn standen – und die Tatsache, daß er das Haus jedes Jahr neu streichen konnte, bewies seinen Wohlstand –, auf unsicherem Boden gründete und vielleicht nicht mehr lange währen würde.

Farbe ist die äußerste Schicht der Dinge, ihre Oberfläche. Was substantiellere Angelegenheiten betraf, so legte Karl Schwarcz andere Maßstäbe an. Er behielt nur Tiere, die ohne jeden Fehl und Tadel waren, was die ursprüngliche Bedeutung des Wortes koscher ist. Selbstverständlich wurden in seinem Haus die jüdischen Speisevorschriften befolgt, aber zusätzlich verschenkte er Tassen und Teller, die angeschlagen waren oder auch nur einen hauchdünnen Riß aufwiesen, oder er warf sie weg. Der Talmud verlangte nichts dergleichen von ihm, und anderen Juden kam es auch nicht in den Sinn, daß beschädigtes Porzellan oder Glas irgendein Problem darstellen könnte. Dieser Perfektionsdrang war eine höchstpersönliche Vorschrift meines Großvaters, eine Verschärfung der Strenge des Gesetzes über koscheres Essen.

Er liebte es, auf seinen Reisen nach Wien und Budapest unangetastete, noch nicht angeschnittene Tuchrollen und Waren wie Gläser und Teller en gros zu kaufen. Die Bedürfnisse seines umfangreichen Haushalts und die durchschnittliche Anwesenheit von zwei Gästen pro Mahlzeit rechtfertigten solche Anschaffungen. Gleichzeitig jedoch bereitete es ihm ein zusätzliches Vergnügen, Dinge in ihrer unberührten Ganzheit zu erstehen. Seine Welt war heil, und er tat, was er konnte, damit sie es auch blieb.

In jedem August stellte er zur Weizenernte vierundzwanzig Männer ein, die die Halme mit ihren Sensen schnitten, und vierundzwanzig Frauen, die sie zu Garben banden. Er liebte es zuzusehen, wenn mit rhythmischen Schnitten, im Gleichklang und begleitet von einem alten Lied, eine Bahn geschnitten wurde und die Getreidebündel dann in genau bemessenen Abständen wie die Figuren auf einem Schachbrett hingelegt wurden. Sowie alle Halme geschnitten und gebunden waren, ließ er im Dorf verkünden, daß die Felder allen offenstünden, die das, was auf den Boden gefallen war, aufsammeln wollten. Auch die Ränder und Ecken seiner Felder wurden nicht abgeerntet. Der Bibel zufolge waren die Armen zu einer solchen

«Nachlese» berechtigt, und Karl Schwarcz hielt diese Vorschrift ein.

Wo immer er konnte und ungeachtet der räumlichen Lage oder der Qualität des Bodens, kaufte er Land, in Gyulaj und woanders im Bezirk, ja sogar außerhalb davon. Doch wenn es irgend möglich war, dann verhandelte und tauschte er mit seinen Nachbarn, um am Ende ein quadratisches Stück Land zu erhalten, eine seltsame Laune in einem Land langgezogener rechteckiger Besitztümer, die so oft unter den Erben aufgeteilt wurden, daß man sie «Gürtel» nannte.

Möglicherweise hatte seine Vorliebe für das Quadrat etwas mit der Form des ersten Feldes zu tun, das der Großvater seines Großvaters zu Beginn des neunzehnten Jahrhunderts erworben hatte, wie die Akten des Bezirks ordnungsgemäß belegen, obwohl Juden ja bis in die vierziger Jahre des neunzehnten Jahrhunderts von Gesetzes wegen kein Land besitzen durften. In Onkel Shumis Erinnerung ist dieser Besitz ein vollkommenes, wunderhübsches Quadrat von fünfeinhalb ebenen Hektar, die in jedem Frühjahr gepflügt und mit dem Rechen wieder geglättet wurden, oder von zwanzig *hold* nach ungarischer Rechnung, was für beachtlichen Wohlstand sprach und den Besitzer als reichen Dorfbewohner auswies. Wenige hundert Meter vom vorväterlichen Haus in Derzs entfernt und von einem Graben und einer einzelnen Reihe von Scheinakazien umgeben, wurde dieses Stück Land von der Familie als erster Besitz bebaubaren Landes in hohen Ehren gehalten, und möglicherweise war dies das Modell für Karl Schwarcz.

Aber genausogut ist es möglich, daß ihn die Ausgewogenheit des Quadrats anzog und seine kompromißlose, fehlerlose Symmetrie ihn beeindruckte. Selbst heute noch, nach den Landreformen und der Kollektivierung und Reprivatisierung, sind seine quadratischen, von Scheinakazien gesäumten Ländereien unangetastet, und selbst Dorfbewohner, die lange nach seinem Tod geboren wurden, wissen, daß sie einst ihm gehörten.

Er hatte auf seinem Gut einen Produktionskreislauf organisiert, der über die reine Bedarfsdeckung weit hinausging. Seine Kartoffeln, die im Überfluß als dicke Knollen in dem durchlässigen, sandigen Boden wuchsen, wurden in der Destillerie, die er 1899 erbaut hatte, zu Alkohol gebrannt, und alle Destillierungsrückstände wurden als

Futter für das Vieh verwendet, das schnell wuchs und Fett ansetzte. Das Vieh wiederum produzierte guten Mist, der jeden Winter auf den Feldern verteilt wurde. Der solcherart gedüngte Boden brachte höhere Kartoffelernten hervor sowie mehr Weizen und Tabak.

Während andere Landbesitzer im Ersten Weltkrieg von den Militärs für ihren Weizen und andere Produkte höhere Preise verlangten, verzichtete Karl Schwarcz darauf, denn er wollte aus dem Krieg keinen Profit schlagen. Nach Kriegsbeginn verkaufte er seine Kartoffeln zu dem niedrigen staatlich festgelegten Preis an die Militärs und nutzte auch die höheren Preise für Schnaps und die steigende Nachfrage nach Alkohol, die der Krieg hervorrief, nicht zu seinen Gunsten aus.

Karl Schwarcz gierte nach Land in einer Weise, die sich mit Gewinnstreben allein nicht erklären läßt. Er träumte davon, Land zu erwerben, so wie andere Leute von Smaragden und seltenen Büchern träumen. Er kaufte sogar Wiesen und Hänge in weitab von Gyulaj gelegenen Gegenden, für die er keine unmittelbare Verwendung hatte. Andere erhöhten ihre Gewinne, indem sie in Industrie und Handel investierten, doch er ließ sich nicht von seinem Ziel abbringen. Er schlug die Warnungen seines Bruders Jankev in den Wind, welcher Land nur pachtete, getreu der jahrhundertealten jüdischen Überzeugung, daß es gefährlich sei, Land zu erwerben, weil es mit Leichtigkeit von einem neidischen Großgrundbesitzer oder von einer feindlich gesonnenen Regierung beschlagnahmt werden konnte.

Die Glanzzeit meines Großvaters, in Ungarn und Deutschland als «die gesegneten Jahre des Friedens» bekannt, begann nach dem Jahr 1867, als Franz Joseph mit seinen ungarischen Untertanen Frieden schloß und sich selbst zum König von Ungarn krönte, und sie fanden unwiderruflich ihr Ende, als Franz Joseph 1914 Serbien und Rußland den Krieg erklärte. Besonders zwischen 1890 und 1910 erzielten Weizen und Vieh aus Ungarn hohe Preise auf dem Weltmarkt.

«Es war eine Zeit, in der jeder, der fünfzig Ar Land besaß, hundert Ar haben wollte», schrieb sein ältester Sohn Shumi in seinen Memoiren. «Wer fünf Hektar besaß, wollte fünfzig, und wer fünfhundert Hektar erbte, hätte am liebsten das ganze Land aufgekauft. Diese Epidemie steckte auch meinen Vater an.»

Karl Schwarcz wurde in ein Zeitalter des Glaubens und der Hoffnung hineingeboren. Die große Mehrheit der Juden glaubte noch an den Gott ihrer Vorväter. Und eine emanzipierte jüdische Bourgeoisie innerhalb der österreichisch-ungarischen Monarchie glaubte ebenso an den unwiderruflichen Gang des Fortschritts. Sie verehrten den Zeitgeist der Aufklärung und des Liberalismus und bewunderten die aufrechten Ungläubigen, die davon geprägt waren.

Noch in den achtziger Jahren des neunzehnten Jahrhunderts klagte man im Dorf Tiszaeszlár, nicht weit von Gyulaj entfernt, die Juden an, ein christliches Mädchen ermordet zu haben, um ihr Blut in den ungesäuerten Teig des Pessachbrots zu mischen, und in den neunziger Jahren desselben Jahrhunderts wurde in Frankreich ein jüdischer Hauptmann namens Dreyfus, ein Republikaner, der voll Stolz den Leitspruch Freiheit, Gleichheit, Brüderlichkeit verteidigte, aufgrund gefälschter Beweise wegen Spionage und Hochverrats auf die Teufelsinsel verbannt. Doch gleichzeitig gab es nichtjüdische Liberale wie Károly Eötvös und Emile Zola, die ihre Stellung – und manchmal sogar ihr Leben – riskierten und sich für die Juden einsetzten, und es gab Konservative wie Franz Joseph, der seinen vielen Völkern den beispielhaften Fleiß und Familiensinn der Juden vor Augen hielt. Es scheint heute seltsam, doch Theodor Herzl, der in Budapest geborene Begründer des politischen Zionismus, vertraute auf den rechten Flügel der Deutschen – Kaiser Wilhelm und den Onkel des Kaisers, Friedrich, den Herzog von Baden –, und wenn Herzl vom «Traum einer jüdischen Heimat in Palästina» sprach, dann hatte er ein deutschsprachiges Protektorat im Sinn, das der Verbreitung deutscher Kultur dienen sollte.

Fest verwurzelt in seinem Glauben und seinem Land bewegte sich Karl Schwarcz mühelos in einer Welt der Klassen, Privilegien und der Etikette. Er suchte nicht nach der Gesellschaft der Reichen und Mächtigen, aber diejenigen, die ihn in seinem Haus in Gyulaj aufsuchten, wurden gut aufgenommen, und darunter fanden sich Mitglieder des ungarischen Parlaments, Aristokraten und natürlich Beamte und Landbesitzer des Bezirks Szabolcs. «Er tat nie vornehm», sagte Endre, einer seiner Neffen. Er trug weiße Hemden und schwarze oder dunkelgraue Anzüge, altmodisch, aber gut geschnitten.

Für die Adligen, die seit Jahrhunderten auf ihren Gütern saßen, war es beruhigend zu sehen, daß er ein Traditionalist war, der zumindest in mancher Hinsicht der alten patriarchalischen Ordnung nacheiferte. Gleichzeitig jedoch war er eine Bedrohung, weil er ein ehrgeiziger Neuerer war, der bereitwillig mit neuen Pflanzen und Maschinen experimentierte. Außerdem verbrachte er mehr Zeit mit seinen Bauern und stand ihnen näher, als andere Landbesitzer es für ratsam oder notwendig erachteten.

Er lebte in einer Zeit des Ehrgeizes, des schönen Scheins und der Romantik, einer Zeit billigen süßen Patschulis und frischen, zarten Lavendels, zwischen Spitzen und Brokat, zwischen vornehmen Malventönen und grellem Rot. Juden, die gerade den Ghettos Mitteleuropas entkommen waren, oder Flüchtlinge aus dem Gefängnis der Nationen des Zars nahmen schnell die Moden Budapests und Wiens, Paris' und Berlins an. Sie vermischten sich mit den Söhnen und Töchtern aus Familien, die seit Jahrhunderten Europa regierten. Manche Juden benahmen sich wie verkleidete orientalische Prinzen, und sie stellten mit ihrer Chuzpe alles in den Schatten, was die Nachkommen Karls des Großen an platter Arroganz aufzubieten hatten. Es gab unvergeßliche Schuljungenstreiche und nächtelange Walzer, sentimentale Vierzeiler in Tagebüchern, die hinter Schloß und Riegel gehütet wurden, und Frühlingsveilchen, die bei einem Rendezvous gepflückt und dann getrocknet, gepreßt und ein Leben lang aufbewahrt wurden.

Die Juden, die die Leiter des finanziellen oder intellektuellen Erfolges hinaufgeklettert waren, paßten sich an die bestehenden Normen an und drohten doch gleichzeitig mit ihrer Auflösung. Die modischen Operetten, die in Budapest und Wien aufgeführt wurden und von Juden wie Leo Fall und Imre Kálmán komponiert und geschrieben worden waren, handelten von tattrigen Herzoginnen und gewitzten Husaren, von unwiderstehlichen Zigeunerschönheiten und klugen Bauern, und die neuen Reichen wurden darin immer reicher, während die alten Reichen ihr Vermögen verschleuderten. Die bunt durcheinandergewürfelten Charaktere vermischten sich und ergänzten einander aufs glänzendste – das war die entzückende Überraschung, die die Zuschauer so sehr liebten –, aber oftmals wurden die traditionellen Rollen umgestürzt und Kastenzugehörigkeit und Rituale ins Lächerliche gezogen. Jeder lachte und klatschte Beifall, besonders die herrschende Klasse, deren liebenswerte Unfähigkeit die Grundlage dieser Witze bildete.

Der Mann, der in Budapest bestimmte, was als witzig zu gelten hatte, war der Monokelträger Ferenc Molnár, dessen Stück über einen ungewaschenen, viehischen Karussellbetreiber in dem amerikanischen Musical *Carousel* wieder aufgegriffen wurde. Molnárs Stil war eine mitreißende Mischung aus Draufschlagen und Mitleiden, ungarischer *Hauteur* und jüdischer Selbstverhöhnung, Lokalkolorit und kosmopolitischem Glanz. Molnár und sein Freund Jenö Heltai schrieben die spitzesten Verse für Kabarett und Theater. Heltais Cousin Theodor Herzl hatte womöglich ebenfalls ein Theaterstück im Sinn, als er seinen ersten Plan zur Lösung jenes Problems entwikkelte, das ihm, dem erfolgreichen Journalisten in Wien, den Frieden raubte: Allem offensichtlichen Fortschritt zum Trotz waren die Juden weiterhin nicht in das Habsburgerreich integriert. Der junge Herzl schrieb: «Im hellen Tageslicht eines Sonntagnachmittags soll eine feierliche und festliche Prozession unter Glockenläuten zum Stephansdom in Wien ziehen. Es soll keine Heimlichkeit und keine Verschämtheit mehr geben wie bisher, sondern stolz und mit würdevoller Haltung soll es geschehen . . . Uns, der Generation dazwischen, ist es bestimmt zu bleiben, wo wir sind; wir sollen dem Glauben unserer Väter treu bleiben, doch unsere Kinder sollen zum Christentum übertreten, bevor ihre Konversion noch in den Ruch der Feigheit oder eigensüchtiger Machenschaften kommen kann.«

Im Gegensatz zu anderen seiner Zeitgenossen lehnte Herzl später die Konversion ab, die der deutsch-jüdische Dichter Heinrich Heine schon vor ihm als «Entrée-Billett in die europäische Zivilisation» bezeichnet hatte. Für Karl Schwarcz und seine Familie war Konversion identisch mit einem unvorstellbaren Verrat am eigenen Selbst.

Unter Franz Joseph konnten wohlhabende Juden, die für wohltätige Zwecke spendeten, mühelos Barone werden, was dem niedrigsten Adelstitel entsprach, aber nichtsdestoweniger ein vererbbarer Titel war. Karl Schwarcz, der zum Bau der katholischen und der kalvinistischen Kirchen in seinem Dorf sein Scherflein beigetragen hatte und auch bei anderen Gelegenheiten großzügig Spenden austeilte, bot man diesen Ehrentitel an. Nach kürzester Bedenkzeit lehnte er ab. Den Titel Baron vor seinen Namen zu stellen, wäre ihm in seinem Hang zur Bescheidenheit zutiefst zuwider gewesen.

Die Emanzipation der Juden führte auch zu Mischheiraten. Kopfschütteln und Gerede nahmen kein Ende mehr, als 1899 Móric Jókai, der ungeheuer beliebte Patriarch des ungarischen Lebens und der Literatur, Bella Grósz heiratete, eine aufsteigende, schöne Schauspielerin, die zufällig mit der Schwarcz-Familie verwandt war. Er war vierundsiebzig und sie noch keine zwanzig. Es war mehr als die Hochzeit zwischen einem Nichtjuden und einer Jüdin, auch mehr als die zwischen einem alten Mann und einer jungen Frau. Es war wie eine schrille Konfrontation des altehrwürdigen, vornehmen Ungarns mit dem grelldreisten neuen Ungarn, eine Herausforderung der alten Ordnung, die die Traditionalisten, einschließlich meines Großvaters, schockierte.

Jókai stellte in seinen über hundert Bänden von Romanen und Novellen eine Nationalgalerie der Helden und Bösewichter mit Tausenden von Nebenrollen dar. Die Ungarn erkannten sich in seinen Büchern wieder, und sie versuchten ihr Leben so zu gestalten, daß es gleichsam zu einer Neuaufführung seiner unwahrscheinlichen romantischen Geschichten wurde, die an die Romane von Dumas und Dickens erinnerten.

Das Theater war mehr als bloße Unterhaltung. Es war eine relativ neue Kunstform, der die Nation, besonders die jüngere Generation, zu Füßen lag. Mehr noch als ein Roman von Jókai verwischte das Theater die Grenze zwischen Realität und Illusion, und eine schöne Schauspielerin konnte zur zweiten Königin im Land werden, mit einer Hofschar von Bewunderern und einer Kohorte von Liebhabern. Die dunkelhaarige, dunkeläugige *femme fatale* Bella Grósz war eine aufreizende Versuchung, die ein Dichter mit einer unbekannten Blume verglich, welche aus einem verirrten Samen, den der Wind aus einem weitentfernten Land herbeigetragen hatte, erblüht war.

Karl Schwarcz, der alle Romane Jókais verschlang und Bella Grósz als Verwandte in sein Herz geschlossen hatte, wünschte, der Schriftsteller und die Schauspielerin hätten sich nie kennengelernt. Seine

Einwände gegen eine Mischehe basierten auf der üblichen Argumentation: Sie bedeutete den Verlust eines Juden oder einer Jüdin für das eigene Volk. Er spürte auch, daß die Verbindung Jókai – Grósz ein weiterer Schritt dahin war, die geordnete Welt, in die er hineingeboren war und die er verstand, aus den Angeln zu heben. Er machte sich nichts aus dem Theater; er sah, daß es Menschen faszinierte, weil es eine andere Wirklichkeit eröffnete und die Möglichkeit bot, vor dem wahren Selbst zu flüchten.

Er war ein zu sanfter Mann, um seinen beiden ältesten Söhnen die Theaterbesuche zu verbieten oder sie davon abzuhalten, wie es damals Mode war, Schauspielerinnen Blumen zu schicken und sich in sie zu verlieben. Das Theater war das Lieblingsmedium jener sorgenfreien, unbeschwerten neuen Generation, die sich den Vergnügungen des Augenblicks hingab und das Streben nach der Ewigkeit, das ihre Eltern leitete, ablehnte. So wie Jahrzehnte später Film und Fernsehen, so machte die Bühne Träume von Liebe und Macht sichtbar und zugänglich und profanierte sie eben dadurch in den Augen der Traditionalisten.

Auch Karl Schwarcz war ein Träumer, und er war in einem Jahrhundert und in einem Land geboren worden, das für seine Tagträume bekannt war.

Ein seltsames Vorkommnis der Geschichte beschäftigte immer wieder die Phantasie seiner Zeitgenossen, Juden wie Nichtjuden gleichermaßen. Es gab eindeutige Beweise dafür, daß sich im neunten Jahrhundert viele Juden dem heidnischen ungarischen Stammesbund angeschlossen hatten, der aus den Steppen des heutigen Rußlands über die Karpaten gekommen war und das jetzige Ungarn und Siebenbürgen erobert hatte. Die Juden waren Chasaren, die Nachkommen eines Volks, das einst im heutigen Südrußland und in der Ukraine gelebt hatte. Erst im achten und neunten Jahrhundert waren sie auf Betreiben ihrer Führer zum Judentum konvertiert. Glaubt man den ungarischen Chroniken und der örtlichen Überlieferung, so haben sich viele Chasaren in den Dörfern des Bezirks Szabolcs niedergelassen.

In den letzten Jahren des neunzehnten Jahrhunderts drängten Freunde und wohlmeinende Bekannte die Schwarcz-Familie, mit

Hinweis auf den Friedhof in Derzs eine chasarische Abstammung geltend zu machen. Obwohl die ältesten leserlichen Grabsteine aus dem siebzehnten Jahrhundert stammten, gab es viele ältere Grabsteine, deren Inschriften von Regen, Wind und Sand weggewaschen waren. Weitere Gräber waren tief im Sand versunken. Durch eine kleine Ausgrabung hätte man womöglich den Beweis dafür erbringen können, daß der Friedhof schon während der Regierungszeit des Hauses Arpád, der Nachkommen jenes Hauptmanns Arpád, der 896 Ungarn erobert hatte, angelegt worden war.

Etwa zu der Zeit, als die Nation in einem Rausch der Ahnenverehrung und des patriotischen Stolzes ihr tausendjähriges Bestehen feierte, waren viele Freunde der Familie, Juden wie Nichtjuden, begeistert von dieser Idee. Hier tat sich eine gute Möglichkeit auf, zu beweisen, daß zumindest die Wurzeln einiger ungarischer Juden, insbesondere aus dem Bezirk Szabolcs, so weit zurückreichten wie die ihrer nichtjüdischen Mitbürger. War es nicht eine herzerwärmende und bewegende Vorstellung, so führten sie an, daß jüdische Krieger ihren Anteil an der Eroberung des Karpatenbeckens hatten, sich im Bezirk Szabolcs niederließen und so einen ansehnlichen Beitrag zur glorreichen Entstehung der Nation leisteten? Sollte man dieser Frage nicht genauer nachgehen, und wäre es nicht das beste, wenn ein vornehmer, gebildeter Gelehrter die Chasaren-These ausformulieren würde, von der Akademie der Wissenschaften und vom Erziehungsministerium die Druckerlaubnis einholen würde, damit die neuen Erkenntnisse sodann in Marmortafeln gemeißelt und in den Schulbüchern als offizielle Geschichte der Nation festgeschrieben würde?

Mein Großvater und seine Brüder waren von diesen Vorschlägen peinlich berührt, sie konnten sich nicht dazu überwinden, einer Revision der Vergangenheit zuzustimmen, einzig mit dem Zweck, den unverbrüchlichen Patriotismus der ungarischen Juden zur Schau zu stellen. Karl Schwarcz war eine leicht entflammbare Seele, und er liebte es, sich mit Träumen zu umgeben. Doch sein Blick war nach vorne gerichtet, nicht zurück, und seine Träume gründeten auf faßbaren Dingen.

In den ersten Jahren des zwanzigsten Jahrhunderts erwarben mein Großvater und sein Bruder Jankev ein Steinhaus in Jerusalem, das sie für den symbolischen Preis von einer Goldkrone pro Jahr an ein Rabbinerseminar vermieteten. Sie schickten auch einen frommen Cousin dorthin und sorgten für seinen Lebensunterhalt. Dieser belieferte sie mit Palmzweigen und Zitrusfrüchten für die Feiertage und betete an ihrem Sterbetag für die Seelen der Familienangehörigen. Doch niemand sonst in der Familie zog eine Auswanderung nach Palästina in Betracht. Die österreichisch-ungarische Monarchie unter der Regierung Franz Josephs war für sie das Land, wo Milch und Honig flossen. Antisemiten, die ihn verabscheuten, nannten ihn den Judenkaiser, und die Juden glaubten, daß der Prophet Elias ihn mit einem langen Leben belohnt hatte.

Nachdem die Habsburgermonarchie sich schließlich auf der Verliererseite des Ersten Weltkriegs fand, waren Raubüberfälle und Morde durch vagabundierende Banden zurückgekehrter Soldaten, die den Umgang mit Gewehren gewöhnt waren und sie nun bereitwillig gegen ihre eigenen Landsleute erhoben, an der Tagesordnung. Bauern in ihrem verzweifelten Streben nach eigenem Landbesitz, den man ihnen seit Generationen verwehrt hatte, schlossen sich ihnen an.

In Ungarn folgten auf den Ersten Weltkrieg zwei Revolutionen, die die russische Februarrevolution gegen die Feudalordnung und die Oktoberrevolution der Bolschewiken widerspiegelten. Das Land wimmelte von Männern, die plünderten und brandschatzten und die Besitztümer der Gutsherren von sofort an zu ihrem Eigentum erklärten. Als reichster Familie im Dorf riet man den Schwarczens, in der nächsten kleinen Stadt, Nyirbátor, etwa fünfzehn Kilometer von Gyulaj entfernt, Schutz zu suchen. Es war nicht einfach, Karl Schwarcz davon zu überzeugen, daß er und seine Familie wirklich in Gefahr waren, doch schließlich forderte ihn ein hoher Regierungsbeamter, ein alter Freund von ihm, persönlich dazu auf, und er verließ sein Haus.

Als Karl Schwarcz erfuhr, daß auch sein Haus wie so viele andere Gutshöfe der Reichen überfallen worden war, sagte er mit milder Stimme: «Wenigstens wurde es nicht in Brand gesetzt.» (Viele andere Häuser und Güter fielen der Brandstiftung zum Opfer.)

«Unser immer peinlich sauber gefegter Vorhof war übersät mit Stroh, Papier, Abfall und zerbrochenem Mobiliar», so erinnert sich der älteste Sohn Shumi in seinen Memoiren. «Die aus den Angeln gerissene Eingangstür lag auf dem Boden; daneben, wie ein Symbol, lag erschossen unser treuer Hund Sheyem.»

Als die Ordnung wieder hergestellt war, wurden die Übeltäter gefangengenommen und zu langen Gefängnisstrafen verurteilt. Zum Zweck ihrer Wiedereingliederung stellte man sie den Landbesitzern gegenüber, denen sie ein Unrecht angetan hatten. Bédi, der jüngste Sohn von Karl Schwarcz, erinnert sich daran, wie ein Gendarm zu dem Haus in Nyirbátor kam, in dem die Familie wohnte, und den «ehrenhaften Karl Schwarcz» ersuchte, herauszukommen und zu den «Banditen, die sein Eigentum in Trümmer gelegt hatten, zu sprechen». Mein Großvater ging hinaus und sah sich etwa fünfzig Männern gegenüber, deren Hände auf den Rücken gebunden waren und die, umgeben von bewaffneten Wachen, im Schmutz des Hofes knieten.

«Herr, sie sind hier, um Verzeihung zu erbitten», verkündete der Offizier mit lauter Stimme.

Ein Raunen ging durch die Männer. «Vergebt uns, Herr, was wir getan haben. Wir bedauern zutiefst das Leiden und den Schaden, den wir angerichtet haben.«

Der Offizier fragte sodann Karl Schwarcz, ob er wohl zu den Männern sprechen wolle.

«Ich kann nicht zu Menschen sprechen, die gefesselt sind», antwortete Karl Schwarcz, der einige Gesichter erkannte. Er fragte den Offizier, ob die Wachen die Sträflinge losbinden könnten. Der Offizier tat wie gebeten.

«Ich kann noch immer nicht zu ihnen sprechen», sagte Karl Schwarcz. «Ich kann nicht mit Leuten reden, die auf den Knien liegen.» Der Offizier befahl der Gruppe aufzustehen.

Der damals sechsjährige Bédi stand neben seinem Vater, welcher bereits sehr krank und gebrechlich war und nur noch wenige Monate zu leben hatte. Bédi kann sich nicht mehr an die Worte erinnern, die sein Vater in der nun folgenden kurzen Ansprache gebrauchte, aber er erinnert sich an den Kern der Aussage, der lautete: «Was geschehen ist, ist geschehen. Laßt uns nun von neuem beginnen.»

Kaum nach Hause zurückgekehrt, ließ Karl Schwarcz alle Möbeltrümmer einsammeln und beauftragte einen Möbeltischler, sie wieder zu leimen und zusammenzufügen. Das war ein teures Unterfangen, teurer als eine neue Einrichtung zu kaufen, und das zu einem Zeitpunkt, als seine finanziellen Reserven weitgehend erschöpft waren. Doch Karl Schwarcz ließ sich nicht davon abbringen. Er glaubte, daß repariert werden sollte, was repariert werden konnte, und daß wieder zusammengefügt werden sollte, was zerbrochen war.

Er weigerte sich, Hilfe von Regierungsstellen anzunehmen – von seinen alten Freunden –, denen sehr daran gelegen war, «den Banditen eine Lektion zu erteilen», ebenso wie «denen, die das Chaos ausgenutzt hatten». Er teilte den staatlichen Stellen mit, er wünsche, daß kein Haus im Dorf durchsucht und kein Dorfbewohner bestraft werde. Statt dessen ließ er im Dorf bekanntgeben, daß diejenigen, die etwas «zur sicheren Aufbewahrung» in seinem Haus entfernt hatten, es bis zum nächsten Morgen zurückbringen sollten und daß ihnen keine Fragen gestellt würden. Was die Hunde anbelangte, die normalerweise die ganze Nacht über frei im Hof herumliefen, so würden sie «sicher an die Kette gelegt werden», wie die Botschaft besagte.

In der Dunkelheit der Nacht wurde ein guter Teil des Hausrats zurückgebracht. Während der folgenden Nächte wurden weitere Gegenstände vor dem Haupttor niedergelegt. Als der Bezirk Szabolcs 1919 von rumänischem Militär besetzt wurde, kam es zu einer neuen Welle der Gewalt und des Diebstahls. Unter anderem verlor Karl Schwarcz sein Lieblingspferd, eine graue, reinrassige Appaloosa-Stute, die er selbst aufgezogen hatte. Sie wurde von einem hochgewachsenen, eleganten rumänischen Hauptmann, der ein Auge auf sie geworfen hatte, beschlagnahmt.

Einige Tage nachdem der Hauptmann auf ihrem Rücken von dannen geritten war, galoppierte das Pferd sattellos nach Hause zurück, wobei es sich seinen Weg vom rumänischen Oberkommando in Nyirbátor, etwa fünfzehn Kilometer von Gyulaj entfernt, suchte. Der Hauptmann, der ahnte, was geschehen war, begab sich in das

Dorf, fand das Pferd und nahm es ein zweites Mal mit. Zwei Wochen später erschien das treue Tier wieder am Tor der Schwarczens. «Sie rannte auf Gott weiß für welchen Straßen und kam mit Schaum vor dem Maul nach Hause», so erinnert sich meine Mutter. «Sie war schweißüberströmt. Mit einem glücklichen Wiehern rannte sie schnurstracks in den Stall. Unsere unbeschreibliche Freude endete erst, als die Rumänen zurückkehrten und sie wieder mitnahmen.»

Von den Rumänen erfuhr die Familie, daß das Pferd mehr als hundertfünfzig Kilometer vom Dorf entfernt, in einer Stadt in Siebenbürgen, in der es nie zuvor gewesen war, verschwunden war – und doch hatte es seinen Weg nach Hause gefunden!

Der Hauptmann war außer sich vor Zorn und sagte, daß er das Pferd dieses Mal auf die andere Seite der Karpaten bringen und dafür Sorge tragen werde, daß es nie wieder weglaufen könne. Karl Schwarcz bat den Hauptmann, ein anderes Pferd an seiner Stelle mitzunehmen oder einen anderen Wertgegenstand, aber er erreichte nichts. Der Hauptmann war durch das störrische Tier in seinem Stolz verletzt. Er mußte es haben. Das Pferd kam nicht mehr zurück.

Wenn man Shumis Erklärungen folgt, dann liegt der Grund für den Zusammenbruch des Schwarczschen Reichs im unbezähmbaren Optimismus von Karl Schwarcz. Als Kind des romantischen neunzehnten Jahrhunderts vertraute er auf die Kräfte des Fortschritts; als Jude hielt er es für seine Pflicht, die Welt zu verbessern und zu verschönern. War die Ernte gut und die wirtschaftliche Situation stabil, dann investierte er seine Gewinne in den Kauf besserer Maschinen, wie beispielsweise die erste dampfbetriebene Dreschmaschine des Landes, und in den Erwerb weiterer Ländereien, und er nahm große Anleihen auf, wenn er nicht mehr bar bezahlen konnte. Er hörte nicht auf, immer weiter zu investieren und Hypotheken aufzunehmen, denn er war der festen Überzeugung, daß die Ernten, die aus besserem Saatgut hervorgingen, und die höherwertigen Obstbäume, die auf seinem durch Mist, Kompost und Gründüngung verbesserten Boden wuchsen, immer noch höhere Erträge und immer noch mehr Wohlstand für jedermann bringen würden. Was er nicht bedachte, war der Krieg und die Gewalt des Krieges, die auch nach seiner Beendigung nicht einfach wieder verschwand.

Während seine Seele vom Niedergang des Gutes gepeinigt wurde, das er mit so gewissenhafter Sorgfalt aufgebaut hatte, wurde sein Körper von einem schweren Diabetes niedergeworfen, der ihn am Ende nicht nur zur Bewegungsunfähigkeit verdammte, sondern auch bewirkte, daß aus jedem Schritt und jedem Kratzer eine schwärende Wunde wurde. So erholte er sich beispielsweise nie mehr von einer Beinwunde, einem zunächst harmlosen Kratzer, den er sich beibrachte, als er einem verletzten Soldaten helfen wollte, auf einen Zug zu klettern, und dabei ausrutschte. Die Ärzte konnten seinem Verfall nicht Einhalt gebieten. Das Insulin, das ihm geholfen hätte, war noch nicht entdeckt.

Ein Rabbi versuchte es mit einer alten List. In einer komplizierten Zeremonie gab er meinem Großvater, dessen hebräischer Name Akiba war, einen neuen Namen, Chaim, was Leben bedeutet, und jeder mußte ihn von nun an so nennen. Dahinter steckte die Idee, daß ihn der Todesengel, wenn er nach einem Mann in einem bestimmten Alter mit Namen Akiba suchen würde, nicht finden würde. Auf Chaim würde die Beschreibung passen, doch es gäbe keinen Akiba. Verwirrt würde der Todesengel wieder aufbrechen, ohne die Seele, die er hätte holen sollen.

Als er immer mehr an Gewicht verlor und so kraftlos wurde, daß er nicht mehr umherlaufen konnte, ließ er sein Bett ans Fenster stellen, wo er die Fliederhecke rund um seinen Rosengarten sehen und in der Ferne einen Blick auf die Scheinakazien werfen konnte. Diese Bäume hatten er und seine Vorfahren gepflanzt, um die Ackerkrume zu halten und um das Land mit sattem Grün zu überziehen. Meine Mutter sieht in ihren letzten Erinnerungen ihren Vater, eingerahmt von einem Fenster, wie er stundenlang auf den von ihm selbst angelegten Garten hinausblickt.

Sein letzter Wunsch, wie er ihn in seinem Testament vom zwanzigsten April 1919 niederschrieb, war, daß seine sieben Kinder die Ländereien, die er erworben hatte, nie verkaufen und daß sie die gepachteten Ländereien niemals jemand anderem übergeben würden. «Egal, wie schwer es ist», so flehte er seine Kinder an, «bestellt das Land selbst. Laßt nicht zu, daß es in alle Winde verstreut wird, meine Kinder . . .»

An dieser Stelle brach seine Handschrift, die mit jeder Seite des

Testaments unleserlicher wurde, gänzlich ab. Es war noch Platz am unteren Rand der Seite fünf, doch er ließ ihn frei, und sein letzter Satz blieb unvollendet, mit einigen trostlosen Pünktchen am Ende der Seite.

Dann folgt auf der Seite sechs, ganz für sich stehend, noch ein weiterer Satz: «Meine Kinder schulden Ignatz Klein ewige Dankbarkeit – für immer.» Klein war ihm zeit seines Lebens ein Freund gewesen, und er war der Bankier, der die Darlehen für Karl Schwarczs ausgedehnte Landkäufe bereitgestellt hatte.

Karl Schwarcz bat darum, daß sein Grabstein «zwei Handbreit» tiefer als der seines Vaters gesetzt würde und daß der weiße Marmor, den die Schwarcz-Familie bevorzugte, in seinem Fall entgegen der üblichen Sitte, blumige Lobreden einzumeißeln, leerbleiben solle, bis auf eine Inschrift mit seinem hebräischen Namen und Vatersnamen: «Akiba ben Shmuel».

Am neunzehnten März des Jahres 1920, am Tag, als die rumänischen Truppen das Land verließen, kam ein Dorfbewohner zu ihm gerannt, in der Hoffnung, die gute Nachricht würde ihn aufmuntern. «Gott sei gedankt!» rief Karl Schwarcz aus, brachte noch ein Lächeln zustande, drehte sich daraufhin zur Wand und verschied.

Sofort, nachdem am Flaggenmast der Schwarcz-Familie die schwarze Fahne gehißt worden war, statteten die Priester der griechisch-katholischen und der kalvinistischen Kirche der Witwe einen Kondolenzbesuch ab und baten sie um die Erlaubnis, während der Beerdigung die Glocken läuten zu dürfen. Sie stimmte zu, schlug jedoch vor, daß die Priester auch die Einwilligung des Rabbis, der die Messe abhalten würde, einholen sollten. Die beiden Priester reisten zu Rabbi Moshe Taub, dem Urenkel Isaac Taubs, des berühmten Rabbi von Kálló, welcher den Großvater des Großvaters von Karl Schwarcz gesegnet hatte.

Auch der Rabbi stimmte dem ungewöhnlichen Ansinnen zu, und alle Kirchenglocken läuteten, als Familienangehörige und Freunde, Dorfbewohner und Regierungsbeamte einander darin abwechselten, den Sarg aus ungehobelten Kiefernbrettern, der ohne Nägel zusammengefügt war, von Gyulaj auf den Familienfriedhof im sechs Kilometer entfernten Derzs zu tragen.

«Jeder wollte, und sei es nur ein kleines Stück Weges, den Sarg tragen», erinnert sich seine zweite Tochter Anna, meine Mutter, die damals zwölf war. Die Trauernden zogen den ganzen Weg zum Friedhof auf der alten, unbefestigten Straße dahin. Seine Pferde, ohne Reiter und Sattel, führten die Prozession an.

Nach der Beerdigung brachten seine Witwe und seine Kinder es nicht über sich, seinem Wunsch nach einem «Grabstein, zwei Handbreit niedriger als der meines Vaters», zu entsprechen. Nach einigen Diskussionen mit dem Rabbi erging schließlich der Auftrag, einen Grabstein, genauso groß wie den seines Vaters, anzufertigen. Genausowenig konnte die Familie die Vorstellung eines Grabsteins ertragen, der kein Wort über seinen Charakter verlor. Sie wandten sich an den Oberrabbiner des Landes mit der Frage: Wie können wir eine Inschrift auf dem Grabstein anbringen und doch gleichzeitig seinen Wunsch respektieren, nicht mit Lobeshymnen bedacht zu werden?

Der Rabbi, der ihn gut gekannt hatte, bedachte die Angelegenheit gründlich, bevor er antwortete. Er schlug vor, die folgenden Worte einzumeißeln: «Er war ein guter und ehrenwerter Mann. Sein demütiges Herz soll sein ganzes Lob sein.» Und so steht es auf dem Grabstein.

Unter den Trauernden, die dem Sarg von Karl Schwarcz das letzte Geleit gaben, befanden sich auch Zigeuner aus Gyulaj und Derzs. Sie hatten gelegentlich für ihn gearbeitet, und die Musiker unter ihnen spielten bei Erntedankfesten und anderen festlichen Anlässen auf.

Karl Schwarcz mochte die Zigeuner, er sah in ihnen eine andere Gruppe von Einwanderern in das Karpatenbecken, einen anderen nomadisierenden Stamm aus dem Osten auf der Suche nach einem Gelobten Land. Er war fasziniert davon, daß die Straße ihr Heim war und daß die meisten unter ihnen sich weigerten, sich an einem Ort niederzulassen und irgend etwas zu bauen, das länger Bestand hatte als eine Lehmhütte. Er dachte daran, daß Pest und andere bedeutende Städte des Reiches einst ihren Stolz dareingesetzt hatten, dem König bestimmte Entscheidungsprivilegien abzuringen, wie etwa die autonome Entscheidungsbefugnis der Stadtältesten, ob «Juden und Zigeuner sich innerhalb der Stadtgrenzen aufhalten durften oder nicht». Dieses mittelalterliche Recht, die Angehörigen dieser beiden Stämme einzulassen oder auszuschließen, bestand noch bis in die Mitte des neunzehnten Jahrhunderts fort.

Wie andere Ungarn – darunter auch eine ganze Reihe von Juden –, hatte er eine Schwäche für die melancholischen Geigenlieder der Zigeuner, in denen der berauschende Fliederduft eines längst vergangenen Mais und die verdorrten Blätter der Gegenwart, unvergeßliche Liebe und die Unsterblichkeit der Seele besungen wurden. Die Lieblingsjahreszeit der Lyrik ist der Herbst oder sind die letzten Tage eines trägen Sommers, kurz vor dem Beginn der Weinlese. Die Worte und die Musik sind erfüllt von einer ewigen Sehnsucht, vom Wunsch, woanders zu sein oder ein anderer zu sein, und doch verharrt jeder an seinem Platz und nichts und niemand verändert sich.

Zigeunerlieder führen uns unendlich weit in die Vergangenheit zurück, und diese Vergangenheit ist hundertmal, ja tausendmal glanzvoller, als die Gegenwart jemals sein könnte, während die Zukunft unnütz, zwecklos und flüchtig erscheint. Die Zigeunermusik ist eine Liturgie der Träumer, und Bilder wie eine Magd, die die Straße fegt, oder ein rotes Seidenband, das im Wind flattert, tragen eine Bedeutung, die weit über ihre profane Belanglosigkeit hinausgeht. Diese Bedeutung bleibt ein Geheimnis, voller Anspielungen auf Wohlstand, Glück und Ewigkeit.

Karl Schwarcz schätzte die metaphorische Redeweise der Zigeuner, weil er eine Seelenverwandtschaft zu ihren erdverbundenen Bildern fühlte: zu den Bäumen, die alt wurden und wie menschliche Wesen unter Stürmen zu leiden hatten, den verwelkenden Rosen, die das Los aller Schönheit und allen Ruhms veranschaulichten; den schnellen Pferden, die für plötzliche Eingebungen und sich überstürzende Gedanken standen.

Ein geschickter Zigeunermusikant läßt die Menschen an die schönste Zeit ihres Lebens zurückdenken. Er muß einen Schlüssel für jedes Herz besitzen, und er muß jede Art von Kummer und Freude verstehen, und wenn er jemandes Lieblingslied spielt, die Geige ganz nahe am Ohr des Auftraggebers, dann spielt er für diesen Menschen ganz alleine, und niemand sonst existiert noch daneben. Mancher hat ein fröhliches Lieblingslied, mancher auch ein trauriges. Die Zigeuner glauben, daß sich hinter dem Weinen ein weit tieferes Gefühl verbirgt als hinter dem Lachen und daß die edelsten Seelen diejenigen sind, die Erfüllung finden, wenn sie weinen. Außerdem gehört es zum tradierten Erfahrungsschatz der Zigeuner, daß diejenigen, die ihrer Musik mit Tränen in den Augen lauschen, auch die größten Trinkgelder geben.

Als junger Mann freundete sich Karl Schwarcz mit einem Zigeunermusikanten an, Elemér Sáray, damals ein stolzer, wendiger und gutaussehender junger Mann – und zudem vielversprechender zweiter Geiger in einer der besten Gruppen des Königreichs, die wiederholte Male Einladungen nach Budapest und Wien ausschlug. Die Gruppe blieb im staubigen, kaum einem Wandel unterworfenen Nyíregyháza, der Hauptstadt des Bezirks Szabolcs und der ersten Station auf vielen Reisen meines Großvaters. Doch Sáray besuchte Karl Schwarcz auch in seinem Dorf. Wie es damals Brauch war, gewährte Karl Schwarcz Sáray großzügig bemessene Bezüge. Er bezahlte ihm jedes Jahr ein paar Goldstücke und ließ ihm Säcke feinsten Weizenmehls zukommen, Krüge voller Gänsefett, und an Weihnachten gab es eine große Gans. Er wurde sogar Pate von Sárays ältestem Sohn. Nachdem Sáray an die Spitze der Gruppe gerückt war, nahm er eine Einladung nach Budapest an, und als der Erste Weltkrieg begann, spielte er in den besten Hotels der Hauptstadt und war im ganzen Reich zu einer Berühmtheit geworden.

Er war schon über siebzig, sein Rücken war gebeugt und sein Haar weiß, als Shumi ihn Kaffee schlürfend im Aranybika – dem «Goldenen Stier» – erspähte, damals wie heute das führende Restaurant und Hotel in Debrecen, in das die Schwarcz-Familie zog, nachdem sie ihr gesamtes Land verloren hatte. Sáray sagte, er könne es sich nicht vergeben, daß er nicht an der Beerdigung von Karl Schwarcz teilgenommen hatte. Aber er wurde nicht davon in Kenntnis gesetzt, so sagte er, und selbst wenn ihm jemand ein Telegramm geschickt hätte, hätte er drei Tage gebraucht, um von Budapest nach Gyulaj zu reisen, zu lange, um noch rechtzeitig zur Beerdigung anzukommen. Sáray fragte, ob er der Witwe seine Aufwartung machen könne. Shumi antwortete, er sei sicher, sie wäre entzückt darüber. Sáray ergriff seine Geige, die auf dem nächsten Stuhl lag, und indem er sich auf Shumi stützte, ging er auf das Haus zu, das etwa drei Blocks entfernt war.

Großmutter Róza umarmte den alten Zigeuner und bot ihm den Ehrenplatz in ihrem Haus an, einen alten Lehnstuhl, auf dem ihr Mann am liebsten gesessen hatte. Sáray sagte, er fühle sich geehrt, und er schien die Enge des Zimmers und die eingeschränkten Verhältnisse der einst wohlhabenden Familie nicht zu bemerken. «Er hatte eine so sanfte, einschmeichelnde Art», sagte Onkel Shumi zu mir. «Er war ein Illusionist, ein Taschenspieler, ein Zauberer. Wenn er sich mit uns unterhielt, dann war es, als ob wir noch immer auf unserem Gut lebten, als ob die Welt noch heil wäre.»

Dann erblickte Sáray das eingerahmte Foto von Karl Schwarcz an der Wand. Er stand auf, nahm seine Geige aus dem Kasten, postierte sich vor dem Bild und hub an, Karl Schwarczs Lieblingslied zu spielen: «Vergangen sind die goldenen Blätter der zitternden Espen». In dem Lied geht es um zwei Botschaften. Die erste ist auf ein verwelktes Herbstblatt geschrieben und sagt einem Geliebten Lebewohl. Die andere Botschaft, eine Antwort auf die erste, steht auf einem neuen, im Frühling frisch ausgetriebenen Blatt und lautet: «Gott sei mit dir, meine Liebe, ich werde zu Grabe getragen.»

«Meine unvergeßliche Mutter weinte, an die Kommode gelehnt», entsinnt sich Shumi in seinen Memoiren. «Meine glücklose Schwester Elza schluchzte am Fenster, und ich stand, tiefbewegt, hinter Sáray. Ich beobachtete diesen eleganten Zigeuner, der wie in Trance eine Melodie spielte, zunächst ganz sanft nur mit dem Bogen, dann zupfte er mit den Fingern, sehr langsam und bedächtig, die Saiten. Das Lied endete unvermittelt in einem für Zigeunerweisen typischen Fortissimo, und er stellte seinen Bogen ab.

«Er nahm sein weißes Taschentuch heraus und wischte sich die Tränen ab. Mit zitternder Stimme entschuldigte er sich für die Traurigkeit, die er verursacht hatte. Für Rücksichtslosigkeit gebe es zwar keine Entschuldigung, doch dieses Lied war sein Abschiedslied für den Freund seiner Jugend.

«Mit einer sanften Handbewegung lehnte er mein Angebot, ihn ins Hotel zurückzubegleiten, ab. Er legte seine Geige in den Kasten zurück und verließ ohne ein weiteres Wort gebeugten Hauptes das Haus.»

Im Laufe der Jahre habe ich mir angewöhnt, in schlimmen Lagen wie auch in glücklichen Momenten aus einer Schublade die Uhr meines Großvaters hervorzuholen. Dann weide ich meine Augen an der Schönschrift des eingeprägten Monogramms, ein kunstvoll verschlungenes K und S, umrahmt von einem endlosen Schlingenmuster, das an dem abgerundeten Rand ausläuft. Ich spüre das Gewicht der Uhr, ihre Gediegenheit. Ich ziehe sie auf und höre, wie sie tickt. Ihr Klang ist klar und zuversichtlich. Ich drücke auf den Knopf, der den Deckel aufspringen läßt und ein emailliertes, weißes Zifferblatt mit schlanken römischen Zahlen in Schwarz enthüllt. Ich denke an die Zeit, in der sie angefertigt wurde: 1889. Mein Großvater war achtundzwanzig und noch nicht verheiratet, Franz Joseph war siebenundfünfzig, und Franz Ferdinand war der nächste in der Thronfolge.

Die Uhr geht vollkommen genau.

Großmutter Róza als junge Frau

8.
Großmutter Rózas Schweigen

... Ruht ihr Arm und ihr Fuß auf Sternenlicht.
Wenn sie irr werden solln sie die Wahrheit sehn,
Wenn sie sinken ins Meer solln sie auferstehen.
Wenn die Liebenden fallen – die Liebe fällt nicht;
Und dem Tod soll kein Reich mehr bleiben.

Dylan Thomas, «Und dem Tod soll kein Reich mehr bleiben»

Im Haus meiner Großeltern in Gyulaj hatte Großmutter Róza den Vorsitz bei Tisch, und auf jedem Familienfoto stand sie im Vordergrund. So weit ging Großvater Karl in seinem Bemühen, ihr jeden Wunsch von den Augen abzulesen, daß er sich über die äußerlichen Formen ihrer ansonsten patriarchalischen Welt hinwegsetzte. Für ihren Mann, für ihre Kinder und sogar für ihre Enkel war sie die Seele der Familie.

Onkel Anti sagt, seine Mutter sei «aus einer anderen Zeit und aus einer anderen Welt» gewesen. Beide gehören der Vergangenheit an, und Menschen wie sie sind ein für allemal verschwunden. Niemals erhob sie ihre Stimme. Niemals entschlüpfte ihr ein hartes Wort – weder uns Kindern gegenüber noch zu sonst jemandem. Sie brachte es nicht fertig, uns zu schimpfen, wenn wir etwas Unrechtes getan hatten. Es gab weder schreckliche Warnungen, bevor wir etwas anstellten, noch Vorwürfe danach. Obwohl wir ihr reichlich Kummer bereiteten. Reichlich. Sie lebte für die Familie, für uns, nicht für sich selbst.»

Ihr hebräischer Name war Rachel, und die Versuchung ist groß, sie mit dieser biblischen Mutterfigur zu vergleichen, dieser Schäferin, die sich das Herz ihres zukünftigen Mannes eroberte, weil sie so liebevoll ihre Schafe hütete. «Eine Frau von vollkommener Freundlichkeit», so schildert Agi Békés sie, eine meiner Cousinen.

«Sie ist die *shekina* unserer Familie», sagt mein Cousin Levente Thury, und er suchte mit diesem hebräischen Wort auszudrücken, daß ihre bloße Gegenwart sich wie ein heiliges Leuchten über einen Menschen, eine Gruppe oder einen Ort legte. (Theologisch gesehen bedeutet *shekina* die Immanenz Gottes.) Levente war drei Jahre alt, als er unsere Großmutter zum letztenmal sah, und sein Vater, der ebenfalls Levente hieß, war der erste Christ, der in die Schwarcz-Familie einheiratete. «Sie lieferte die Formen, in denen unsere Eltern, unsere Onkel und Tanten und schließlich wir selbst Gestalt annahmen», so sieht es mein Cousin Levente, ein Bildhauer in Budapest. «Sie schuf auch die Grammatik, in der unsere wertvollsten Ideen Ausdruck fanden. Die Formen und die Grammatik zusammengenommen machten uns zu einer Familie, zu einer ganz bestimmten Familie. Was sie uns vermittelte, war unsichtbar und unhörbar, und doch wären wir in Ermangelung dieser Gaben ohne Form und Sprache geblieben.»

Róza Kaufmann, eine Frau, die selten sprach, aber ihre Worte immer mit Bedacht wählte, war anmutig, zart und weltentrückt. Hebammen und andere weise Frauen priesen die Verbindung mit dem erdverhafteten, redseligen und überströmenden Ehemann Karl Schwarcz.

Sie liebte es, abends im Hof zu sitzen und die Sternbilder am Himmel zu verfolgen. Er liebte es, am frühen Morgen über die Felder zu ziehen und den Stand des Getreides zu beobachten. Während er im Erdboden verwurzelt schien, wirkte sie, selbst in ihrem eigenen Haus, wie ein Gast, wie ein Besucher, der nur eben vorbeikommt.

Ihr Gesicht war oval, seines rund. Ihre Nase war schmal und glich der eines Adlers, seine war dick und gerade. Sie hatte eine Fülle schwarzen Haars und einen in die Stirn gezogenen Haarwirbel. Seine Haare verliefen in einer abgerundeten Kurve um den Vorderkopf, bis er schon Anfang der Dreißig kahl wurde. Sie war schlank und drahtig, er eher stämmig. Sie hatte grüne Augen, er dunkelbraune. Zwar mischten sich ihre Gene, doch es bürgerte sich ein, ihre Nachkommen entweder als Kaufmann oder als Schwarcz zu klassifizieren. Während ihre älteste Tochter Elza eine Kaufmann war, gehörten alle anderen Kinder zum Schwarczschen Zweig, und dieser blieb auch in den nächsten zwei Generationen dominant.

Nachdem ihr Mann gestorben, der Familiensitz versteigert und sie selbst in ein Mietshaus in Debrecen umgezogen war, fanden ihre Kinder und andere Familienangehörige sie oftmals still vor sich hin weinend, während sie ein Buch las, an einem Spitzenbesatz arbeitete oder einfach nur im Sessel saß, allein in einem Zimmer grübelnd. Da sie auf eine von Nonnen geführte Schule für höhere Töchter gegangen war – was unter wohlhabenden Juden, die zwar Traditionalisten waren, ihren Töchtern jedoch eine bessere weltliche Ausbildung zukommen lassen wollten, nicht eben selten der Fall war –, hatte sie die Gedichte Goethes, Schillers und Heines schätzen gelernt. Zugleich war sie eine fromme Jüdin, die jeden Tag betete, besonders für ihre Kinder.

Sie war immer von den Problemen des Alltagslebens abgeschirmt worden, zunächst von ihren Eltern, die bei ihrer Geburt schon älter waren, dann von ihren drei von Tatendrang und Ehrgeiz erfüllten älteren Brüdern, die ihre einzige Schwester abgöttisch liebten und sie in ihrer zarten Weiblichkeit behüteten, später von ihrem Mann, der die ganzen fünfundzwanzig Jahre ihres gemeinsamen Lebens über in sie verliebt war und es nicht über sich brachte, ihr schlechte Nachrichten zu bringen, und schließlich von ihren Kindern, die sich größte Mühe gaben, die Schattenseiten des Lebens vor ihr zu verbergen. Offiziell war sie für den Haushalt zuständig, doch tatsächlich wurde ihr alles abgenommen, ein Minimum an Nachfragen genügte, denn jeder wußte, was sie wollte und wie sie es wollte.

Als sie 1895 Karl Schwarcz, einen Landbesitzer in Gyulaj heiratete, war sie dreiundzwanzig Jahre alt und hatte keinerlei Erfahrung in der Führung eines Haushalts. Auch sie war in einem Dorf zur Welt gekommen, in Töketerebes, aber als sie noch klein war, zogen ihre Eltern in die kleine Stadt Ungvár, die heute zu Rußland gehört und Užgorod heißt, wo sie aufwuchs. In Gyulaj sah sie sich plötzlich mit der Führung eines riesigen Haushalts konfrontiert, in dem Dutzende von Bediensteten saubermachten und kochten und wuschen, Feuer in der Küche und in den Kachelöfen im Speisesaal und in den Schlafzimmern machten und sich um die Pferde, das Vieh und das Geflügel kümmerten.

Da Gyulaj nahe bei Derzs lag, wo das Haus der Vorväter ihres Mannes in eine Synagoge umgewandelt worden war, und wegen der Gastfreundschaft und Beliebtheit ihres Mannes kam die Schwarcz-Familie gewöhnlich in Gyulaj zusammen. Auch die Todestage der Eltern wurden, mit mehr als hundert Gästen, im Haus in Gyulaj begangen: Es kamen die Familien der sieben Söhne und der Tochter, die das Kaddisch, das Totengebet, sprachen; andere Verwandte, die ihnen die letzte Ehre erwiesen; Rabbis, die zu Ehren der entschwundenen Seelen über den Talmud diskutierten. Und schließlich kamen noch Dutzende armer Juden aus dem ganzen Bezirk, denen dasselbe üppige Mahl vorgesetzt wurde, die jedoch in der drangvollen Enge des Speisesaals keinen Platz mehr fanden. Sie aßen an einem langen Tisch im Hof und hörten durch die geöffneten Fenster den Rabbis zu, die im Speisezimmer saßen. Die Armen wie die Rabbis zogen am nächsten Abend mit Umschlägen voller Geldscheine von dannen, welche die Schwarcz-Brüder in Gedenken an ihren Vater oder ihre Mutter verteilt hatten.

Wo auch immer Großmutter Róza in Gyulaj ihre Füße hinsetzte, sah sie Scharen großer, plumper, schneeweißer Gänse. Solange man sie in Ruhe ließ, bewegten sie sich mit der Würde alter Bauersfrauen, störte man sie jedoch, dann wurden sie aufgebracht, gackerten wie die Hühner und zischten wie Schlangen. Sie zogen durch die Straßen, stöberten in Gräben voller Würmer und Unkraut nach Futter und schwammen auf den Wasserläufen, die von der letzten Überschwemmung der Theiß zurückgeblieben waren. Im Gegensatz zu ihren wilden Verwandten können Hausgänse nur wenige Meter weit fliegen, bevor ihr eigenes Gewicht sie wieder zu Boden zieht.

Gänse waren schon etwa vier Jahrhunderte früher das ungarische Hausgeflügel par excellence geworden. Ihre Verbreitung hatten sie den Aufkäufern zu verdanken, die die Truppen des türkischen Sultans mit Lebensmitteln versorgten und dabei auf andere Tiere als Schweine zurückgreifen mußten, welche für Moslems wie für Juden

Róza und Karl Schwarcz auf Urlaub zu Beginn des Jahrhunderts

gleichermaßen verboten sind. Die Lieferanten bewogen auch die Bauern dazu, Mais, das Lieblingsgetreide der Gänse, anzupflanzen, diesen wunderbar ertragreichen Import aus der Neuen Welt. Sei es, weil einige Lieferanten des Sultans Juden waren oder weil die ungarischen Juden eine Vorliebe für Gänsebraten entwickelten – die Gans wurde in Ungarn zum Inbegriff des jüdischen Vogels, und bis in unsere Zeit ist das Wort *libá*, mit dem man eine Person, die Gänse züchtet oder verkauft, bezeichnet, ein Beiwort für einen Juden.

Auf dem Gutshof der Schwarczens wurden nicht weniger als zweitausend Gänse gehalten, die den Hauptbedarf an Fleisch deckten und vielen Ungarn als das schmackhafteste Fleisch galten: Es war von fester Beschaffenheit, wunderbar kroß nach dem Braten und paßte zu einer Vielzahl von Gewürzen. Zudem lieferten die Gänse das Fett zum Kochen, gebrochen weiß und mit einer Konsistenz wie Schnee, das in Metallbehältern von der Größe eines kleinen Fasses mit hellblauer Glasur in der Vorratskammer aufbewahrt wurde. Da eine durchschnittliche Gans soviel Fett lieferte wie zwanzig, ja dreißig Hennen, erwies sich ihre Wahl zum Hauptgeflügel als weise Entscheidung, und es war allseits anerkannt, daß ihr Fett das der Hühner geschmacklich bei weitem übertraf.

Ein weiteres begehrtes Gänseprodukt waren die Daunen, die so duftig wie Rauchwölkchen und auch fast ebenso leicht waren, und doch mehr wärmten als Schafwolle oder Fuchspelze. Nachdem sie gewaschen und in der Sonne getrocknet waren, wurden die riesigen Wolken weißer Gänsedaunen in Kissen und Bettdecken gestopft, und kein junges Dorfmädchen hätte an Heirat gedacht, bevor es nicht genug Daunen für das Hochzeitsbett und das Gästezimmer zusammengebracht hatte. Meine Mutter Anna hat noch heute Kissen, die mit Daunen aus Gyulaj gefüllt sind, eingenäht in Satinhüllen, die nur wenige Male ersetzt wurden.

Doch die Krönung des Gänsegeschäfts und der Stolz des Schwarczschen Guts war die Gänseleber, *le foie gras*, die bei den Franzosen, einer Nation von Gänselebersüchtigen, als die geschmackvollste auf der ganzen Welt galt und in Ungarn als erlesene Delikatesse angesehen wurde, insbesondere unter den Juden.

Gänse waren vor allem eine Wintermahlzeit, sie wärmten Leib und

Seele, wie kein anderes Fleisch es vermochte. Sobald das erste Eis auf den Straßen erschien, schickte man vom Schwarczschen Hof Pferdewagen aus, die Verwandten und Freunden, ausgewählten Rabbis, Bezirksbeamten und Geschäftsfreunden Gänseleber überbrachten. Jede Portion war in einem Glasbehälter verschlossen, sorgfältig in weißes Leinen eingewickelt und zum Schutz in einen Weidenkorb verpackt. Jede Gänseleber, außen von der Farbe einer dunkel gebackenen Brotkruste, innen wie ein Roggenbrot, war mit dem Fett, in dem sie gebraten worden war, überzogen. Sie mußte einen köstlichen Geruch verströmen und durfte kaum fester als Butter sein. Was die Größe anging, so war eine Leber um so begehrter, je größer sie war – und um so großartiger stand das Haus da, das sie hervorgebracht hatte.

Die erfahrungsgemäß bewährteste Methode, um eine große und wohlschmeckende Leber zu erzielen, bestand darin, die Gans so sehr mit Mais zu überfüttern, daß ihre Leber sich vergrößerte, eine Schutzreaktionen, die schon bald zur Krankheit wird. Das Stopfen wurde von Bauersfrauen besorgt, die zu zweit oder zu dritt auf Holzbänken vor ihren Häusern saßen. Während sie miteinander plauderten, hielt jede Frau mit einem Arm eine Gans fest, die mit allen Mitteln versuchte, zu entfliehen, und stopfte mit dem anderen Arm unablässig Mais in den langen Hals der Gans hinein.

Großmutter Róza war außer sich. Die Gans ist ein schönes Tier und verdient bessere Behandlung, so dachte sie. Für sie kam eine Schar wilder Gänse, die in einem vollkommenen «V» zum Himmel aufstieg, einer Ode gleich, in der der Übergang von einer Welt in die andere besungen wurde. Sie sagte ihrem Mann, daß das Gänsestopfen eine Grausamkeit sei und daß der Anblick von Frauen aus dem Dorf, die den Gänsen Fäuste voll Mais in den Hals rammten, abstoßend und abscheulich sei. Kurz gesagt, sie konnte es nicht ertragen, daß irgend jemand in ihrem Haushalt so roh mit den Gänsen umging.

Auch mein Großvater mochte Gänse – er liebte alle Tiere –, aber der Anblick gestopfter Gänse war ihm zeit seines Lebens vertraut, und es wäre ihm nie in den Sinn gekommen, darin eine Grausamkeit zu sehen. Zudem machte er sich Sorgen, was die Empfänger seiner Gänseleber wohl sagen würden, wenn sie eine kleine und möglicherweise weniger schmackhafte Leber kosten würden. Schließlich mußte er auf seinen Ruf achten, und es wäre beschämend für das Haus von Róza und Karl Schwarcz, wenn sie von nun an nur noch minderwertige Gänseleber produzieren würden.

Mit Tränen in den Augen verlieh Großmutter Róza ihrer in diesem Moment erst geborenen Überzeugung Ausdruck, daß die Leber auch ohne Stopfen genauso groß und geschmackvoll sein würde.

Ihr Mann hatte seine Zweifel daran, ebenso wie die Dorffrauen, die für die Arbeit mit den Gänsen bezahlt wurden und bei der Vorstellung, ihren Vorwand für all die angenehmen Plauderstunden zu verlieren, nicht sehr glücklich waren. Doch der Gutsherr ging auf die Vorhaltungen seiner Braut ein, und von nun an wurde ihr Wort Gesetz. Im Sommer und Herbst des Jahres 1895 wurde keine einzige Gans auf dem Gut der Schwarczens gestopft. Der Winter kam, und als die Gänse geschlachtet wurden, trauten die Leute kaum ihren Augen und ihrem Gaumen: Die Lebern waren etwas kleiner, aber genauso schmackhaft wie zuvor, und die Leute führten das auf ein Wunder zurück.

Die Geschichte verbreitete sich schneller im Dorf, als eine Gans hüpfen kann. Einige Dorfbewohner gingen soweit, zu behaupten, daß die Lebern ungestopfter Gänse sogar höherwertig seien. Die neue Herrin beharrte darauf, daß dies nichts mit einem Wunder zu tun habe. Nichts dergleichen. Man mußte die Gänse nur menschlich behandeln, um so gute Ergebnisse zu erzielen, so wie man eben alle Tiere behandeln sollte.

Als Großvater Karl 1920 starb, war Großmutter Róza erst achtundvierzig Jahre alt, und auf ihrem Gesicht lag noch immer dieser ätherische Glanz, durch den sie in ihrer Jugend wie eine jener verträumten, romantischen Frauengestalten gewirkt hatte, die schon Goethe inspiriert hatten. Witwe geworden, lebte sie in Debrecen und trug nur noch Schwarz und Dunkelgrau. Einmal in der Woche besuchte sie des Nachmittags Verwandte, und vor Einbruch der Dunkelheit war sie wieder zu Hause, außer wenn sie in Begleitung ihrer ältesten Tochter Elza in die Synagoge ging oder bei den seltenen Gelegenheiten, wenn ihr Bruder oder eine Nichte sie dazu überredeten, zur Aufführung eines klassischen Dramas ins Theater zu gehen. Obwohl der von allen geschätzte Heiratsvermittler der Familie vorschlug, sie solle sich wieder verheiraten – und ihre Brüder und nahestehende Cousins, ja selbst ihre Kinder stimmten ihm zu –, wollte sie nichts von dieser Idee hören und noch viel weniger gar einen Bewerber in ihr Haus einlassen. Gott hatte ihr den vollkommenen Ehemann gegeben, sagte sie, und niemand könnte ihm je gleichkommen. Sie hatte genug damit zu tun, ihre Kinder – das jüngste war beim Tod des Vaters erst sieben und das älteste zweiundzwanzig – aufzuziehen und zu verheiraten.

Von den dreizehn Kindern, die sie geboren hatte, erreichten sieben, drei Töchter und vier Söhne, das Erwachsenenalter. Ihre Entbindungen waren allesamt schwierig gewesen, und ihre Wehen dauerten oft tagelang an, trotz der Gebete und Amulette des Rabbis von Belz. Für die letzten Geburten zog man einen Spezialisten aus Budapest hinzu, der dem Hausarzt und der Dorfhebamme assistieren sollte.

Traditionsgemäß ist es jüdischen Frauen in den Wehen erlaubt, ja manchmal werden sie sogar dazu ermutigt, zu schreien und zu fluchen. Manche frommen Juden stellen junge Studenten des Rabbinats an, die mit lauter Stimme vor der Tür des Entbindungszimmers beten, um der Mutter geistigen Beistand zu leisten, aber auch um sicherzugehen, daß ihre Flüche und Schwüre, nie wieder ein Kind zu bekommen, Gott nicht zu Ohren kommen, sondern von den Klängen des Gebets übertönt werden. In Großmutter Rózas Fall war das nicht nötig. Sie ertrug ihre Schmerzen lautlos, und sie sagte immer, daß sie sich auf ihr nächstes Kind freue. Ihr Mann schritt entweder vor der Tür auf und ab oder zog, die Psalmen Davids singend, seine Kreise um das Haus.

Obschon Frauen ihres Standes oft Ammen hinzuzogen, bestand sie darauf, ihre Kinder selbst zu stillen. Als ihr jüngster Sohn Bédi mit achtzehn Jahren ins damalige Palästina fortging, machte sie sich Vorwürfe. Sie behauptete, daß Bédis Entschluß, seine Familie und sein Land zu verlassen, daher rührte, daß sie nicht fähig gewesen war, ihn zu stillen, wie sie alle anderen Kinder gestillt hatte.

In seinem Testament und letzten Willen bat Karl Schwarcz seine Kinder, «zuerst und an vorderster Stelle» für das Wohlergehen ihrer

Onkel Levente, der erste Christ, der in die Schwarcz-Familie einheiratete

Mutter zu sorgen. Er fügte hinzu: «Sonst würde es mich nicht im Grab halten.» Seinen ältesten Sohn Shumi ließ er sogar darauf schwören, «obwohl er wußte, daß das nicht nötig war», wie Shumi in seinen Memoiren bemerkte. Die Kinder entsprachen dem Wunsch ihres Vaters. Sie lebten alle bis zur Heirat bei ihr, und dann besuchten sie sie fast täglich, und diejenigen, die nach Budapest zogen, schrieben ihr jede Woche.

Doch das Leben in der Stadt Debrecen war nicht so einfach wie das Leben im Dorf Gyulaj, wo die Schwarcz-Familie einen Clan für sich dargestellt hatte, wo die äußere Welt nur bis an die Türschwelle reichte und wo manche Gäste als Heiratskandidaten in Frage kamen, während das bei anderen entschieden nicht der Fall war. In Debrecen waren die Kinder der Schwarcz-Familie Neuankömmlinge ohne sonderlich hohen Sozialstatus. Sie arbeiteten in Büros oder lernten ein Gewerbe, und es war unmöglich, ihren Freundeskreis mit Einschränkungen zu belegen.

Mara, die jüngste Tochter, verliebte sich in Levente, einen Nichtjuden, den Sohn des kalvinistischen Priesters aus dem Dorf Kisar, einige Kilometer von Gyulaj entfernt. Auch Levente hatte mit dem Ziel, Priester zu werden, studiert, war jedoch den Verlockungen des Journalismus erlegen und davon abgekommen. Sie lernten sich in der Zeitungsredaktion kennen, in der Mara sich um die Anzeigen kümmerte und Levente Herausgeber war. Bei mehreren Gelegenheiten versuchte Shumi, seiner Schwester mit strengen Vorhaltungen die Verabredungen mit Levente auszureden, und sein jüngerer Bruder Mishi drohte feierlich, die Ehre seiner Schwester zu verteidigen, indem er Levente zum Duell forderte. Mara hörte nicht auf Shumi, und Levente lächelte und erklärte Mishi, daß er solcherlei Kriegskünste ablehne und jede Art von Militarismus verabscheue.

Großmutter Róza machte keine Versuche, Mara von einer Heirat außerhalb ihres Glaubens abzubringen, doch ihr Schweigen hing so schwer wie die dunkelste Sturmwolke über uns. Mara wußte, was ihre Mutter fühlte – wie hätte es anders sein können? –, aber sie liebte eine sanfte Seele, einen Verfasser nachdenklicher Werke, einen Mann, der so attraktiv wie ein Filmstar war. Konnte irgend etwas anderes da noch zählen?

«Nicht genug damit, daß er ein Christ ist, er wird noch nicht einmal genug zum Leben verdienen», vertraute Großmutter Róza einem Cousin an. «Journalisten verdienen wenig und verlieren ständig ihre Stelle.»

«Mach dir keine Sorgen», sagte der Cousin, «er kann ja immer noch wieder Priester werden.»

Die Hochzeit fand statt – es war nur eine standesamtliche Feier –, und der neue Schwiegersohn versicherte seiner Schwiegermutter, daß ihre Tochter Jüdin bleiben werde und daß er sich darauf freue, wenn seine Frau am Freitag Lichterkerzen entzünde. Er sei dafür, jeden Feiertag einer jeden Religion zu begehen und fände jedes heilige Buch erbaulich, besonders aber fühle er sich dem Judentum und dem Alten Testament verbunden. Er hatte im Priesterseminar der Kalvinisten Hebräisch studiert und war von der «zauberhaften Schlichtheit» und der «lapidaren Schönheit» der heiligen Sprache fasziniert.

Nachdem Levente und Mara geheiratet hatten, wurde er zur Feier des Pessachfestes in Großmutter Rózas Haus eingeladen. Als ältestem Sohn war es Shumis Aufgabe, die Zeremonie abzuhalten, aber er hatte nach wie vor seine Schwierigkeiten mit dem hebräischen Text – er war der erste, der zugab, daß die Jahre des Hebräischstudiums an ihn vergeudet waren. Levente fragte, ob er einen Teil lesen könne, und er machte das so gut, daß man ihn bat, die Zeremonie zu Ende zu führen – in der des Auszugs Israels aus Ägypten gedacht wurde –, was er mit Geschick und Feingefühl tat.

Als 1941 der kleine Levente geboren wurde, verkündete Großmutter Róza in aller Ruhe den Angehörigen, die dem Christen in der Familie gegenüber ihre Distanz wahrten, daß sie ihren Schwiegersohn liebte wie ein eigenes Kind.

Als Herausgeber eines Lokalblatts namens *Független Ujság*, Unabhängige Nachrichten, war Levente in der nichtkommunistischen, stark antinazistischen Linken aktiv. Er war einer der ersten in Debrecen, der Geschichten über die Vernichtungslager der Nazis hörte, aber nur wenige Leute schenkten dem Gerücht Glauben. Levente sah sich einer einmütigen und unumstößlichen Familienüberzeugung gegenüber: So etwas war schlechterdings unmöglich.

Onkel Levente gehörte zu den ersten, den die Deutschen nach ihrem Einmarsch in Ungarn am 19. März 1944 verhafteten. Er überlebte die Verhöre der Gestapo und nahm nach seiner Freilassung an der Widerstandsbewegung teil. In den drei Jahren der Nachkriegsdemokratie war er als Journalist tätig und politisch in der links von der Mitte stehenden Bauernpartei aktiv, der bis zu ihrer Auflösung durch die Kommunisten größten politischen Organisation des Landes.

Nach dem Zweiten Weltkrieg schrieb der jüngste Bruder Bédi, der zu diesem Zeitpunkt in einem Kibbuz in Palästina lebte, an die Familie und drängte sie, doch auch dorthin zu übersiedeln. Doch der einzige, dem diese Idee zusagte, war Levente. Er schrieb seinem Schwager einen langen Brief, in dem er ihm mitteilte, wie sehr ihn die Aussicht, im Land der Bibel, in einem neuerstandenen jüdischen Staat, zu leben, erregte. Doch seine Frau Mara und ihr Bruder Mishi wollten nichts davon hören, Ungarn zu verlassen, meine Eltern schreckten vor einem neuen Leben zurück, der jüngere Bruder meiner Mutter, Anti, war noch immer als Kriegsgefangener in Rußland, und Shumi erklärte, er würde nur dann weggehen, wenn sich die Mehrheit für einen Exodus entschied. Schließlich und endlich gingen nur etwa zehn Cousins außer Landes.

Unter dem stalinistischen Regime konnte Onkel Levente seine Artikel nicht mehr veröffentlichen. Er stand auf der schwarzen Liste, und die Geheimpolizei hielt ihn unter Beobachtung und bestellte ihn jeden Monat zu einem Verhör ein. Um sich Ärger zu ersparen und seine Freunde nicht auch hineinzuziehen, brach er schließlich alle Kontakte außerhalb der Familie ab. Während des Aufstands von 1956 nahm er wieder Verbindung zu seinen alten Freunden auf, doch die Tage der Freiheit waren zu kurz, um eine Zeitung zu lancieren. 1958, er war erst dreiundsechzig, erkrankte er schwer. Die Zeit, die er im Gewahrsam der Geheimpolizei zweier Diktaturen verbracht hatte, hatte seinen Körper zerbrochen, jetzt aber war es sein Geist, der aufgab. Er schien mit einem Schlag alles Interesse am Leben verloren zu haben. Die Ärzte sagten, sein Herz und seine Lunge seien zwar geschwächt, würden jedoch noch funktionieren, wenn er nur den Willen zum Leben hätte.

Als er sein Ende nahen fühlte, bat er darum, sich von jedem Familienmitglied verabschieden zu können. Er meinte damit die Schwarcz-Familie. Seine Eltern waren schon lange tot, er war ihr einziges Kind gewesen und hatte keine Verwandten in Budapest. Einer nach dem anderen suchte ihn in seinem Krankenhauszimmer auf, und für jeden Verwandten hatte er ein freundliches Wort. Wenige Stunden vor seinem Tod bat er seine Schwager Shumi und Mishi, seine besten Freunde, seine Hände zu halten und das Kaddisch für ihn zu sprechen, das hebräische Totengebet. Großmutter Róza schickte immerzu Geschenke. In den letzten vierundzwanzig Jahren ihres Lebens konnte sie sich nur noch kleine Aufmerksamkeiten leisten, aber sie hielt an ihren Geschenken fest. Es war eine Gewohnheit, die sie weder aufgeben konnte noch wollte.

Das letzte Geschenk, das meine Mutter Anna von ihr erhielt, kam aus dem Ghetto von Debrecen, wo die Besatzer die Juden interniert hatten, damit ihre bevorstehende Deportation reibungslos bewerkstelligt werden konnte. Der Überbringer sagte, daß es Großmutter Róza zufolge dazu dienen solle, den Kopf ihrer Tochter zu bedecken und warm zu halten. Es war ein Kopftuch, ein knapp fünfzig Zentimeter großes, quadratisches Stück dünnen Baumwollstoffs, in zweierlei Beigetönen, mit einer bescheidenen Zeichnung stilisierter Blumen vor einem Wellenmuster als Hintergrund. Was meiner Mutter nahezu fünfzig Jahre lang ein Rätsel blieb, war der Umstand, daß das Kopftuch einen langen Riß hatte und daß eine handtellergroße Ecke davon abgerissen war. Es ist ihr nie gelungen zu entschlüsseln, warum ihre Mutter ihr ein so übel zugerichtetes Geschenk zukommen ließ.

Beim Anblick des Kopftuchs, das meine Mutter wie einen Schatz aufbewahrt hat, muß ich an meinen Großvater Karl denken, der es sich in einem goldenen Zeitalter, das uns heute ferner zu sein scheint als alle Himmel, leisten konnte, seinen Ländereien die Form vollkommener Quadrate zu verleihen, und der darauf bestehen konnte, daß eine angeschlagene oder gesprungene Tasse oder ein Teller sofort weggeworfen wurde.

Als ich meine Großmutter Róza zum letztenmal sah, war sie einundsiebzig, und ich war sechs, doch auf mich wirkte sie viel älter, so alt wie die Rabbis längstvergangener Zeiten, von denen die Geschichten handelten, die sie mir beim Zubettgehen erzählte – und genauso wie jene schien sie dem Todesengel zu trotzen. Wenn ich das Wort gekannt hätte, hätte ich sie unsterblich genannt.

Jahrelang weigerte ich mich zu glauben, daß ihr Leben in den Gaskammern von Auschwitz geendet hatte. «Aber wie könnt ihr sicher sein, daß sie tot ist?» fragte ich immer wieder meine Mutter. «Es ist doch nicht eindeutig erwiesen. Vielleicht lebt sie noch irgendwo. Sie muß noch leben.» Niemand in der Familie widersprach mir; meine Ausbrüche wurden nur mit Seufzen beantwortet. Noch an mehreren Geburtstagen nach 1944 erhielt ich Geschenke, immer mit einem Grußwort, das Großmutter Róza unterschrieben hatte, in der vertrauten Schrift meiner Mutter.

Nach dem Zusammenbruch des Naziregimes 1945 repatriierten die Alliierten die Überlebenden der Konzentrationslager. Ungarische Juden wurden zunächst nach Budapest gebracht, wo sie in einem an eine Gruft gemahnenden alten Gebäude in der Nähe des Stadtzentrums erst einmal mit Nahrung und Kleidung versorgt wurden und eine Nachricht hinterließen, wie Angehörige und Freunde sie finden konnten. Zwei- oder dreimal in der Woche nahmen meine Mutter und ich die Straßenbahn in den Stadtteil Pest, um uns in das staubgraue Gebäude zu begeben. Wir bahnten uns mit den Ellbogen unseren Weg durch die wogende Menschenmenge, in der viele Menschen Fotografien in den Händen hielten und die Namen derer, nach denen sie Ausschau hielten, wiederholten. Jeder suchte nach bestimmten Gesichtern und stellte Fragen an Fremde, wie zum Beispiel: «In welchem Lager waren Sie?» Wenn gelegentlich Angehörige oder Freunde übereinanderstolperten, kamen noch Ausrufe und Schluchzen zu dem Getöse hinzu, die anderen versuchten einen Blick auf die glücklich Wiedervereinten zu erhaschen, und manch einer fragte sich laut, ob auch ihm ein solches Glück zuteil werden würde.

Der erste Ort in diesem Gebäude, den alle aufsuchten, war eine Anschlagtafel, auf der stand: «Wer weiß etwas über ihn oder sie?» Dort schlugen die Leute Listen mit den Namen vermißter Verwandter an, in der Hoffnung, irgend jemand würde in wenigen Worten etwas wie: «Ich habe ihn nach der Befreiung gesehen» draufkritzeln. Meine Mutter hängte eine kurze Liste auf, angefangen mit ihrer Mutter, der etwa ein Dutzend weitere Namen folgten, alle mit Rufnamen, Alter, einer Kurzbeschreibung und der letzten Adresse versehen.

Nachdem meine Mutter Leute vom Transportzug meiner Großmutter ausfindig gemacht hatte, die uns von ihrem Ende berichteten, setzten wir die Suche noch eine Woche fort. Meine Mutter brachte es nicht fertig, den Augenzeugen Glauben zu schenken, zu denen schließlich auch Clara, die Frau ihres Bruders Anti, hinzukam. Außerdem gab es noch andere Verwandte, nach denen gesucht werden mußte. Fast das ganze Jahr 1945 über begaben wir uns mindestens einmal im Monat in das graue Gebäude.

Dann gab meine Mutter auf.

1988, als mein Onkel Shumi in einem Budapester Krankenhaus im Sterben lag, war sein letzter Wunsch, seine Schwägerin Clara möge noch einmal vom Transport seiner Mutter nach Auschwitz Ende Juni 1944 erzählen.

Sie saß in einer Ecke des Zugs, sagte Tante Clara, und Shumis fünf Jahre alte Tochter Kati saß auf ihrem Schoß. Während der drei Tage dauernden Zugfahrt sprach sie nur zu ihrer Enkeltochter – und ihre Worte waren «beruhigend». Andere Leute beteten, weinten, schrien, wurden verrückt oder stritten sich darüber, wer als erster aus dem Eimer Wasser trinken konnte, den sie täglich erhielten, oder über die Benutzung des anderen Eimers, der ihnen gegeben wurde. Sie schwieg. Bei der Ankunft in Auschwitz wurde sie sofort auf die linke Seite geschickt, zur Gaskammer. Ihre Tochter Elza, entschlossen, sie nicht zu verlassen, folgte ihr, obwohl sie auf die rechte Seite, zu den Arbeitsfähigen, gehen sollte. Ihre Enkelin Kati wurde ebenfalls auf die linke Seite geschickt, doch da ihre Mutter Agnes sie nicht alleine lassen wollte, gingen sie zusammen in die Gaskammer.

«Plötzlich stand ich ganz allein auf der Welt», sagte Tante Clara, damals Anfang Zwanzig, die in eine Munitionsfabrik geschickt wurde.

In unserer Familie werden die Todestage unserer Eltern und Großeltern nicht mehr begangen. Die Gedenkfeier wurde aus dem Kalender gestrichen, nachdem Großmutter Róza uns verlassen hatte.

Irgendwann im Jahr 1944, ungefähr zur selben Zeit, als meine Großmutter gezwungen wurde, in ein mit Stacheldraht eingefaßtes, von der Polizei bewachtes Ghetto zu ziehen, hatte meine Mutter Gott einen Handel angeboten: Sie würde die jüdischen Gesetze nur dann weiterhin befolgen, wenn ihre Mutter den Krieg überlebte. Nachdem meine Großmutter Róza nicht aus Auschwitz zurückkehrte, hörte meine Mutter auf zu beten und erklärte die Vorschriften über koscheres Essen für nichtig. Mein Vater Aladár, der sich nie daran gehalten hatte, tat es ihr gleich, und mit ihm der Rest der Familie.

Niemand konnte Großmutter Rózas Stelle einnehmen, und niemand versuchte es. Wir, ihre Kinder und Enkel, leben im Schatten ihrer Erinnerung. Wir erinnern uns daran, wie sie im Hof ihres Hauses in Debrecen in ihrem Lieblingssessel – aus gebogenem Holz mit einer geflochtenen Sitzfläche – saß und die Gänseblümchen, die Rosen und den Flieder betrachtete, während sie auf die Rückkehr ihrer Kinder wartete. Oder wir erinnern uns daran, wie sie ein Buch oder eine Spitzenstickerei auf der Stelle fallen ließ, wenn ein Enkelkind nach ihr rief oder auf ihrem Schoß sitzen wollte.

Wir erzählen Geschichten über unsere Toten. Was wären wir, wenn wir nicht die Liste all der Angehörigen aufrufen würden, die verbrannt, gehängt oder erschossen wurden? Jedes Mal, wenn meine Frau ein Kind gebar, hörte ich die Toten flüstern: «Alles wird gut werden.» Noch Jahre später hatte ich das Gefühl, es wäre meine Großmutter, die meinen Söhnen bei ihrer Bar-Mizwa vorsagte.

Doch im Fall meiner Großmutter Róza gibt es keine prototypische Geschichte, an die unsere Erinnerung sich klammern könnte. Ihre Kinder wiederholen immer nur *Anyukám* – das heißt «meine Mutter» –, und mein Cousin Levente und ich sagen *Omama* – ein Wiener Kosewort für Großmutter –, so wollte sie gerne von uns genannt werden. Dann folgt eine Pause, das Äquivalent von drei Pünktchen, ein unbeschriebenes Blatt oder ein Block unbehauenen Marmors.

Großonkel Jankev 1918 mit seinem Enkel Sándor. Zwei Jahre später vermachte Jankev in seinem Testament Sándor eine seiner Talmudausgaben. Sándor wurde 1944 in Auschwitz ermordet.

9. Ein Mann von vollendeter Frömmigkeit

...Ganz aus Phantasie gemacht zu sein,
ganz gemacht aus Leidenschaft und ganz gemacht aus Wünschen,
ganz Anbetung, Pflicht und Achtung,
ganz Demut, ganz Geduld und Ungeduld,
ganz Reinheit, ganz Erprobung, ganz Achtung.

SHAKESPEARE, «Wie es euch gefällt»

Mein ganzes Leben lang habe ich nach ihm gesucht: dem guten Bruder. Immer zur Stelle, wenn man nach ihm ruft, niemals müde, niemals gelangweilt. Liebevoll und klug. Ein weiser Ratgeber der Seele und ein Mann für praktische Probleme. Ein Mann der Tat, der auch zuhören kann und die richtigen Worte findet, wenn Taten fehl am Platze sind. Und wenn alles schiefgeht, dann singt er mit einer lieblichen Stimme, die alle Schmerzen betäubt und Kummer und Sorgen vertreibt.

Mein Großvater Karl hatte das Glück, in dem fünf Jahre älteren Jankev, unverkennbar sein Lieblingsbruder unter seinen sechs Brüdern, einen solchen Bruder zu besitzen, so wie auch Karl Jankevs Lieblingsbruder war. Mein Großvater blickte auf zu Jankev, den er für den besseren Landverwalter und für einen echten Künstler im Austeilen von Wohltaten hielt. Jankev unterstützte meinen Großvater bei seinen vielen Unternehmungen, wenngleich niemand sich entsinnen kann, daß Jankev jemals auf die Hilfe meines Großvaters angewiesen war. Es gab kein Problem, über das sie nicht miteinander gesprochen hätten.

Die zwei Brüder gründeten in fünfzehn Kilometer auseinanderliegenden Dörfern ihren Hausstand. Oft unternahmen sie gemeinsame Reisen, besonders nach Deutschland, wo sie ihrer gemeinsamen Leidenschaft frönten und über neue, verbesserte Pflanzenkreuzungen diskutierten, die sie dann ebenso wie die neuesten Erfindungen in Sachen landwirtschaftliche Maschinen erwarben. Beide starben 1920, nur wenige Monate nacheinander, und beide an den Folgen ihrer Zuckerkrankheit.

Jankev zeugte zehn Kinder, fünf Jungen und fünf Mädchen. Unter den Scharen von Cousins aus der Generation meiner Mutter und aus meiner eigenen standen uns Jankevs Nachkommen immer am nächsten – und umgekehrt. In den Ferien besuchten mein Großvater und Jankev einander abwechselnd, wobei sie die ganze Familie mitnahmen, und aus der Gesamtsumme ihrer siebzehn Kinder wurde unweigerlich das eine oder andere zurückgelassen oder für ein paar Wochen, manchmal waren es Monate, hin und wieder sogar ein ganzes Schuljahr, «ausgetauscht». Meine Mutter erinnert sich, daß es in ihrer Kindheit nichts Schöneres gab, als bei Onkel Jankev bleiben oder einige seiner Kinder dabehalten zu dürfen. Einer ihrer jüngeren Brüder, Anti, war der sprichwörtlich schlimme Junge, der zu Hause oftmals mit «Gefängnis» in einer Scheune bestraft wurde, in der die Maschinen aufbewahrt wurden. Er entsinnt sich, daß er im Haus seines Onkels in Vaja immer Purzelbäume und Räder schlagen mußte, und wenn Jankev sie für gut befand, erhielt er einen Pfennig. Am Ende war Anti zu erschöpft und zu sehr von den Pfennigen verführt, um noch etwas anzustellen.

Mein Großvater war im Umgang mit der Außenwelt offen und liberal eingestellt, er glaubte an die Menschen und an sein Glück, am meisten aber vertraute er auf die Vorsehung. Jankev dagegen tendierte zum Konservativismus und zur Vorsicht, er verwandte viel Zeit auf das Kleingedruckte und beharrte auf der buchstabengetreuen Einhaltung von Bedingungen. Im Talmud sind diese beiden Richtungen durch das Haus Hillel und das Haus Schammai repräsentiert, und in der Auseinandersetzung zwischen den Rabbis dieser beiden Häuser soll sich jenes wohldurchdachte, abgewogene Urteil herausbilden, das die *raison d'être* des Talmud ist.

Jankev war der beste Sänger der Familie. Er hatte einen mächtigen, vibrierenden, wohltönenden Baß, der an die Klänge eines Cellos denken ließ, und nach seiner Bar-Mizwa war es immer Jankev, der seine Brüder, leidenschaftlich und fehlerlos, beim Gebet führte. Mein Onkel Shumi erinnert sich an ihn, wie er mit dem großen, weißen Gebetsschal mit silbernen Streifen seinen Kopf bedeckte und wie seine Stimme durch den ganzen Raum schallte. «Ich kann Onkel Jankevs samtige Stimme noch immer hören», sagte mir einer seiner Neffen, Endre, ein halbes Jahrhundert nach Jankevs Tod. «Seine Stimme erhob sich aus der Seele und sie drang in deine Seele ein. Es war eine Stimme, die ich bis zum Tag meines Todes nicht vergessen werde.»

Jankev war unter seinen Brüdern am inbrünstigsten dem Buchstaben und dem Geist des Glaubens verhaftet. Er war auch der am besten ausgebildete Landwirt und eignete sich als erster in der Familie die ausgeklügelten Techniken an, mit denen Weinstöcke behandelt werden mußten.

Eine seiner Enkeltöchter, mit der ich in meiner Kindheit viel zu tun hatte, gab mir einen verblichenen Durchschlag seines Testaments, das er am zwanzigsten Juni 1920, fünf Tage vor seinem Tod, im Alter von vierundsechzig Jahren unterzeichnet hatte. Im ersten Absatz fand sich eine Bemerkung, daß sich an diesem Tag auch der Tod seines zweitältesten Sohnes Andor zum erstenmal jährte. Was Jankev nicht erwähnte, war die Tatsache, daß Andor Hauptmann eines Husarenregiments gewesen war und in einer der letzten Schlachten des Ersten Weltkriegs gefallen war. Offizier in einem Husarenregiment zu werden, auf den Spuren einer tollkühnen, verwegenen ungarischen Militärtradition, deren Ursprünge bis ins Mittelalter zurückreichten, war nicht gerade eine typische Karriere für einen frommen Juden, der mit Debatten über den Talmud großgeworden war. Nichtsdestoweniger war der stämmige Büchernarr Jankev mit seinen ein Meter achtzig stolz auf seinen schneidigen, athletischen Sohn Andor, der fast zwei Meter maß, und wiewohl der Vater seinen Sohn in der Absicht, eine Militärlaufbahn einzuschlagen, nicht ermutigte, stellte er sich doch nicht direkt dagegen.

«Andor meldete sich als Freiwilliger und wurde gleich in den Rang eines Offiziers erhoben, weil er aussah wie ein solcher«, so zitiert Agi, eine Nichte Jankevs, ihre Mutter, die sich damals die Augen ausweinte. «Er hatte keine militärische Ausbildung, nicht einmal ein Oberschulzeugnis, aber er hatte das Auftreten und die Manieren eines Landadligen, und von diesen erwartete man, daß sie wußten, wie man einen Krieg zu führen hatte.» Andor leistete seinen Militärdienst mit großem Vergnügen und bewies auf dem Schlachtfeld außerordentliche Tapferkeit, was ihm eine Reihe von Auszeichnungen eintrug. Abgesehen von einer Liebschaft mit einer schönen Wiener Schauspielerin, die er heiraten wollte – was zu unerlaubten Abwesenheiten von der Truppe, einem Verweis des befehlshabenden Offiziers und schließlich zur strengen und auch wirkungsvollen Anordnung seines Vaters führte, der Affäre ein Ende zu setzen –, blieb Andor bis zu seinem Ende ein beispielhafter Husar und ein gläubiger Jude.

Wie es bei orthodoxen Juden Brauch ist, bestand Jankev Schwarczs Letzter Wille aus zwei Teilen, einem «ethischen» und einem «finanziellen».

Im finanziellen Teil wurde sein beträchtliches Vermögen, das sich aus landwirtschaftlichen Gerätschaften, Ersparnissen und persönlichen Wertgegenständen zusammensetzte, zu gleichen Teilen, wie er mehrfach wiederholte und betonte, unter seinen Kindern aufgeteilt. Eine derartige Aufteilung zu gleichen Teilen war damals unter traditionsbewußten Juden ungewöhnlich. Der jüdische Brauch ging eher dahin, dem ältesten Sohn die eine Hälfte des Erbes zu hinterlassen und die andere Hälfte unter den übrigen Kindern zu verteilen, wobei die Söhne häufig mehr erhielten als die Töchter.

Jankev schien zu befürchten, daß das Prinzip der Aufteilung zu gleichen Teilen angefochten werden könnte, vielleicht wollte er aber auch nur sichergehen, daß es keine Streitigkeiten geben würde. Er bestimmte, daß ein Streitfall über irgendeinen Teil seines Testaments einem Schiedsgericht von fünf Richtern vorgelegt werden müsse: Zwei davon dürfte jede Seite vorschlagen, und auf einen fünften müßten sich die vier einigen, und wenn möglich sollten alle Schiedsrichter aus den Reihen unserer umfangreichen Familie ausgewählt werden. Unter keinen Umständen konnte die Entscheidung der Schiedsrichter angefochten werden. In einer langen, juristisch einwandfrei formulierten Rede warnte Jankev – und ich sehe ihn geradezu vor mir, wie er seinen Zeigefinger erhebt –, daß jeder, der die Entscheidung der Schiedsrichter anfocht oder nicht als bindend akzeptierte oder sonstwie abgeneigt war, irgendeine Bestimmung des Testaments auszuführen, von diesem Zeitpunkt an aus der Familie ausgestoßen und nicht mehr länger als Bruder oder Schwester behandelt werden sollte. Sodann zückte Jankev seine letzte Waffe: «Was mich angeht, so verwehre ich mich schon im voraus dagegen, daß ein solcher Unruhestifter jemals mein Grab besucht.»

Einige Gegenstände verteilte er gemäß ihren traditionellen, geschlechtsspezifischen Funktionen. Dreien seiner Enkel, den Söhnen seiner ältesten Tochter, hinterließ er eine siebzehnbändige Talmudausgabe, ein Relikt, das er einem berühmten Rabbi abgekauft hatte. Seinem noch kleinen jüngsten Enkel Sándor, der von einem seiner Söhne aufgezogen wurde, vermachte er eine neue Luxusausgabe des Talmud «in der zuversichtlichen Hoffnung, daß auch er ihn studieren wird». Was seine silbernen Kerzenhalter betraf, so war jedes Paar schon seit langem für je eine seiner Töchter bestimmt.

Alle anderen Besitztümer sollten durch das Los verteilt werden. Dazu gehörten zwei Thorarollen (die normalerweise nur in Synagogen verwendet wurden, von wohlhabenden Juden jedoch auch für den häuslichen Gebrauch erstanden wurden); ein silberner Zeigestab, auch «Hand» genannt, mit dem er die Zeile der Thora, die er gerade las, nachfuhr; eine siebenarmige, silberne Menora; ein Silberbecher für den Sabbat, der einst dem berühmten Rabbi von Belz in Galizien, seinem Freund und Ratgeber, gehört hatte; ein kleiner, versilberter «Gewürzturm», der süße Gewürze enthielt, um die Menschen nach dem Sonnenuntergang am Samstag an die Herrlichkeit des Sabbat zu erinnern; eine goldene Uhr, die er wohl von seinen Eltern zur Bar-Mizwa bekommen hatte; eine Rolle mit dem Buch Esther, die einmal im Jahr zum Purimfest laut verlesen wurde; ein Teller für das Pessachmahl, der aus Holz war, das aus Jerusalem stammte; und eine hölzerne Schachtel zum Aufbewahren von Zitronen, die ebenfalls aus Jerusalem war.

Jankevs «ethisches» Vermächtnis, säuberlich in zehn Klauseln aufgeteilt und an seine Kinder adressiert, erlaubt einige Einblicke in seine Persönlichkeit und veranschaulicht seine Versuche, seine Kinder zu tätiger Nächstenliebe, die ihm über alles ging, anzuregen.

Am Anfang stand ein in steifem, korrektem Deutsch abgefaßtes Telegramm, das seine Kinder nach seinem Tod nach Jerusalem schicken sollten, damit ein armer, frommer Verwandter, für dessen Lebensunterhalt er dort aufkam, sofort für seine Seele zu beten beginnen konnte. Sodann mußte Jankevs Rabbi an denselben Verwandten in Jerusalem ein Einschreiben mit detaillierten Anweisungen verschicken, um sicherzugehen, daß in dem Telegramm kein Fehler gemacht worden war und daß von nun an viele Jahre lang am richtigen Tag in der Heiligen Stadt für seine Seele gebetet wurde.

Anhand der nächsten Klausel erteilte Jankev seinen Kindern in einem kurzen Abschnitt eine Anschauungslektion in Sachen einfühlsamer, langfristiger Wohltätigkeit. Er verlangte, daß im ersten Jahr nach seinem Tod einige arme, fromme Juden damit beauftragt würden – und «angemessen dafür entschädigt würden» –, Tag für Tag den Talmud zu studieren und morgens und abends für seine Seele zu beten. Jeder dieser Frommen sollte mindestens ein Bündel Hartholz für den Winter erhalten, und die Kosten für den Holztransport zu ihren Häusern und für das Schlagen sollten ihnen erstattet werden.

Darauf folgte eine Liste mit siebenundvierzig direkten Nutznießern von Jankevs Menschenliebe: Als erstes arme Juden in zwanzig Gemeinden, die er zu irgendeiner Zeit einmal aufgesucht hatte, dann neun Rabbis und sieben Verwandte, und der Rest ging an Bedienstete und religiöse Stiftungen. Die größten Schenkungen gingen an seinen älteren Bruder Zhigmund, der bankrott gemacht hatte, und an seine einzige Schwester Fanny, die ihren Mann verloren hatte und über keinerlei Einkommen verfügte. Die Gemeinden, die er am großzügigsten bedachte, waren jene, in denen seine Kinder geboren waren oder ihre Hochzeiten gefeiert hatten. Er zeigte sich sowohl den Rabbis, die er persönlich kannte und respektierte, wie auch den Cousins, die als «Blutsverwandte» aufgeführt waren, gegenüber sehr großzügig. Aber er schien überhaupt jeden bedacht zu haben, mit dem er je in Kontakt gekommen war. Er hinterließ den Armen in jedem der zwölf Kurorte mit Mineralquellen, in die er sich begeben hatte, um seinen «erschöpften nervösen Körper» zu erfrischen und seinen Diabetes zu behandeln, hundert *koronas*, die Minimaleinheit seiner Wohltätigkeit. Insgesamt verteilte er die beträchtliche Summe von hunderttausend *koronas*, ungefähr soviel wie zehntausend Dollar heute, für wohltätige Zwecke, was damals und in jenem Teil der Welt ein enormer Betrag war.

Man kann sich ausmalen, daß er viele Stunden, wenn nicht sogar Tage, damit zugebracht hat, die Liste seiner Begünstigten aufzustellen. Die Höhe der Beträge und seine Erklärungen beweisen, daß er in jedem einzelnen Fall das Ausmaß seiner Zuneigung sorgfältig gegen die Bedürfnisse des Empfängers abwog. In einem wohldurchdachten Kommentar, der in seinem Rhythmus an eine Passage im Talmud denken ließ, bemerkte er, daß es für ihn im Leben keine größere Freude gegeben habe, als sich als Wohltäter der Armen zu zeigen. «Laßt uns darauf vertrauen, daß unser Gott – der in niemandes Schuld lange steht – euch reich für das belohnt, was ich gegeben habe», schrieb er. Er widersprach ungenannten wohlhabenden Juden, die ihr Geld lieber ihrer Familie als den Armen vermachten und die behaupteten, sie liebten ihre Familie mehr als irgendwelche Fremden. «Ich verwehre mich gegen eine derartig schiefe Argumentation», und fast hörte man, wie er seine Stimme erhob. «Ich glaube nicht, daß es irgend jemand auf der Welt gibt, der seine Kinder so sehr liebt wie ich.» Jankev führte aus, daß er, gerade weil er seine Kinder liebe und weil ihm an ihrem Wohlergehen gelegen war, dafür Sorge trug, daß seine Wohltätigkeit ihnen im Himmel als Verdienst angerechnet wurde.

Er erinnerte seine Familie daran, daß er, obwohl er seine Frau zehn Jahre früher, mit vierundfünfzig Jahren, verloren hatte, nicht wieder geheiratet hatte, «weil er es nicht übers Herz brachte, eine fremde Frau nach Hause zu führen, die über meine armen Kinder herrschen und sie schikanieren würde». Hier mußte er unterbrechen, so notierte er, «weil mir die Tränen in die Augen schossen».

Dann folgte eine weitere Aufforderung zur Wohltätigkeit: An seinem und dem Todestag seiner Frau sollten alle seine Kinder, die einen eigenen Haushalt unterhielten, zehn, mindestens aber drei armen, frommen Juden ein Abendessen zubereiten und jedem von ihnen ein Geschenk mitgeben. Zwei seiner Söhne betraute er mit der Aufgabe, jedes Jahr die Synagoge in Derzs zu besuchen und den Zustand des Gebäudes sowie des umgebenden Zaunes zu überprüfen. «Tut alles, meine lieben Kinder», so schrieb er, «damit das Haus, in dem meine Eltern und Urureltern lebten und in dem ich wie auch meine Brüder und meine einzige Schwester geboren wurden, noch lange Zeit zum Ruhm Gottes fortbestehen wird.»

Doch damit war es noch immer nicht genug: Er forderte zwei seiner Söhne auf, sobald die sieben Tage tiefer Trauer um ihn beendet waren, zusammen mit einem der zwei Rabbis, die er gut kannte, nach Derzs zu fahren und den Rabbi am Grab von Jankevs Eltern, die dort begraben lagen, um Verzeihung dafür bitten zu lassen, daß er für sein Grab einen anderen Friedhof als den in Derzs ausgewählt hatte. Der Rabbi sollte erklären, daß Jankev seinen eigenen Kindern nahe sein wollte, von denen bereits zwei, zusammen mit seiner Frau, auf einem Stück Land begraben waren, das er in der Nähe seines Hauses im Dorf Vaja erworben hatte. In einer damals üblichen Geste empfahl er seinen Söhnen, einen Anzug unter seinen Kleidern auszuwählen und ihn umarbeiten zu lassen. Seine Überlegungen gingen dahin, daß er gut die speziellen kleinen Annehmlichkeiten des Alters verstünde: Seine Söhne sollten seine Anzüge tragen, und «wenn sie siebzig Jahre alt wären, würden sie sich wohl fühlen bei dem Gedanken, ein Kleidungsstück zu besitzen, das einst ihr Vater getragen hatte». Er bat darum, daß seine restliche Kleidung unter armen Verwandten und «verdienstvollen älteren Menschen» verteilt würde.

Doch seine beredtesten Worte sparte er für einen Appell an seine Kinder auf, immer die Gesetze Moses einzuhalten. Der folgende Aufruf ist unterstrichen: «Lebt und benehmt euch auch in Zukunft so, wie ihr es bis jetzt getan habt.» Er fügte hinzu: «Niemals sollt ihr euch schämen, daß ihr Juden seid und aus Überzeugung aufrechte Juden. Abgesehen davon, daß ihr selbst die Gesetze immerzu, aus ganzem Herzen und aus dem Innersten eurer Seele befolgt, müßt ihr auch eure Kinder so erziehen, daß sie es euch gleichtun.»

Er verwahrte sich gegen «zuviel Trauer» nach seinem Tod und beschloß seine Gedanken mit Sätzen von einzigartiger Gelassenheit:

«Gott hat es so eingerichtet, daß ich als drittes Kind meiner Mutter seligen Angedenkens geboren wurde und daß ich nun als dritter unter meinen Brüdern die Schwelle in eine andere Welt überschreiten werde. Ich bitte euch, meine lieben Kinder, daß ihr euch klaglos dem Willen des Allmächtigen unterwerft. Ihr alle seid die süßen Früchte eines edlen Weinstocks, der sorgfältig ausgewählt und liebevoll über lange Zeit hinweg gehegt wurde, und daher müßt ihr versuchen, die erlesenen, umsorgten Früchte so vieler Jahre bis zum Ende zu bewahren und euch in Wort und Tat lieben und einander beistehen.»

Der letzte, zehnte Absatz ist in weitere zehn Unterklauseln aufgeteilt, in denen Jankev zehn Dinge anführt, für die er Gott dankbar war: «Daß er mir die guten, lieben Eltern bescherte, die ich hatte; daß ich jemanden aus der vornehmen Familie meines Schwiegervaters heiraten durfte; daß ich so edle und liebe Kinder hinterlasse, auf die nur wenige Menschen auf der Welt stolzer sein könnten; daß ich in meinem ganzen Leben nur zweimal bettlägerig war (einmal wegen Typhus mit achtzehn Jahren und einmal wegen eines Wespenstichs mit neununddreißig); daß ich in meinem ganzen Leben immer etwas zu essen und zu trinken hatte; daß ich immer ordentliche Mittelstandskleidung besaß; daß ich im Winter nie frieren mußte; daß ich dank Gottes Gnade dieses hohe Alter erreicht habe (wo doch mein Vater, Gott hab ihn selig, nur zweiundsechzig wurde); und daß ich mein ganzes Leben lang den Armen Wohltaten erweisen durfte.»

Am Ende des Dokuments bittet Yankev um Verzeihung für seine Sünden und Gesetzesüberschreitungen, die er nicht weiter ausführt und von denen die, die ihn kannten und die ich kannte, nichts wissen.

War er wirklich ein so vollkommener Mensch? Konnte es so jemanden gegeben haben? War er aus einem Guß geschaffen? Keine Unschärfen, keine Widersprüche? Hat er vielleicht eine dunkle Seite seiner Persönlichkeit vor uns verborgen? War die Genauigkeit, auf der er in seinem Testament beharrte, zwanghaft zu nennen? Verbarg sich hinter der schrecklichen Drohung mit familiärer Exkommunikation für jeden, der einen Streit über seinen Letzten Willen in die Länge zog, ein zorniger, eigenwilliger, diktatorischer Tyrann?

Großonkel Jankev muß wohl seine Fehler und Widersprüche gehabt haben, doch ich vermag auf der Grundlage dessen, was ich über ihn gehört habe, nichts dergleichen ausfindig zu machen. Soweit ich aus Unterhaltungen mit Leuten, die ihn gekannt haben, schließen kann, war er genau die großzügige, gottesfürchtige Seele, als die er in seinem Testament auf den ersten Blick erscheint.

Er war ein Geber, eine Kategorie von Mensch, die auf hebräisch als *nadaw* bezeichnet wird. In der Erinnerung der Menschen ist er jemand, der immerzu Geschenke austeilt und verschickt, und sie waren reichlich bemessen. Seine Enkel erinnern sich daran, daß er mit dem Zug jede Woche einmal am gleichen Tag auf sein Gut in Vaja reiste. Dessen Verwaltung hatte er seinem Schwiegersohn übertragen, nachdem er an Diabetes erkrankt war und sich deshalb in der Bezirkshauptstadt Nyíregyháza niedergelassen hatte, um in der Nähe seines Arztes und des Krankenhauses zu sein. Da der Zug in Piricse, einem anderen kleinen Dorf, in dem einige seiner Enkel lebten, nicht anhielt, warteten sie an der Strecke auf seine Durchfahrt, denn ihr Großvater stand immer am offenen Fenster und warf Zuckerwerk und Handküsse hinaus.

Jahrelang sorgte er mit monatlichen Zahlungen für seine Schwester Fanny, die in finanziellen Schwierigkeiten war. Als nach dem Zweiten Weltkrieg eine seiner Enkelinnen, Agi, aus Auschwitz zurückkehrte und völlig mittellos dastand, gab ihr Fannys Sohn Endre das Geld, das sie zum Leben und für ihr Universitätsstudium benötigte. Als Agi ihrem Cousin danken wollte, sagte dieser: «Du brauchst mir nicht zu danken. Was ich deinem Großvater verdanke, ist weit mehr, als ich dir je geben könnte.»

Er hinterließ ein großes Sparguthaben, so daß jedem seiner Enkel zur Hochzeit ein reiches Geschenk vermacht werden konnte. Gemäß seinen Anweisungen mußte ein Bankangestellter den Scheck mit einer Notiz versehen: «*Masel Tow* (Herzliche Glückwünsche, Anm. d. Ü.) von deinem dich liebenden Großvater Yankev Schwarcz.»

Jankev lag mit schrecklichen Schmerzen im Krankenhaus, als er hörte, daß eine seiner Töchter soeben eine Tochter, Agi, geboren hatte. Er konnte nicht mehr sprechen, aber die ihn sahen, sagen, daß die Furchen auf seiner Stirn sich glätteten und daß er noch immer ein Lächeln auf den Lippen hatte, als er wenige Stunden später starb.

Er war eine imposante Persönlichkeit, von der Art, die man zu seiner Zeit einen «Mann aus Eisen» nannte. Doch im Gegensatz zu vielen seiner Art lebte er in Frieden mit sich und seiner Welt. Er war davon überzeugt, daß es nichts Schöneres geben könne, als in einem kleinen, abgelegenen Dorf zu leben und das Land zu bestellen, daß man so dem Garten Eden so nahe wie nur möglich seit der Vertreibung aus dem Paradies kommen könne, und er war entschlossen, mit allen Mitteln zu verhindern, daß seine Kinder weggingen und den profanen Reizen des Stadtlebens oder der freien Berufe erlagen. Um seine Kinder auch ja auf dem Land zu halten, ließ er sie nicht einmal die Oberschule abschließen, und die Bitten einer seiner Töchter, einer glänzenden Schülerin, sie Medizin studieren zu lassen, stießen auf taube Ohren. Die Macht seiner Argumente reichte so weit, daß auf die eine oder andere Weise tatsächlich die meisten seiner Kinder und Enkel bis zum Zweiten Weltkrieg auf ihrem gepachteten Land blieben, bis die, die nicht von den Nazis umgebracht worden waren, von den Kommunisten vertrieben wurden.

Wie der Rest der Familie, so glaubte auch Jankev an die Bedeutung von Träumen. Seine Kinder waren nicht überrascht, daß er ihnen auch nach seinem Tod in ihren Träumen erschien, gewöhnlich, um in geschäftlichen Angelegenheiten und bei Verträgen praktische Ratschläge zu erteilen.

Eine Traumgeschichte hat mit seinem ältesten Sohn Zoltán zu tun, der nach seiner Militärzeit im Ersten Weltkrieg eine Firma in Nyíregyháza gründete, in der er die raffinierten landwirtschaftlichen Maschinen, die sein Vater gekauft hatte, verlieh. Er vermietete seine beste Dreschmaschine einem reichen Mann, doch die Maschine funktionierte manchmal und manchmal auch wieder nicht. Der Sohn, der mehr von einem Gentleman als von einem Geschäftsmann hatte, wagte es nicht, die Leihgebühr einzufordern, und der Reiche zahlte nicht von sich aus. Eines Nachts erschien Jankev Zoltán im Traum. «Sohn», sagte er, «geh zu dem reichen Mann und verlange dein Geld. Verlange nicht alles Geld, denn die Maschine hat nicht immer funktioniert. Aber verlange einen Teil des Geldes, denn die Maschine hat manchmal doch funktioniert, und du hast Anspruch auf eine Entschädigung.»

Als Zoltán am Morgen erwachte, erzählte er seiner Frau den Traum, doch aus Angst, den reichen Mann zu verärgern, entschloß er sich, gegen den Ratschlag seines Vaters zu handeln. In der folgenden Nacht erschien Jankev ihm erneut. «Du brauchst das Geld, und dieser reiche Mann hat jede Menge Geld», sagte er. «Geh und bitte ihn um das Geld.»

Wieder tat Zoltán nichts dergleichen. In der dritten Nacht wurde Jankev zornig und erklärte, er würde nie wieder in Zoltáns Träumen erscheinen, wenn dieser nicht tat, was er zu tun hatte. «Dann ist es aus zwischen uns», warnte Jankev. Als Zoltán beim Frühstück saß und die Angelegenheit mit seiner Frau besprach, klopfte jemand an die Tür. Es war der reiche Mann, der sich noch nie dazu herabgelassen hatte, ihm einen Besuch abzustatten.

«Hier ist Ihr Geld für den Verleih der Dreschmaschine», sagte der reiche Mann.

«Danke», erwiderte Zoltán, erstaunt und verlegen. «Aber Sie hätten sich doch nicht die Mühe machen müssen, selbst herzukommen – noch dazu so früh am Morgen. Sie müssen wichtigere Dinge zu tun haben, als hierherzukommen und mich zu bezahlen.»

«Mag sein», antwortete der reiche Mann. «Aber Ihr Vater, den ich zu seinen Lebzeiten gut kannte, ist mir letzte Nacht im Traum erschienen und hat mich daran erinnert, daß ich Ihnen Geld schulde und Sie ohne weitere Umstände bezahlen sollte.»

«Aber die Maschine hat doch gar nicht immer funktioniert», sagte Zoltán, der beim Geldzählen entdeckte, daß der reiche Mann ihm den gesamten Betrag ausgehändigt hatte.

«Sehen Sie, mein Freund», sprach der reiche Mann, «ich kann es mir Gott sei Dank leisten, die ganze Summe zu bezahlen. Aber ich kann es mir nicht leisten, Ihren Vater zu verärgern.»

Zwischen meinem Großonkel Jankev und meinem Großvater Karl gab es einen gravierenden Unterschied. Jankev verdiente mehr Geld und bewirtschaftete ein größeres Gut mit verschiedensten Produktionszweigen, wie zum Beispiel Honig, Gemüse und Obst, während sein Bruder sich auf Weizen, Tabak, Kartoffeln und Viehzucht beschränkte. Doch anstatt seine Gewinne in den Landerwerb zu investieren, was für seinen Bruder Karl der «süßeste und dauerhafteste Besitz überhaupt» war, weigerte sich Jankev, sein Pachtland zu kaufen. Er legte seine Gewinne auf die Bank und verschenkte einen großen Teil davon.

Bescheidenheit war das eine, und die Brüder waren sich in ihrer Ablehnung aller Zurschaustellung von Reichtum einig. Pure Bescheidenheit beispielsweise hielt Jankev davon ab, in das imposante Schloß des Grafen Adam Vay zu ziehen, dessen Ländereien er in Pacht hatte und der ihm den Kauf oder das Mieten des Schlosses anbot. Aber war es abgesehen von aller Bescheidenheit möglich, daß Jankev Angst hatte, der Welt zu zeigen, wie reich er war?

Er hat womöglich seinem Bruder Karl vorgehalten, daß es ein Zeichen von Vorsicht sei, das Land, das man liebte, nur zu pachten, was durchaus im Einklang mit dem Segen des Rabbi von Kálló stand, während Kaufen bedeutete, sich als neuer Herr im Land niederzulassen und sich Ungarns stolzer, historisch gewachsener Elite zuzugesellen, dem Landadel. Während Karl sich sicher und wohl fühlte und immer mehr Anleihen aufnahm, um noch mehr Land zu erwerben, blieb Jankev skeptisch und auf der Hut, er bewahrte die Erinnerung an die Diskriminierung und die Vertreibung seiner Vorfahren und vergaß nie, daß er, relativ gesehen, ein Aufsteiger war.

Als gottesfürchtiger Jude fühlte Jankev die Last der Verantwortung für die ganze Schöpfung, welche er in einem prekären Gleichgewicht zwischen Gut und Böse, Aufstieg und Niedergang, Triumph und Niederlage hin und her schwanken sah. Er war sich dessen bewußt, daß er durch eine falsche Entscheidung nicht nur sein eigenes Seelenheil, sondern auch das Schicksal seines Volkes, wenn nicht der gesamten Menschheit, aufs Spiel setzte. Wie könnte er die vielen

Seiten des Talmud vergessen, auf denen die Gründe für die Zerstörung des Tempels aufgeführt waren!

Ein einziger Fehler, eine irrtümliche Einladung zu einer Hochzeit hatte eine Kette von Ereignissen ausgelöst, in deren Verlauf die fälschlich eingeladene und durch eine Ausladung gedemütigte Person zum Verräter am eigenen Volk und zum Spitzel der Römer wurde und schließlich mit dazu beitrug, die Römer zur Zerstörung des Tempels zu bringen.

Großonkel Jankev tat das Seine, um als gottergebener Jude eine ganzheitliche Welt zu bewahren, Gesetze und Gebräuche fesselten ihn gleich Tausenden von seidenen Bändern an den Gott seiner Väter, doch gleichzeitig war er fest in den wirtschaftlichen Gegebenheiten des Alltagslebens verwurzelt. In dieser Ganzheit hatte jeder Teil seinen Sinn, und sinnerfüllt war alles.

Er war in beiden Welten gleichermaßen zu Hause, oben im Himmel und unten auf der Erde, für ihn waren es zwei ineinander verschlungene Weinreben, die sich am selben Pfosten emporrankten. Er war nur ein Abschnitt in einer Doppelhelix der Frömmigkeit, die bis auf die biblischen Figuren Abrahams, Isaaks und Jakobs zurückging – und er stand ihnen näher als uns.

Sein Interesse für den Weinanbau nährte sich ebensosehr aus den biblischen und talmudischen Bildern, in denen der Weinberg als Symbol für die gerechte Gemeinschaft des jüdischen Volkes steht, wie auch aus der Tatsache, daß der Weinanbau zu den gewinnträchtigsten, wenn auch schwierigsten Möglichkeiten gehörte, wie man auch schlechtes Land noch landwirtschaftlich nutzen konnte.

Die Traube ist eine biblische Metapher, die das sorgfältige Abwägen aller Aspekte ausdrückt, und der Wein, von dem es heißt, er «erfreue den Geist der Menschen», verkörpert des Lebens Süße. Doch ein gutgeführter Weinberg stellte zugleich den wertvollsten landwirtschaftlichen Grundbesitz dar.

Der Winzer, der seine Reben propft und die ganze komplizierte Prozedur der Weingewinnung durchführt, verkörpert in der Bibel den Inbegriff des vorsichtigen, kenntnisreichen Landverwalters, der Mensch und Land «mit Achtung» behandelt, wie es in der Bibel heißt, oder «sorgfältig», wie man heute eher sagen würde.

Ein Winzer wurde Jankev Schwarcz auch im realen Leben, nachdem er das Haus seines Vaters in Derzs verlassen und in Vaja sein eigenes Gut gegründet hatte. Wie seine Stimme beim Gebet und seine tätige Nächstenliebe, waren seine Schritte von einer inneren Gewißheit und Kühnheit geleitet, die auf Abraham, Isaak und Jakob zurückgingen.

Die Titelseite eines Gebetbuchs für Rosch Haschana und Jom Kippur, 1800 in Prag gedruckt. Es wurde 1944 in einer Blechdose vergraben und in den siebziger Jahren beim Aufbaggern eines Hofs wiedergefunden.

10.
Der Schuß, der Rosch Haschana erschütterte

Ich habe eine seltsame Macht der Rede.
In dem Augenblick, in dem ich sein Gesicht sehe,
Erkenne ich den Mann, der mir zuhören muß:
Ihn lehre ich meine Geschichte.

COLERIDGE, «Die Ballade vom alten Seemann»

Manche Familiengeschichten muß man immer wieder erzählen; andere werden besser aus der Erinnerung getilgt. Geschichten, die über den Abendessenstisch hinweg erzählt werden oder auf einer langen Reise, Geschichten für Kinder und Freunde, zur Unterhaltung oder auch zur Belehrung, sind dazu da, daß man sich daran erinnert und sie weitergibt, vielleicht sogar eines Tages neu aufführt. Doch jede Familie hat auch Geheimnisse, die nicht für andere Ohren bestimmt sind, und manche können so schmerzlich und traurig sein, daß man beschließt, sie zu vergessen und nie wieder zu erwähnen.

Nichtsdestotrotz werden auch Geschichten, über die nicht gesprochen werden soll, erzählt. Meist, weil ein Eingeweihter aus dem einen oder anderen Grund dazu gebracht, ja manchmal dazu gezwungen wird, sie weiterzuerzählen.

Eine Geschichte, über die in der Schwarcz-Familie nicht gesprochen wurde, betrifft das neunte und letzte Kind meiner Urgroßeltern, einen Jungen namens Moshe, der Ende der sechziger Jahre des neunzehnten Jahrhunderts taub zur Welt kam. Der Talmud, der vor zweitausend Jahren zusammengetragen wurde, ist in diesem Punkt rigoros: Ein Tauber, der nicht sprechen lernt, hat einen Status zwischen einem Kind und einem Schwachsinnigen, wenn auch etwas näher einem Kind. Ein solches Individuum gilt als «unzurechnungsfähig» und «ohne eigenen Willen», doch er oder sie darf heiraten, und ein tauber Jude zählt als Mitglied des Quorums, der Zehnergruppe, die für ein gemeinsames Gebet erforderlich ist. Doch erst in unserem Jahrhundert mit seiner verbesserten Behandlung der Taubheit und den verbesserten Kommunikationsmöglichkeiten haben die Rabbis das Stigma der geistigen Behinderung davon genommen.

Mein Onkel Shumi erfuhr in den ersten Jahren dieses Jahrhunderts, gerade erst sechs Jahre alt, vom Geheimnis der Existenz Moshes, und die Person, die es ihm mit leiser Stimme enthüllte, war eine winzige, verhutzelte Bauersfrau, die schon weit über Siebzig war und von allen Oma genannt wurde, obwohl oder vielleicht auch gerade, weil sie nie Kinder gehabt hatte. Jedermann brachte ihr Achtung und Zuneigung entgegen, und sie lebte in einem eigenen kleinen Zimmer im Gesindehaus des Schwarczschen Anwesens, obwohl niemand von ihr erwartete, daß sie noch arbeiten würde. Viele Jahre früher, so hörte Shumi, war sie Amme für Shumis Vater gewesen, und das allein war schon Grund genug für die Familie, sich in ihren alten Tagen um sie zu kümmern.

Es gab noch einige andere alte Faktoten im Haushalt von Róza und Karl Schwarcz, die nur wenige, wenn überhaupt ersichtliche Pflichten hatten, die jedoch aufgrund früherer Verdienste gekleidet, ernährt und entlohnt wurden. Der kleine Shumi, der älteste Sohn des Landbesitzers, erkor Oma zu seiner Herzensfreundin. Er liebte es, sich in ihrem fleckenlosen, weißgetünchten Zimmer aufzuhalten, wo er in ihrem zerbeulten, hölzernen Schrankkoffer herumstöbern durfte, der einst einem Soldaten gehört hatte und nun voller Schätze steckte: bunte Schals, wie die Dorffrauen sie gerne verschenkten; Heiligenbildchen in leuchtendem Rot, Blau und Gelb, wie sie in griechisch-katholischen Pilgerorten verkauft werden; Taschenmesser mit geschnitzten Holzgriffen in hellem Rot, die er öffnen durfte; herzförmige, reichlich mit Schnörkeln versehene Pfefferkuchen, Andenken an manchen Jahrmarkt, mit kleinen Spiegelstückchen, die in den hartgewordenen Brotteig, den er auf keinen Fall zerbrechen durfte, eingelegt waren; ein abgenutztes, kleines, schwarzes Gebetbuch; ein Sammelsurium von Heilkräutern, die sie in den Wiesen gesammelt hatte und die sie sowohl selbst verwandte wie auch den Leuten im Dorf verschrieb.

Am wichtigsten jedoch war es für Shumi, daß Oma die Geschichtenerzählerin des Dorfes war, und Shumi war ihr dankbarster Zuhörer. Er liebte es, ihren Geschichten zu lauschen, und er hielt Omas Geschichten für unübertrefflich. Die meisten handelten von Leuten aus dem Dorf Gyulaj, wo sie geboren war, und von der Schwarcz-Familie, die mit ihren vielfältigen Unternehmungen und ihrer Reiselust auf die phlegmatischen Dorfbewohner, Stubenhocker aus Überzeugung, eine beträchtliche Faszination ausübten. Eines Abends, als Oma Shumi im freundlichen, milden Schein einer Kerosinlampe zu Bett brachte, flüsterte sie ihm zu, daß er nun eine ganz besondere Geschichte zu hören bekäme, die sie niemand anderem je erzählt habe – ein tiefes, tiefes Geheimnis, das er niemandem weitersagen dürfe, über einen Onkel, von dem er noch nie etwas gehört hatte.

Er hieß Moshe, doch jeder nannte ihn bei seinem Kosenamen Mushika. Er war taub, mit diesem Makel geboren, nachdem seine Mutter acht kräftigen, gesunden Kindern – sieben Söhnen und einer Tochter – das Leben geschenkt hatte. Die Ärzte untersuchten Mushika und veranlaßten seine Eltern, ihn noch als kleines Kind nach Wien zu schicken, wo sich die beste Schule auf der Welt für Taube befand, in der sie unterrichtet und manchmal sogar geheilt wurden. Dort entdeckte man bald, daß Mushika außergewöhnlich intelligent und empfindsam war, was in der Familie als das Werk der göttlichen Vorsehung interpretiert wurde, die ihn so für seine Behinderung entschädigte. Er war ein hervorragender Schüler, insbesondere in Mathematik sowie im Zeichnen und Malen. Er verschlang Bücher auf ungarisch und deutsch, und er schrieb wunderbare Kurzgeschichten und Gedichte. Seine Briefe nach Hause waren schön zu lesen und unterhaltsam. Überdies war er ein liebenswertes Kind.

Jedes Jahr an Rosch Haschana kam Mushika nach Hause, seine Familie hatte aus dem Neujahrsfest sein Geburtsfest gemacht, und das ganze Leben im Haus war nur darauf ausgerichtet, seinen Aufenthalt daheim so angenehm wie möglich zu gestalten. Jeder gab ihm ein Geschenk und verbrachte viel Zeit mit ihm. Doch weder seine Stimmbänder noch sein Gehör entwickelten sich, und er konnte sich nur schriftlich, auf Zetteln, mitteilen. Er versuchte, es allen recht zu machen, aber oftmals sah er traurig und niedergeschlagen aus.

Als er achtzehn wurde, war Mushika ein gebildeter, hübscher junger Mann, so erinnerte sich Oma, und Rosch Haschana wurde in diesem Jahr genauso festlich wie alle früheren Feste begangen. Jeder in der Familie und im Dorf freute sich, ihn zu sehen. In der zweiten Nacht des heiligen Festmahls, nachdem jeder ein in Honig getunktes Stück Chale gegessen und dafür gebetet hatte, daß das neue Jahr so süß wie das letzte werde, standen seine Eltern, seine Brüder und seine Schwester sowie andere Verwandte und Gäste lange Zeit singend und schwatzend um den Tisch herum. Es war eine große und lärmende Versammlung, und niemand achtete darauf, daß Mushika aufstand und den Raum verließ.

Dann wurde die Nacht von einem Schuß aus dem Garten erschüttert, und alle stürzten hinaus. Mushikas ältester Bruder fand ihn unter den Fliederbüschen. Sein Gesicht war blutbedeckt, seine Hände hingen schlaff herab, und neben seinem Körper lag ein Revolver. Als der Arzt eintraf, war er bereits tot.

Omas Erklärung war für den kleinen Shumi leicht nachvollziehbar: Mit achtzehn Jahren war Mushika erwachsen, ein intelligenter und empfindsamer Mensch, der während des fröhlichen Abends rund um den Eßtisch zu dem Schluß gelangte, daß er nie ein Leben wie seine Brüder führen könnte.

Niemand ging in dieser Nacht zu Bett, sagte Oma. Viele Diener wehklagten und weinten. Mushikas Eltern und Brüder und seine Schwester gingen ruhelos im Garten auf und ab, und niedergedrückt von Schuldgefühlen sprachen sie weinend über Mushika. Es war gerade die Gewöhnlichkeit ihres Lebens – das Tratschen und Plaudern, das Beten und Singen –, das ihren jüngsten Bruder in den Selbstmord getrieben hatte. Sie hatten seine Ausgeschlossenheit nicht gespürt. Er lebte in einer Welt des Schweigens wie am Meeresgrund. Und sie hatten gerade in dem Moment überhaupt nicht auf ihn geachtet, als er sie mit schärfster Aufmerksamkeit beobachtet hatte.

Für das jüdische Gesetz ist Selbstmord «eine unwürdige Vergeudung von Leben». Folgt man der strikten rabbinischen Auslegung, dann ist der Selbstmord eine Verleugnung des göttlichen Alleinbestimmungsrechts, Leben zu geben und zu nehmen, der Selbstmörder stellt sich dadurch außerhalb jeder gottesfürchtigen Gemeinde und sollte ohne jede Zeremonie und ohne die übliche Ehre, die man sonst den Toten widerfahren läßt, begraben werden. Weniger unnachsichtige Rabbis sind jedoch der Ansicht, daß ein Selbstmord weder belohnt noch bestraft werden sollte und daß der Leichnam in größtmöglicher Schlichtheit, mit einem Minimum an Zeremonie, begraben werden sollte.

Nichtsdestoweniger ließ die Schwarcz-Familie Mushika dieselbe Behandlung wie jedem anderen ihrer Toten angedeihen. Als es dämmerte, wurde Mushikas Leichnam auf den Boden gelegt, und neben seinem Kopf wurden zwei Kerzen entzündet. Bald darauf kamen die Männer des im Dorf ansässigen Beerdigungsunternehmens und wuschen sorgfältig den Leichnam. Dann hoben sie ihn an den Achselhöhlen und Knöcheln an, so daß seine Füße den Boden nicht mehr berührten, und schütteten Wasser auf sein Gesicht, auf daß es von allen irdischen Unreinheiten gesäubert werde. Die Frauen nähten ein langes, weißes Leichenhemd aus Baumwolle, um seinen Körper zu bedecken, und ein Quorum von zehn Juden, das sich aus seinen nächsten Verwandten zusammensetzte, versammelte sich, um für seine Seele zu beten.

Am folgenden Tag wurde er auf dem Familienfriedhof begraben, und zwar nicht außerhalb der Umfriedung, wie es bei Selbstmord Brauch war. Seine Familie hielt die üblichen sieben Tage tiefer Trauer ein. Alle Spiegel im Haus wurden verhängt, und nach jedem Sonnenuntergang betete man für seine Seele.

Einen Unterschied allerdings gab es doch: Auf dem Grabstein, der ein Jahr später aufgestellt wurde, stand kein Name. Der weiße Marmor, der Lieblingsstein der Schwarcz-Familie, blieb stumm.

Oma erklärte Shumi, daß gewöhnliche Leute, die Selbstmord begingen, egal ob Juden oder Christen, nicht in der heiligen Friedhofserde begraben werden konnten, weil jemand, der das göttliche Geschenk des Lebens zurückwies, nicht dieselbe Achtung verdiente wie jemand, der starb, weil Gott beschloß, ihm dieses Geschenk wieder zu entziehen. Wenn es allerdings um wohlhabende und mächtige Menschen ging, dann, so fügte sie hinzu, könnten sie das Gesetz gemäß ihren Zwecken und nach ihrem Belieben ändern.

Erzählte Oma die Geschichte Shumi, um ihn schon in so jungen Jahren über den Unterschied von Arm und Reich aufzuklären?

Vielleicht. Doch mindestens genauso wahrscheinlich ist, daß der Selbstmord eines begabten und sympathischen jungen Mannes sie schockiert hatte und daß sie sich darüber ärgerte, daß alle ihn totschwiegen und sogar seine Familie so tat, als hätte er nie existiert. Oma konnte nicht Stillschweigen bewahren – Schweigen war mit ihrer Berufung unvereinbar. Als sie fühlte, daß ihr Leben dem Ende zuging, hatte sie das Bedürfnis, die Geschichte an jemanden weiterzugeben, der ihr nahestand, der zuhören und die Erinnerung bewahren würde.

Es war Shumis Entscheidung gewesen, Freundschaft mit Oma zu schließen, mit der Geschichtenerzählerin des Dorfes, und das war eine seiner ersten unabhängigen Handlungen. Sie fühlte sich geschmeichelt, denn wie klein auch immer er noch war, er war dennoch der junge Herr.

Der Klassenunterschied, sofern Shumi ihn in diesem zarten Alter überhaupt wahrnahm, trug nur noch zu den dramatischen Begleitumständen bei, unter denen diese Geschichte weitergegeben wurde. Oma war sich ihrer Macht als Hüterin der Quelle der Erinnerungen wohl bewußt; und bei all seinem Hunger nach Geschichten spürte Shumi doch ihren Groll. Sie wußte, daß sie mit dem Erzählen einer verbotenen Familiengeschichte, noch dazu einem Kind gegenüber, zu weit gegangen war. Er jedoch war ihr dankbar, daß er in dieses dunkle Geheimnis eingeweiht worden war.

Oma und Shumi sind Glieder in einer langen Kette von Geschichtenerzählern, die bis zu den allerersten Geschichtenerzählern an den ersten von Menschen unterhaltenen Feuern zurückreicht. Auch Oma muß in ihrer eigenen Kindheit zu Beginn des neunzehnten Jahrhunderts einem Geschichtenerzähler gelauscht haben, vielleicht auch einer kinderlosen alten Frau, die die Erinnerung an die Männer und

Frauen, die sie gekannt oder von denen sie gehört hatte, bewahrte. Was Shumi anging, so glaubte er, daß Oma zu den Geschichtenerzählern gehörte, die ihn dazu bewogen, schließlich der Familienchronist zu werden.

Mit sechzig Jahren erinnerte sich Shumi daran, daß er die Geschichte von Mushika nie wieder hören wollte und daß ihn viele Jahre lang schauderte, wenn er an den Onkel, den er nie gekannt hatte, denken mußte.

11.
Zweitausend Quadratmeter Spitzen

... Lieb' ist nicht Liebe, wenn sie Störer stören,
Wenn sie Zerstreuung irrend kann zerstreuen,
O nein! Sie ist ein ewig sichres Ziel,
Thront unerschüttert über Sturmeswogen;
Ein Angelstern für jeden irren Kiel....

SHAKESPEARE, Sonett CXVI

In den siebziger Jahren unseres Jahrhunderts schickte der Mann, der vor dem Ausbruch des Zweiten Weltkriegs der Vermieter meiner Großmutter Róza in Debrecen gewesen war, meinem Onkel Shumi in Budapest einen Packen alter Familienfotos. Vielleicht hatte meine Großmutter ihm die Fotos zur Aufbewahrung gegeben, bevor sie und ihre älteste Tochter nach Auschwitz deportiert wurden, vielleicht aber, und das ist ebenso wahrscheinlich, hatte er sich alles angeeignet, was im Haus zurückgelassen worden war. Sein Name war Kovács, ein weitverbreiteter ungarischer Name, der soviel bedeutet und auch so häufig ist wie Meier im deutschen Sprachraum.

Herr Kovács, ein grüblerischer, schweigsamer Junggeselle, war weder ein Freund noch ein Feind. Meine Mutter Anna erinnert sich an ihn als an einen kleinen, gesichtslosen Mann, der fast zwanzig Jahre lang an jedem Monatsersten klingelte, um die Miete einzuziehen.

Wenn man die Fotos durchsieht, wird klar, daß er von jedem von

Elza in Debrecen zu Beginn der dreißiger Jahre

Großmutter Rózas sieben Kindern mindestens ein Foto aufbewahrte sowie auch von einigen anderen Verwandten. Es scheint so, als wäre er der heimliche Wahrer unseres Familienstammbaums gewesen. Aber warum?

Auf vielen Fotos ist meine rothaarige Tante Elza zu sehen, die in ihrer Jugend in ihrem Geburtsort Gyulaj, sechzig Kilometer nordöstlich von Debrecen, oft die schönste Frau des Szabolcs-Landes genannt wurde. Erzogen in einer exklusiven, von Nonnen geführten Schule für höhere Töchter, hatte sie sich die ruhige Selbstsicherheit von Ungarns herrschender Klasse und das Auftreten einer Gräfin angeeignet. Elza wurde als Erstgeborene von ihren Eltern bevorzugt und als beste Schülerin in der Familie häufig ihren Brüdern und Schwestern als Vorbild hingestellt. Sie war eine eifrige Synagogenbesucherin und stand ihren Eltern näher als ihren Geschwistern, die sich von Ritualen lieber fernhielten.

Noch zu Lebzeiten ihres Vaters, eines wohlhabenden Gutsherrn, schlug sie mehr als ein Dutzend Anträge von Männern aus, die um sie angehalten hatten, und noch weitaus mehr, die von einem fahrenden Heiratsvermittler vorgeschlagen worden waren. In den Gedichten, die sie in goldgeprägten, ledergebundenen Bänden las, war von Männern die Rede, die entweder tapfer oder feige waren, und von Frauen, die entweder treu oder liederlich waren, und so wie der Winter unweigerlich auf den Herbst folgte, so folgte die Reue auf den Verlust der Unschuld. Sie lernte Balladen von József Kiss auswendig, dem Dichter des neunzehnten Jahrhunderts, der aus einem Dorf ganz in der Nähe stammte und der die ehrfurchtgebietende Schönheit des jüdischen Glaubens in die heldenhaften Verse traditioneller ungarischer Gedichte umsetzte. In einem Gedicht, das häufig bei Abschlußfeiern an jüdischen Oberschulen verlesen wurde, schilderte er einen Juden, der in einer baufälligen, mit Stroh gedeckten Hütte am Rande des Dorfs lebte und sein Leben dem Studium der geheimnisvollen Bücher der Kabbala widmete. Er verliert eines seiner Kinder nach dem anderen: Einer stirbt als Soldat an einem Herzschuß während der Revolution von 1848; einer geht nach Amerika, kommt zu Wohlstand und heiratet eine Christin; der dritte wird ein großer Wissenschaftler und leugnet schließlich die Existenz Gottes; und als

Tante Elza im Haus ihrer Eltern in Gyulaj, dem sie ewig nachtrauerte.

letztes läuft seine Tochter mit einer Theatertruppe auf und davon. Was «in den Augen der Welt» eine Tragödie ist, erklärt der Dichter zum Triumph des Glaubens, den man «dem eisernen Stolz eines unbeugsamen Vaters» zugute halten muß. In der letzten Strophe bleibt der alte Jude allein zurück, doch er teilt seine vermeintliche Einsamkeit mit Gott.

Elza weigerte sich, irgendeinen Kompromiß einzugehen. Sie wartete auf die vollkommene Heirat mit dem Mann ihrer Träume, denn sie wußte, daß sie ihn finden würde, genauso wie ihre Eltern sich gefunden hatten.

Der Heiratsvermittler der Familie hieß Herr Rezeda. Er hatte wohl auch einen Vornamen, doch niemand kann sich daran erinnern, daß er je damit gerufen wurde. Er trug seinen Familiennamen mit großem Stolz. Es war, als ob er ihn selbst ausgewählt hätte, in Anlehnung an das klangvolle ungarische Wort für eine Blume, die Reseda, die in den Gärten Mitteleuropas ihres erlesenen Duftes wegen hoch geschätzt war. Er war ein hochgewachsener, würdevoller Herr, immer peinlich korrekt in Schwarz gekleidet, und er führte immer ein kleines, ledergebundenes Büchlein mit sich, in dem Namen, äußere Erscheinung und psychologische Profile vieler Hunderter heiratswilliger Juden in etwa zehn Bezirken des nordöstlichen Ungarns verzeichnet waren. Von größtem Interesse für ihn und seine Kunden waren Umfang und Beschaffenheit der Mitgift einer Frau, die den finanziellen Grundstock für ein Geschäft oder einen freien Beruf liefern sollte. Herr Rezeda, der seine Gebühren immer erst nach einer von ihm in die Wege geleiteten Hochzeit erhob, befaßte sich nur mit Leuten, die so wohlhabend waren, daß seine Arbeit die Mühe lohnte.

Die sieben Kinder meiner Großeltern und die Scharen von Cousins drumherum machten den Schwarcz-Clan zu einer der Hauptstützen seines Geschäfts, und er war an den Tischen aller Schwarcz-Patriarchen, die es liebten, über mögliche Verbindungen ihrer Töchter und Söhne, Neffen und Nichten, einschließlich derer, die noch in den Windeln steckten, zu diskutieren, ein gerngesehner Gast. «Nehmen wir doch einfach mal an», so begann ein Gastgeber, wenn er Herrn Rezeda zu einem Verdauungsspaziergang im Garten oder, wenn der

Mond schien, zu einem Spaziergang unter den Alleebäumen einlud, und in einer Unterhaltung, die sich weit in die Nacht hineinzog, schätzten sie systematisch den Charakter und die geschäftliche Situation eines jeden Juden ab, der im Umkreis von hundertfünfzig Kilometern Land besaß oder gepachtet hatte, denn in der Familie gab man einem Kandidaten vom Land den Vorzug. Außerdem diskutierten sie über Gott und die Welt, denn als ein Mann, der das ganze Jahr über auf Reisen war, kam Herrn Rezeda alles Wissenswerte zu Ohren. Der Heiratsvermittler war von ausgesuchter Höflichkeit und erstaunlich gebildet, und er war sich seiner unschätzbaren Verdienste genau bewußt. Er war ebensosehr Profi wie der geschickteste Arzt und der schlaueste Rechtsanwalt.

Meine Mutter erinnert sich, wie stolz sie war, als Herr Rezeda, der oft mit ihr als kleinem Mädchen gescherzt hatte, zum erstenmal, sie war ungefähr dreizehn, «ernsthaft» mit ihr als potentieller Klientin sprach. Er machte sich ein paar Notizen über das, was sie ihm sagte, und versprach ihr feierlich, er würde ihr einen netten jungen Mann bringen. Sie behauptet außerdem, daß Herr Rezeda in den etwa zwanzig Jahren, in denen sie ihn mindestens zweimal jährlich sah, nicht zu altern schien. Sein dunkler Vollbart wurde nicht grau, seine Haltung blieb unverändert kerzengerade, und niemals schien er es müde zu werden, auf Landstraßen umherzuziehen und sich Verbindungen auszudenken, die das Wohlgefallen seiner Gastgeber fänden und den Segen des Himmels erhielten.

Nachdem ihr Vater gestorben war und die ruinierte Familie nach Debrecen, in Ungarns zweitgrößte Stadt, umgezogen war, übernahm der älteste Bruder meiner Mutter, Shumi, die Aufgabe, für Elza, seine älteste Schwester, einen passenden Ehemann zu finden. Sie näherte sich schon den Dreißig, und die Zeit lief ihr davon. Shumi stellte die schöne Elza einem seiner Bekannten, Feri Freifeld, vor. Feri, einer der reichsten Juden des Bezirks, der auch Land besaß, galt nicht als Heiratskandidat, und Herr Rezeda, der seinen Fall aufgegeben hatte, riet der Familie von dieser Wahl ab. Feri war ein Mann von Welt, der wehrlos den Reizen schöner Frauen und den Verlockungen von Zigeunermusik und Champagner erlag. Er besaß den unwiderstehlichen Charme des Landadels und sah aus wie Adolphe Menjou.

Für Elza und Feri war es Liebe auf den ersten Blick. Wie es damals im ungarischen Landadel üblich war, einer Schicht, die das Leben mit einem Roman verwechselte und einen beständigen Guerillakrieg gegen die Realität führte, schickte Feri ihr jeden Tag einen Blumenstrauß und ließ einmal in der Woche eine Zigeunerkapelle unter ihrem Fenster Liebeslieder aufspielen. Die Blumen wurden sorgsam zurechtgestutzt und in Vasen überall in dem kleinen, einstöckigen Haus verteilt. Auch die Musik stieß auf offene Ohren, obwohl sie gegen elf Uhr abends ertönte und den Frieden der Kleinstadtstraße, die um neun Uhr, wenn nicht noch früher, schlafen ging, empfindlich störte.

Man hätte die Nachbarn für unverzeihliche Kulturbanausen gehalten, wenn sie sich über die Zigeunermusik beklagt hätten – schließlich mußte man der Liebe eine echte Chance geben, das Alltagseinerlei zu durchbrechen. Die Lieder handelten von Romanzen mit tragischem Ausgang, und sie wurden von mindestens zwei Zigeunerfideln im Tremolo gespielt, begleitet von einem Cello, das tief in die Saiten des Kummers und der Sehnsucht griff. Jedermann kannte die Texte noch im Schlaf, und Männer und Frauen, Alte und Junge träumten süßere Träume, wenn die Zigeuner ihre Botschaft überbracht hatten und sich mit dem Mitternachtsläuten zurückzogen.

Feri hielt um ihre Hand an, und obwohl Elza zögerte, unsicher, ob eine so gegensätzliche Verbindung Bestand haben könnte, befürwortete Shumi energisch und mit beredten Worten die Heirat, und Feri und Elza verlobten sich. Elza hatte keine Mitgift, was in jenen Tagen problematisch war, doch Feri wies großmütig jeden Gedanken an einen materiellen Gewinn seinerseits als überflüssig von sich. «Meine Liebe gehört der reizendsten und schönsten Frau der Welt», erklärte er. «Kein Mann kann mehr verlangen.» Bei ihrer Hochzeit war sie in Schichten weißer Spitze über weißer Seide gekleidet, was ihr rotes Haar, jenen Bronzeton, den der venezianische Meister Tizian bevorzugte, wunderbar zur Geltung brachte. Feri, eine dunkle, gepflegte Erscheinung in Frack und Zylinder, war ein Abbild der geleckten Eleganz der zwanziger Jahre.

Einige Wochen nach ihrer Hochzeit schlug Feri eine Reise nach Budapest vor, um sich ins Theater- und Nachtleben zu stürzen. Elza wollte nicht so recht und sagte, sie brauche noch Zeit, um sich in ihrem neuen Heim auf Feris Landgut an der Theiß einzugewöhnen, und sie fühle sich noch nicht bereit, sich in der Hauptstadt zurechtzufinden. In diesem Fall, so antwortete ihr Ehemann, würde er alleine fahren. Elza hielt das für einen Witz oder einen Bluff, doch am nächsten Morgen nahm er den Schnellzug nach Budapest.

Es war ihr erster Streit. Elza stand auf, packte ihre Kleider, bestellte eine Kutsche und kehrte ins Haus ihrer Mutter zurück.

Als Feri eine Woche später aus Budapest zurückkam, teilte Elza ihm mit, sie wolle die Scheidung. Feri lachte zuerst und versuchte dann mit wachsender Verzweiflung, ihr diese Idee auszureden, aber sie blieb unnachgiebig. In Elzas Augen hatte sich Feri als unvollkommen erwiesen, und mit einem solchen Mann wollte sie nicht zusammenleben. Ihr Bruder Shumi unterstützte sie, und noch nicht einmal ein Jahr nach ihrem ersten Zusammentreffen waren Elza und Feri geschieden.

Obwohl vom jüdischen Gesetz und Brauchtum jeder über das unbedingt Notwendige hinausgehende Kontakt zwischen einem geschiedenen Mann und seiner früheren Frau mißbilligt wird, traf Feri sich auch weiterhin mit seiner Exfrau. Wenn Elza verreiste, um Verwandte in verschiedenen Städten zu besuchen, begab sich auch Feri oft dorthin, vorgeblich aus geschäftlichen Gründen und rein zufällig, doch er begleitete sie dann ins Theater oder zu Dichterlesungen und benahm sich, als wäre er noch immer ein Mitglied der Familie. Es hieß, daß sich die beiden mehrmals alleine in Budapest getroffen hätten, wohin für gewöhnlich Verliebte reisten, die in der Metropole untertauchen wollten. Für Elzas Schwestern oder Cousinen wäre es undenkbar gewesen, sie auf dieses Gerede anzusprechen, und die Männer gaben vor, über solchen Dingen zu stehen, die man als Herumschnüffeln in fremden Angelegenheiten hätte interpretieren können. «Elza lebte ihr eigenes Leben», so drückte meine Mutter es aus. «Sie verkörperte die Aristokratie, und alle anderen waren die Bauern. Sie konnte tun und lassen, was sie wollte, während uns auf Schritt und Tritt Vorschriften gemacht wurden.»

Zwei- oder dreimal im Jahr begab sich Feri in das Haus von Elzas Mutter zum Klatsch bei Kaffee und Kuchen. Entweder Elzas Mutter oder meine fungierte dabei als Tugendwächter – schließlich wäre es nicht richtig gewesen, die Exgatten alleine zu lassen –, eine Rolle, die sie nur zu sehr liebten, denn Feri war ein großartiger Unterhalter und ein Meister darin, die Damen mit Komplimenten zu beglücken und ihre Kochkünste zu loben.

Elza saß in beispielhafter Züchtigkeit kerzengerade auf ihrem ungepolsterten Holzstuhl, der Rücken parallel zur senkrechten Stuhllehne, die sie jedoch nie berührte. Sie hörte dann Feri zu, vermied es aber, mit ihm zu sprechen. Sie sagte wenig, gerade das unbedingt gesellschaftlich Erforderliche. Ihre dunkelbraunen Augen waren niedergeschlagen, oft in einen feinen Tränenschleier gebadet, über den jeder hinwegsah. Ihr Blick war auf die Spitzen gerichtet, an denen sie so unermüdlich wie eine Spinne – und ebenso einsam – arbeitete.

Sie war eine vollendete und außergewöhnlich schnelle Spitzenklöpplerin. Tag für Tag zückte Elza ihre Häkelnadel aus Stahl, schlang winzige Dreiecke, Quadrate und Rechtecke, Kreise und Halbkreise und Rauten und fügte sie zu harmonischen Mustern zusammen, die sich graziös und anmutig umspielten und ineinanderflossen. Wenn sie an ihrem Garten voller Rosetten und Sterne, Knospen, Blätter und Ranken arbeitete, schien ihr nie ein Fehler zu unterlaufen. Wenn es aber doch einmal passierte, dann trennte sie sofort das ganze Teil wieder auf, egal, wie groß es bereits war, und begann von vorne. Oft dachte sie sich das Muster erst unter dem Häkeln aus. Ihre Lieblingsform war der Kreis, und sie umgab auch ihre rechteckigen Tischtücher zum Schluß noch mit einem Saum aus Halbkreisen.

In den sechsundvierzig Jahren ihres Lebens – etwa mit zehn Jahren vollendete sie ihre ersten Spitzen – hat Elza wohl an die zweitausend Quadratmeter Spitzen produziert: Krägen und Manschetten, Einsätze und Säume für Kleider und Hemden; Handschuhe, die bis zum Handgelenk, und andere, die bis zum Ellbogen reichten; Zierdeckchen für Sessellehnen und Armstützen sowie für Kerzenhalter, Aschenbecher und Porzellanfiguren; Tischdecken für Nachttische, Kommoden und Eßtische; Vorhänge für Fenster und Verandatüren. Spitzen, die im Haus verteilt wurden, Spitzen, die gefaltet und in geräumigen Schranktruhen aufbewahrt, einmal im Jahr herausgenommen und gelüftet wurden, Spitzen, die Verwandten und Freunden zum Geschenk gemacht wurden. In einer Familie der Geschichtenerzähler war sie eine Frau, die mit Worten sparte. Ihre Geschichten waren aus gesponnenen Baumwollfäden. Doch sie allein konnte die Personen, die Handlung und den Ausgang der Geschichte entziffern.

Elza verabscheute Hausarbeit; und sie suchte auch außerhalb des Hauses keine Anstellung. Da sie Organisationsgeschick hatte und gut mit Zahlen umgehen konnte, übernahm sie die Verwaltung des Haushalts- und Familienetats. Sie sammelte die Gehälter ihrer Brüder und Schwestern ein und händigte ihnen eine Summe als Taschengeld aus, die sie nach einer von ihr selbst erstellten und von allen, wenn auch unter gelegentlichem Murren, akzeptierten Tabelle berechnete. Elzas Kleider beispielsweise wurden von einer der besten Näherinnen der Stadt gefertigt, manchmal sogar in Budapest, ihre Schwestern allerdings mußten sich mit weniger aufwendigen Kreationen zufriedengeben. Als Begründung führte sie an, daß sie mit weniger Kleidern auskäme als ihre modebewußten Schwestern.

Ein anderer Groll gegen Elza, der bis in die Zeit in Gyulaj zurückreichte, rührte daher, daß sie alle eintreffende Post kontrollierte und über jeden Brief, den ihre Brüder und Schwestern oder Cousins auf Besuch erhielten, auf dem laufenden war, während niemand etwas von ihrer eigenen Korrespondenz erfahren durfte, die als sehr umfangreich galt. Oft sah man sie, wie sie lange Briefe abfaßte.

Elza gab der einzigen Dienerin Anweisungen, was sie kochen und wo sie die nötigen Zutaten einkaufen sollte. Sie war ein sparsamer Rechnungsprüfer, immer stolz darauf, wenn sie auf dem Geflügelmarkt einen Sonderpreis herausschlug, meistens, indem sie verkündete, welchen Preis sie zu zahlen bereit sei, und sich auf keine Verhandlungen einließ, während die Dienerin mit dem Weidenkorb wartete.

Elza hielt unnachgiebig an sozialen Abgrenzungen fest, die ihre «modernen» Verwandten für veraltet hielten. Bei einem Besuch in Huszt, einer hoch in den Kiefernwäldern der Karpaten gelegenen Stadt, war Elza überrascht, als sie hörte, daß ihr modebewußter junger Cousin, dessem Vater die örtliche Sägemühle gehörte, per Du

Elza auf einem Foto, das sie ihrer Cousine Jenny schickte.

mit dem zerlumpten Sohn eines Mechanikers verkehrte. «Du darfst nicht vergessen, wer du bist», schalt sie den Cousin. «Wir sind beide Juden, und wir sind beide jung», gab der Cousin achselzuckend zurück.

Wiewohl sie keinerlei Mahlzeiten kochte, bereitete sie das beste Sauerkraut, die besten eingelegten Gurken und grünen Tomaten in der Familie. «In Elzas Händen wurde das Gemüse mit verblüffender Geschwindigkeit sauer», sagt meine Mutter, eine Expertin in Sachen Zuckerbäckerei, die meinte, «daß Elzas spezielle Begabung etwas mit ihrer Persönlichkeit zu tun hatte». Das ist das Äußerste, was meine Mutter je an Negativem über die zehn Jahre ältere Elza äußern würde. «Elza war streng mit uns, ihren jüngeren Geschwistern», fügt sie hinzu, «viel strenger als unsere Mutter. Wir hatten alle Angst vor ihr.»

In der Familie hieß es, Elza habe nur einmal geliebt, und es herrschte ebenfalls Übereinstimmung darüber, daß Feri eines Tages sein Leben mit Wein, Weib und Gesang aufgeben und für immer zu Elza zurückkehren würde, wiewohl keiner von beiden jemals etwas äußerte, das diese Erwartung genährt hätte.

Einer zwanzig Jahre jüngeren Cousine erteilte sie im Rahmen einer oberflächlichen Unterhaltung über unerwiderte Liebe eine unmißverständliche Lektion: «Gibt es noch irgendeine andere?» Elza hatte im Tonfall einer Feststellung gesprochen, die keiner Antwort bedurfte.

Sie hatte eine Holzschachtel von der Größe eines dicken Lexikons, die sie immerzu in ihrem Zimmer, im Schrank, unter Verschluß hielt. In der Familie wußte man, daß sie von Kindheit an Tagebuch geführt hatte, und man vermutete, daß sie dieses in der Holzschachtel aufbewahrte, vielleicht zusammen mit anderen Dingen, an denen sie besonders hing. Niemand durfte je in die Schachtel hineinsehen, ja auch nur einen flüchtigen Blick auf den Einband des Tagebuchs werfen. Von Zeit zu Zeit versuchte meine Mutter, Elza dazu zu bringen, den Inhalt der Schachtel zu enthüllen, doch Elza beschied sie mit einem unumwundenen «Nein», und den Schlüssel hatte sie immer bei sich, so wie die Schlüssel zu den Vorratsräumen, zum Schrank und zum Keller.

Das Foto, auf dem Elza so aussieht, wie sie immer erscheinen wollte, wurde aufgenommen, als sie achtzehn Jahre alt war. Sie lehnt sich aus dem Fenster, dekorativ eingerahmt von blühendem Wein, der sich am Haus ihres Vaters emporrankte, dem Haus, in dem sie geboren wurde und über das sie herrschte, wie ihre Geschwister hinzusetzen würden, und von dem sie wünschte, sie hätte es nie verlassen.

Da so viele der von Herrn Kovács, dem Vermieter, zurückgegebenen Fotos Elza zeigen und da es außerdem scheint, als habe er viele andere Fotos von anderen Familienangehörigen aussortiert, muß sie wohl eine erstaunliche Faszination auf ihn ausgeübt haben. War er heimlich in sie verliebt? Vielleicht war das der Fall, dann jedoch nur aus großer Ferne, denn es ist höchst unwahrscheinlich, daß Elza sich auch nur zu einem Gespräch mit ihm herabgelassen hat. Die große Anzahl Fotos, auf denen Elza zu sehen ist, ist wohl der Tatsache zu verdanken, daß Elza das am häufigsten fotografierte Familienmitglied war, das Lieblingsmodell ihres Bruders Mishi, eines Amateurfotografen.

In dem Brief, den Herr Kovács zusammen mit den säuberlich in einen Schuhkarton verpackten Fotografien an Shumi schickte, bat er um seine Hilfe in einer Prozeßsache. Da er meinen Onkel kannte, hätte Herr Kovács allerdings in jedem Fall seiner Hilfe sicher sein können. Im übrigen kämen nur wenige Menschen auf die Idee, anderer Leute Familienfotografien drei Jahrzehnte lang aufzubewahren, in der Hoffnung, daß ihre Rückgabe irgendwann einmal von Vorteil sein könnte.

Wir werden nie erfahren, welchen Zweck Herr Kovács verfolgte. Er starb kurz nachdem er sein Geschenk abgeschickt hatte, sofern Geschenk das richtige Wort ist. Es besteht die Möglichkeit, daß ihm auch andere Erinnerungsstücke der Familie anvertraut worden sind. Wir wissen es nicht, denn kein Verwandter, den meine Großmutter von einem solchen Vorgang in Kenntnis gesetzt hätte, hat den Krieg überlebt, und so konnte niemand irgend etwas einfordern.

Am neunundzwanzigsten Juni 1944 wurden Elza und ihre Mutter, zusammen mit Tausenden anderer Juden aus Debrecen, in Viehwaggons zusammengepfercht. Drei Tage später kamen sie am Bahnhof des damals unbekannten polnischen Dörfchens Auschwitz an. Ein Nazioffizier sortierte aus, wer von ihnen kräftig genug war, um Zwangsarbeit zu verrichten, und wer auf der Stelle vergast werden sollte. Er schickte Elza, eine blühende Frau in den Vierzigern, auf die eine Seite und ihre zerbrechliche, alte Mutter auf die andere. Nach der Schilderung einer überlebenden Verwandten, die Zeugin des Vorgangs war, erklärte Elza in ihrem tadellosen Deutsch, daß sie ihre Mutter nicht allein lassen werde. Der Deutsche zuckte mit den Achseln. «Mach, was du willst», gab er zurück.

Kurz davor hatte ein Wachposten Elza aufgefordert, ihm die Holzschachtel, die sie unter dem Arm trug, auszuhändigen. Als sie sich weigerte, schlug der Wachposten ihr ins Gesicht und nahm sie ihr weg.

Feri, der sich auf demselben Transport befand wie Elza, starb mit ihr in der Gaskammer.

Onkel Mishi (rechts außen sitzend) und ein Freund lauschen in einem Gartenrestaurant in Nyíregyháza Anfang der zwanziger Jahre zwei Zigeunergeigern.

12. Die Lieben eines Rosengärtners

Wie lange haben die Verdienste der Väter Bestand?

Talmud

Als meine Mutter Anna mich 1966 in Paris besuchte, hatte sie die Telefonnummer einer Freundin bei sich, die sie seit nahezu fünfzig Jahren nicht mehr gesehen hatte. Ihr Name war Mantzi, sie war etwa so alt wie meine Mutter und Anfang des Jahrhunderts in der kleinen Stadt Nyírbátor geboren, etwa fünfzehn Kilometer von Gyulaj, dem Geburtsort meiner Mutter, entfernt. Als sie sich als junge Mädchen kennenlernten, besaß Mantzis Vater einen kleinen Lebensmittelladen und verdiente sich auf bescheidene Weise seinen Lebensunterhalt, der Vater meiner Mutter jedoch war ein bedeutender Landbesitzer, wenngleich sein Gut am Rande des Bankrotts stand.

Meine Mutter erzählte mir, daß die hübsche und unternehmungslustige Mantzi in ihrer Jugend «weidlich die außergewöhnliche Beschaffenheit ihrer Augen, die die zugegebenermaßen faszinierende Farbe von Veilchen hatten», ausnutzte, um sich Mishi, den adrettesten unter den vier Brüdern meiner Mutter, zu «angeln». Mishi allerdings interessierte sich nur für Romanzen, nicht für Heirat, und so oder so wäre die Tochter eines Krämers, auch wenn er ein frommer Jude war, für Mishi nicht gut genug gewesen. Meine Mutter streitet nicht ab, daß das Scheitern von Mantzis Plänen sie mit Schadenfreude erfüllte. Die ehrgeizige und ruhelose Mantzi emigrierte Ende der zwanziger Jahre nach Frankreich, und das einzige, was meine Familie von ihr hörte, war, daß sie Näherin geworden war.

Meine Mutter rief Mantzi an, die den Vorschlag machte, sich zum Tee in ihrem Lieblingscafé in der französischen Hauptstadt zu treffen, im Café de l'Opéra.

«Aber wie werden wir einander erkennen?» fragte meine Mutter.

«Die Farbe meiner Augen hat sich nicht verändert», sagte Mantzi. «Und ich glaube, du erinnerst dich noch an die Farbe.»

«In der Tat», erwiderte meine Mutter. «Und wie es so kommt, ist mein Sohn das Abbild meines Bruders Mishi in seiner Jugend. Du wirst ihn auf der Stelle erkennen.»

Meine Mutter hielt es für unhöflich, auch nur eine Minute zu spät in dem Café anzukommen, also kamen wir fünfzehn Minuten zu früh. Mantzi war bereits da. Sie trug makellos weiße Handschuhe, einen kecken, weißen Hut und eine maßgeschneiderte, blaue Jacke. Ihre Augen hatten tatsächlich einen seltenen violetten Ton.

Meine Mutter trug ein schickes graues Kostüm und eine Perlenkette, sie legte eine unauffällige Eleganz an den Tag.

Mantzi verlor keine Minute, uns über ihre Familienangelegenheiten ins Bild zu setzen. Ihr Mann, ein «Süßer», war ein bekannter, wohlhabender Juwelier und in der jüdischen Gemeinde von Paris, in der er ziemlich aktiv war, hoch angesehen. Ihre Tochter, «eine wahre Schönheit», hatte den Sprößling einer der ältesten und vornehmsten Familien Frankreichs geheiratet. Ihr Sohn, «ein sehr kluger Rechtsanwalt», hatte bereits eine Stelle in der besten Anwaltskanzlei von Paris, war allerdings noch nicht zu einer Heirat bereit.

Manchmal sprach Mantzi etwas zu laut, und einmal zupfte sie meine Mutter am Ärmel, um einer Äußerung Nachdruck zu verleihen. Meine Mutter zog den Ärmel sorgfältig wieder zurecht.

Obwohl meine Mutter für gewöhnlich gesprächig und entgegenkommend ist, verhielt sie sich hier sehr reserviert, während sie ihren Tee schlürfte. Ein Passant hätte sie durchaus für einen Stammgast im renommiertesten Café Frankreichs, schräg gegenüber der Oper, halten können.

Doch die ganze glanzvolle Umgebung mit ihrem Marmor und ihrer

Glasmalerei war ohne jede Bedeutung. Es dauerte keine zehn Minuten, und ein halbes Jahrhundert fiel von ihnen ab, es war, als wären zwei Weltkriege, Enteignungen, Deportationen und Revolutionen nie geschehen. Mantzi wurde wieder zur Tochter des Krämers und meine Mutter zur Tochter des Landbesitzers. Mantzi war so gewöhnlich, als ob sie noch immer ihrem Vater dabei zur Hand gehen würde, Kartoffeln aus einem Sack in den Eimer zu kippen, und meine Mutter zeigte die gelassene Würde einer Angehörigen des Landadels, die in eine politische Diskussion verwickelt ist.

«Wie geht es deinem Bruder Mishi?» fragte Mantzi meine Mutter. «Was für eine Art Frau hat er denn geheiratet? Hat er Kinder?»

«Oh, es geht ihm gut, danke», antwortete meine Mutter mit angespannter, unpersönlicher Stimme. «Unglücklicherweise geht es seiner Frau zur Zeit nicht so gut. Wir werden alle nicht jünger, weißt du.» Als würde ihr das erst nachträglich einfallen, fügte sie hinzu, daß Mishi kinderlos geblieben war.

Mantzi fragte, ob meine Mutter wohl zufällig ein Familienfoto bei sich habe. Sie hatte.

Mantzi holte eine Brille aus ihrer Handtasche.

Meine Mutter zeigte auf ihre Brüder und Schwestern, und Mantzi nahm bedächtig und wortlos jedes Familienmitglied in Augenschein. Schließlich verkündete sie mit ausdrucksloser Stimme: «Ich würde deinen Bruder Mishi nicht einmal erkennen, wenn er mir am Tisch gegenüber säße.»

Dann legte Mantzi das Foto ab und sah mich durch ihre dicken Brillengläser zum erstenmal an.

«Mein Gott», rief sie aus, «Sie sehen wirklich aus wie Ihr Onkel! Was für eine unglaubliche Familienähnlichkeit! Allerdings – ich hoffe, Sie sind mir nicht böse, wenn ich das so sage – war er noch viel hübscher, als Sie es sind. Er war der attraktivste Mann, den ich je kennengelernt habe. Und der beste Unterhalter.»

Sie zog ihre weißen Handschuhe aus und nahm meine Hand. «Glauben Sie mir, ich habe einen guten Mann, der jeden Pfennig nach Hause bringt», sagte sie. «Er arbeitet hart, und er ist gut zu mir. Aber Ihr Onkel Mishi hat die falsche Frau geheiratet. Das weiß ich. Versuchen Sie nicht, mir etwas anderes weismachen zu wollen. Ich weiß sogar, daß die Augen seiner Frau nicht dieselbe Farbe haben: eines ist braun, das andere grün. Es gibt einen Aberglauben, daß man Leuten mit verschiedenen Augenfarben nicht trauen soll. In ihrem Fall trifft das ins Schwarze. Abgesehen davon konnte sie keine Kinder bekommen. Stimmt's?»

Eine Pause trat ein. Meine Mutter und ich blickten uns voll Erstaunen an. Woher wußte Mantzi all das? Wer konnte sie auf dem laufenden gehalten haben? Wir wissen es bis heute nicht.

Meine Mutter brauchte mehr als eine Minute, bis sie ihre Fassung wiedergewann und mit einem tiefen Seufzer sagte: «Du hast in jeder Hinsicht recht.»

«Ich wäre eine gute Frau für deinen Bruder Mishi geworden», sagte Mantzi zu meiner Mutter. «Und ich wäre Ihnen eine gute Tante gewesen», sagte sie zu mir.

Sie nahm ihre Brille ab, in ihren Augen standen Tränen.

«Du hast wunderschöne Augen, Tante Mantzi», sagte ich, und ich wußte – ich *wußte* –, daß ich die Worte einer anderen Zeit, eines anderen Orts, einer anderen Person wiederholte: «Wie Veilchen im Regen.»

Ihre Hand preßte die meine so fest, daß es schmerzte.

Ach, mein geliebter Onkel Mishi! Der Augapfel der Familie, ein gepflegter Bonvivant, fast schon festes Inventar im lärmendsten Kaffeehaus der Stadt!

Mit einer duftenden weißen Nelke im Knopfloch seines gutgeschnittenen Jacketts war er nie so pleite, daß er sich nicht noch eine rote Rosenknospe für sein Rendezvous leisten konnte.

Mishi, der zweitälteste, erbte die Umgänglichkeit und den Optimismus seines Vaters. Er war in Gyulaj, wo er geboren wurde, ebenso beliebt wie in Debrecen und Budapest, wo er als Erwachsener lebte. Die Frauen waren fasziniert von seinen Umgangsformen und seinem Witz, von seinem Schopf rabenschwarzer, lockiger Haare und von seinen blitzenden, dunkelbraunen Augen. «Die Augen unseres Vaters», so sagten seine Schwestern immer voller Stolz, «die Augen eines Schlangenbeschwörers», fügten andere Frauen bewundernd hinzu.

Die wiederholten und von wachsender Verzweiflung begleiteten

Im Uhrzeigersinn von oben: Onkel Mishi als Mann von Welt in seiner Jugend; als Soldat an der russischen Front im Zweiten Weltkrieg; als wohlhabender Geschäftsmann in den fünfziger Jahren; als Rentner in den späten sechziger Jahren

Anstrengungen seines Vaters, ihm wenigsten ein paar Brocken Talmud beizubringen und ihn zur Einhaltung der Gesetze Moses zu bewegen, glitten an ihm ab wie Regentropfen an einer Ölhaut. So faste wenigstens an Jom Kippur, flehte sein Vater ihn schließlich an, und in seinem Testament beschwor er seine beiden ältesten Söhne, sich an seine letzten Worte zu erinnern: «Es gibt einen Gott!»

Doch Mishi, dessen hebräischer Name Moshe war – für Moses –, kümmerte sich nicht darum. Er war kein Rebell, und zwischen ihm und seinem Vater gab es niemals eine Szene oder bittere Worte. Und er konvertierte auch nie. Er entglitt unmerklich und ohne eigenes Zutun den Schutzwällen des wahren Glaubens. Seine Version einer Talmudschule bestand in einer hitzigen Debatte über die Fähigkeiten eines Politikers oder einer Schauspielerin, die an seinem Lieblingstisch am Fenster im Kaffeehaus geführt wurde, wo er reichlich Zeit verbrachte. Der Sittenkodex, den er treu befolgte, war der des Landadels. Die Tatsache, daß seine Familie ihre Ländereien verloren hatte, als er Anfang Zwanzig war, verlieh dem Charme seiner Korrektheit zusätzlich einen ironischen Anstrich.

Zwischen den beiden Weltkriegen gab es viele Ungarn, die den gleichen Niedergang ihres Vermögens erlebten und die mit Vorliebe Parallelen zwischen ihrem Leben und dem Schicksal der Nation zogen: Nach dem Ersten Weltkrieg verlor Ungarn, unter der Ägide Wilsons und seiner Forderung eines nationalen Selbstbestimmungsrechts und dank dem beharrlichen Rachedurst Frankreichs, zwei Drittel seines Territoriums an seine Nachbarn und fand sich zahlen- wie waffenmäßig weit unterlegen. Hinzu kam, daß zu den Nachbarn alte Erbfeindschaften bestanden. Mancher ungarische Patriot sank in tiefe Trauer, und viele erholten sich nie wieder von dem Schock. Doch ein großer Teil des Landadels, der noch immer den gesellschaftlichen Ton angab, tat so, als sei nichts geschehen. «Auf gute Manieren kommt es an», hieß es triumphierend in einem Lied einer damals populären Operette. «Die Zeit kann mir nichts anhaben.»

«Eine elende Zeit!» brummte Mishi, doch er war entschlossen, sein Leben so zu führen, als sei er noch immer der Sohn eines wohlhabenden Vaters. Er benahm sich, als wäre er unverändert Bürger der Vorkriegsmonarchie – die er und viele andere gefühlvoll «das glückliche Ungarn» nannten. Mit einem Augenzwinkern und tausend Geschichten auf den Lippen trug Mishi die Fackel einer besiegten Klasse in einem besiegten Land vor sich her.

Er war ein guter Reiter und ein leichtfüßiger Walzertänzer. Wenn man sah, wie er seinen immer verwegen sitzenden Hut abnahm und einer Dame die Hand küßte, fühlte man sich wie im Theater, und man konnte nicht umhin, seiner Vorstellung Beifall zu spenden.

Er konnte ein halbes Dutzend Restaurants betreten, und der Zigeunergeiger auf der Bühne erkannte ihn auf der Stelle und spielte sein Lieblingslied, eine flotte Melodie mit dem Titel: «Ich bin in einem Rosenbusch geboren». In den seltenen Momenten, wo er Geld hatte, rauchte er auserlesene Zigarren. Ansonsten zog er mit dem Gleichmut eines orientalischen Potentaten an einer Pfeife, oder er machte eine kleine Show daraus, eine Zigarette zu entzünden und Rauchringe an die ungerührte Decke zu blasen.

Er gewann und verlor eine Menge Geld beim Rommèspiel und bei Pferdewetten. Aber seine lächelnde Miene verriet in keiner Weise, ob er gewonnen oder verloren hatte.

Seit er Anfang Zwanzig war, verkehrte er mit demselben Dutzend Gesinnungsgenossen, mit denen er sich bis zur Morgendämmerung in einem Restaurant im Freien oder in einem rauchgeschwängerten Kaffeehaus aufhielt, wo er Kaffee trank und Witze und Anekdoten über Politiker und andere Persönlichkeiten zum besten gab. Sie nannten sich selbst den Chor der tauben Ohren, und es war eine lärmende, lautstarke Bande von Journalisten und Künstlern, ungepflegten Bohemiens und arbeitslosen Aristokraten. Mishi ließ es nicht zu, daß seine beiden jüngeren Schwestern sich mit irgendeinem von ihnen verabredeten – ach, wie meine Mutter sich über diese zweierlei Maßstäbe beklagte! –, aber einige darunter tauchten im Haus in Debrecen auf und erkoren Mishis heiligengleiche, aber tolerante Mutter Róza zu ihrer Herzensvertrauten.

Obschon Mishis Mutter manche Träne über seine Lebensweise vergoß, war er doch zugleich derjenige, der sie am meisten zum Lachen brachte. «Wann immer er zu Hause war, verbreitete er Wärme und Fröhlichkeit», schrieb sein älterer Bruder Shumi in seinen Memoiren.

Mishi kannte immer den neuesten Witz, und er hatte immer eine schöne alte Geschichte parat, um eine Meinung zu veranschaulichen. Oder er erzählte eine alte Geschichte einfach deshalb, weil «sie, obgleich sie es verdiente, schon so lange nicht mehr erzählt worden war: Wenn er sie nicht erzählen würde, könnte die Geschichte eines nahen Tages schon, Gott verhüte das, in Vergessenheit geraten.»

Schon seit seiner Zeit an der Oberschule in der Bezirkshauptstadt Nyíregyháza war Mishi der Faszination des Theaters erlegen. Unter seinen Freundinnen fanden sich Chormädchen und Schauspielerinnen, verbrauchte Primadonnen, ehrgeizige Statistinnen und nach Höherem strebende Intellektuelle. Er konnte äußerst positiv reagieren – aber auch mit Sympathie analysieren –, wenn eine Freundin ihre langen Zöpfe durch einen knabenhaften Kurzhaarschnitt *à la française* ersetzte. «Du brauchst dir keinerlei Sorgen zu machen, du brauchst das nicht im mindesten zu bereuen», sagte Mishi dann, und er war sehr überzeugend. Er wog mit der ganzen Ernsthaftigkeit eines vorsitzenden Richters Farbe und Schnitt eines Kleides ab, das nach seiner Meinung für eine Verabredung am vorteilhaftesten war. Er riß ehemalige Freundinnen zu Begeisterungsausbrüchen hin, indem er über Jahre hinweg Erinnerungsstücke wie eine Theaterkarte, die Menükarte eines Abendessens oder ein Band aus einer kunstvollen Robe aufbewahrte. Er entlockte ihnen Tränen, wenn er ihre Abschiedsworte zitierte – und seinem Bedauern darüber Ausdruck verlieh, daß er auf diese Worte nicht angemessen reagiert hatte. Alte Flammen liebten es, sich mit ihm auf eine Tasse Kaffee oder auf einen kurzen Schwatz an einer Straßenecke zu treffen, und die längstvergangene Affäre erschien ihnen mit jedem Mal, wo sie ihn wiedersahen, ein wenig denkwürdiger.

Er liebte alles Fließende und Illusorische, diese ganze verzuckerte, parfümierte und verschleierte Realität, und sei es nur für einen kurzen, trügerischen Augenblick.

Mit der Leichtigkeit einer im Zickzack fliegenden Schwalbe verliebte er sich in alle Arten von Frauen: in eine große, mütterliche Blondine, die den ganzen Tag über in Tagträume versunken war und ein Kreuz aus Elfenbein an einer langen Goldkette trug; eine drahtige, kleine Steptänzerin, die leicht aufbrauste und ihn anflehte, sie in die Synagoge zu begleiten, wo sie für die Seele ihres Vaters beten wollte; eine hochgewachsene, statuengleiche Gräfin, die ihre Roben trug, als würde sie minütlich die Ankunft von Kaiserin Elisabeth, der Frau Franz Josephs, erwarten; und ein bescheidenes kleines Zimmermädchen, das nicht viel anderes zu sagen wußte, als sich für den nächsten gesellschaftlichen Fauxpas zu entschuldigen.

Eine Freundin war stolz auf ihre schmale Taille und glaubte, sie gefalle ihm, wenn sie auf ihre Schlankheit achte; eine andere konnte der Versuchung, Schokolade zu essen, nicht widerstehen, sie war sich sicher, daß es ihn nicht stören würde, wenn sie ein bißchen Gewicht ansetzen würde und aussähe wie «eine traditionelle Frau». Er machte jeder Frau den Hof, als ob es keine andere auf der Welt gäbe, und er grollte ihnen nicht, wenn sie ihn wegen eines anderen Mannes verließen, wenn sie von seiner Verachtung für die Institution der Ehe die Nase voll hatten oder wenn es ihnen zum Hals heraushing, seine Einwände gegen eine «dauerhafte» oder «ernsthafte» Verbindung anzuhören.

Junge Mädchen nannte er «Sprößling», und reifen Frauen verlieh er die Namen ländlicher Wiesenblumen, oder er verglich sie mit den Pfingstrosen städtischer Innenhöfe, mit üppigem Mohn oder vornehmen Teerosen.

Er liebte es, im Frühsommer, wenn die Frauen in der frischen Brise ihre neuen Kleider ausführten, lange Spaziergänge zu unternehmen. Er bewunderte wohlgeformte Beine und brachte es fertig, einem besonders gelungenen Exemplar in gebührender Entfernung einen Kilometer lang zu folgen, und er prüfte die Spuren, die sie im Schnee hinterließen, als ob er ein wissenschaftliches Experiment durchführte.

Wenn er über die Frauen, denen er den Hof machte, sprach, dann nannte er sie manchmal bei ihrem Parfüm, wie zum Beispiel Maiglöckchen oder Chanel Nr. 5. Wenn eine ein besonders starkes Parfüm verwendete oder sich mit Parfüm überschüttete, dann sagte Mishi: «Sie riecht wie ein Haremsmädchen», und er lächelte anerkennend.

Er schickte den Frauen, denen er den Hof machte, Rosensträuße, oder er machte ihnen zumindest eine einzige, symbolische, besonders exquisite Rosenknospe zum Geschenk. Immer schenkte er rote Rosen, die Farbe der leidenschaftlichen Liebe für diejenigen, die die Sprache der Blumen verstanden.

Es störte Mishi nicht im mindesten, daß er bis zum Ende des Zweiten Weltkriegs – mehr als fünfundzwanzig Jahre seines Erwachsenenlebens lang – keine dauerhafte, normale Stelle hatte oder eine Wohnung sein eigen nennen konnte. Ganz im Gegenteil. Er hielt die Zeit zwischen den zwei Weltkriegen für sein persönliches goldenes Zeitalter. Er liebte die Ungebundenheit und gab alles aus, was er als reisender Verkäufer von Kaffeebohnen und handbetriebenen Kaffeemühlen, als Vertreter einer Werbeagentur, als Fotograf und als Journalist für einen antinazistischen Nachrichtendienst verdiente. Er wechselte von einem Beruf zum nächsten, brachte es irgendwie fertig, sich über Wasser zu halten und blickte immer zuversichtlich drein.

Er glaubte, daß der Wohlstand – oder zumindest eine sichere Einkommensquelle – an der nächsten Ecke auf ihn wartete. Und er hörte nicht auf, Wetten abzuschließen – und zu verlieren –, daß es Hitler nicht gelingen würde, noch ein Land zu erobern. Mishi war sicher, daß Churchill oder Roosevelt, und auf jeden Fall beide zusammen, Stalin überlisten würden.

Wenn er zurückblickte, nannte er den Zweiten Weltkrieg «das Pfadfindertreffen».

In beiden Weltkriegen hatte er ein verblüffendes, frappierendes Glück. Im Ersten wurde er erst Ende des Jahres eingezogen, in dem Ungarn sich aus dem Krieg zurückzog. Im Zweiten wurde er dank vieler Freunde und Beziehungen als Chauffeur der ungarischen Armee eingezogen, während andere körperlich taugliche Juden zwischen achtzehn und fünfundfünfzig zur Zwangsarbeit rekrutiert wurden, was oftmals weit schlimmer als die Front war. Der Hauptmann, den er schließlich durch Rußland chauffierte, stellte sich als jüngerer Bruder eines Freundes von Mishis Vater heraus, und der Hauptmann hatte die wichtige Position eines Verbindungsoffiziers zwischen den ungarischen und den deutschen Truppen an der russischen Front inne.

Niemand machte sich die Mühe, einen Blick auf Mishis Personalausweis zu werfen, der im übrigen gefälscht war – der Familienname darin lautete Szemes anstatt Schwarcz, in erster Linie deswegen, weil es völlig undenkbar war, daß einem Juden eine solche Vertrauensposition zugewiesen worden wäre. Keiner Menschenseele kam es in den Sinn, seine Geburtsurkunde zu überprüfen, denn er bewegte sich mit einer völlig selbstverständlichen Gelassenheit – der Chuzpe des Landadels.

Erst bei einer Routineüberprüfung der Papiere gegen Kriegsende wurde er entlarvt. Es waren schon Leute wegen weitaus Geringfügigerem erschossen worden, Mishi jedoch wurde nur in ein weitentferntes Zwangsarbeiterlager in Westungarn geschickt. Nach dem Rückzug der Deutschen nach Österreich und der Flucht der Lagerwachen marschierte Mishi zu Fuß die zweihundertfünfzig Kilometer nach Budapest. Ich erinnere mich daran, wie er durch das Gartentor meiner Tante trat. Er schritt mit seinem üblichen federnden Gang einher – als ob er gerade von einem Ausgang, einem Spaziergang, einer Verabredung zurückkäme.

Einige Wochen später kehrte er zu Antzi zurück, einer früheren Freundin, die ihn zu Kriegsbeginn wegen eines Armeeoffiziers, der später in Rußland gefallen war, verlassen hatte. Antzi war eine Frau aus dem Dorf, die es geschafft hatte, sich in Debrecen als Maniküre und als Fotomodell ihren Lebensunterhalt zu verdienen. Wie bei jenen ach so zufälligen Zusammentreffen, die man in den Romanen von Dumas und Dickens so gerne als romantische Überdosis entlarvt, war ihre Großmutter die Schwester jenes Christenmädchens, das die Juden von Tiszaeszlár angeblich 1882 in einem Ritualmord getötet hatten, das in Wahrheit jedoch in der Theiß ertrunken war. Und Mishis Großvater Samuel war es gewesen, der die Initiative ergriffen hatte, damit die zur Verteidigung der Juden, welche schließlich freigesprochen wurden, erforderlichen Mittel aufgetrieben wurden.

Meine Mutter und ihre Schwester redeten Mishi die Heirat mit Antzi ein, die damals, 1946, Anfang Dreißig war. Sie hielten ihm vor, daß es für ihn, der über die Dreißig hinaus sei, an der Zeit wäre, sich in einer dauerhaften Beziehung zu binden, Geld für ein richtiges Heim zu verdienen und sich eine ordentliche Stellung zu besorgen.

Mishi übernahm – zu einem so niedrigen Preis, daß es praktisch eine Erbschaft war – eine Reifenreparaturwerkstatt im Zentrum von Budapest. Der Besitzer war ein Freund aus dem Zwangsarbeiterlager, der 1946 zu der Überzeugung gelangte, daß die Kommunisten in Bälde Ungarn übernehmen und alles verstaatlichen würden, und daraufhin über die österreichische Grenze floh und nach Argentinien auswanderte. Ursprünglich versuchte dieser Freund, Mishi dazu zu überreden, er solle sich ihm anschließen, doch Mishi, der damals in der in Opposition zu den Kommunisten stehenden Bauernpartei aktiv war, war überzeugt, daß sein Freund unter einem Verfolgungswahn litt. Mishi weigerte sich, ein Verlassen Ungarns, des Landes seiner Vorväter, in dem er geboren war, auch nur in Betracht zu ziehen. Nur einmal in seinem Leben hatte er ungarischen Boden verlassen, und auch das nur, weil er mußte: im Zweiten Weltkrieg.

Etwa ein Jahr später begann die Machtübernahme durch die Kommunisten, und es wurden zunächst große, dann auch kleine Betriebe enteignet. Mishi entging diesem Schicksal durch einen glücklichen Zufall, der in den Augen vieler Familienangehöriger wie auch anderer Menschen an ein Wunder grenzte.

An einem lieblichen, sonnigen Frühlingsnachmittag saß Mishi auf einem Gartenstuhl vor seinem Geschäft. Pfeife paffend und gekleidet in einen frischgebügelten, konservativ geschnittenen, perlgrauen Anzug – seine Lieblingsfarbe –, schien er die Verkörperung von Behaglichkeit und Zufriedenheit. Als er so auf die vorüberziehende Menge blickte und darauf wartete, daß seine Freunde vorbeikamen, hielt ein sowjetischer Militärlastwagen vor ihm. Ein Armeeoffizier stieg aus und sprach ihn in einer fremden Sprache an.

Mishis Russischkenntnisse erschöpften sich in dem Satz, er verstehe kein Russisch. Darauf schaltete der Major auf Deutsch um, die einzige Fremdsprache, die Mishi noch aus seiner Kinderzeit ein wenig beherrschte, als sein Vater ihn zwang, sie zu lernen, weil es die Reichssprache war.

Es stellte sich heraus, daß der Major Armenier war und den Lastwagen angehalten hatte, weil er nach einem Blick auf Mishi diesen aufgrund seiner olivfarbenen Haut, seiner Adlernase und seines dunklen Haares ebenfalls für einen Armenier gehalten hatte. «So wie Sie in diesem Stuhl gesessen haben, haben Sie ausgesehen wie ein Pascha, wie einer aus meinem Volk», sagte der Armenier zu ihm.

Mishi lachte und sagte, daß er den Irrtum für ein Kompliment halte, denn er sei nicht so schlau wie ein Armenier, und irgendwie gelang es ihm, in seinem gebrochenen Deutsch einen Witz über einen Armenier, einen Juden und einen Türken zu erzählen, in dem der Armenier die beiden anderen bravourös austrickste. Der Witz brachte den Armenier zum Lachen. Daraufhin lud Mishi ihn ein, seine Spezialität – eine Abart des türkischen Mokkas – zu probieren und gab dabei, wieder in seinem gebrochenen, einfachen Deutsch, seine Lieblingsgeschichte zum Thema Kaffee zum besten:

Im besten Kaffeehaus des Himmels werden auf der Speisekarte verschiedene Arten von Kaffee aufgeführt: mit Zimt und mit Schokolade, mit Kardamom und geschlagener Sahne, mit Brandy und mit Zichorie. Jede Kreation hat ihren eigenen Phantasienamen und Phantasiepreis. Doch «*nur ein Kaffee*» ist der billigste, schlichteste und beste Posten auf der Karte und für den Kenner wie den Herrn selbst der einzig richtige Kaffee.

Dem Armenier gefiel Mishis kleine Anekdote, Mishis Kaffee, Mishi selbst. Er erzählte Mishi, er habe auf seinem Laster an die zwanzig ausgezeichnete, brandneue Radios der berühmten Marke Minerva, direkt aus dem Deutschen Reich, die er persönlich in der Fabrik, wo sie hergestellt wurden, «befreit» hatte, und er wolle sie an Mishi verkaufen. Mishi sagte, er habe kein Geld, um solche Sachen zu kaufen, und abgesehen davon habe er Angst, dabei gefaßt zu werden und wegen Hehlerei ins Gefängnis zu kommen.

Der Armenier antwortete, daß Mishi die Radios auf Kommission haben und sie bezahlen könne, wenn er sie alle verkauft habe, wie lang auch immer er dazu brauche. Er habe es nicht eilig. Was Mishis Angst vor einer Verhaftung anging, so wollte er einen seiner Freunde – und er verfügte über beste Beziehungen – damit beauftragen, Mishis Geschäft in einen sowjetischen Staatsbetrieb zu verwandeln. «Dann wird kein ungarischer Verwaltungsmann es je wagen, Ihren Laden zu betreten», sagte der Armenier.

Nach einem erneuten kurzen Zögern willigte Mishi in beide Vorschläge ein. «Was hätte ich denn sonst tun sollen?» verteidigte er sich später vor seiner Familie. «Der Armenier war nett und schien es ehrlich zu meinen. Was kann man noch mehr erwarten? Außerdem habe ich mein ganzes Deutsch zusammengenommen, und die Anstrengung, in einer fremden Sprache zu reden, hat mich völlig erschöpft.»

Am nächsten Tag erschien der Freund des Armeniers und ließ Mishi einige Dokumente unterzeichnen, durch die das Geschäft in einen sowjetischen Staatsbetrieb umgewandelt wurde.

In den folgenden Jahren machte die Ungarische Volksrepublik und ihre allgegenwärtige Geheimpolizei einen weiten Bogen um Mishis Reifenreparaturwerkstätte, die als sowjetischer Staatsbetrieb unter der Leitung Mishis registriert war. Nicht nur war der Laden auf Dauer vor der das ganze Land erfassenden, ohne Ausnahme durchgeführten Enteignungswelle gerettet – die Mishis sofortige Entlassung zur Folge gehabt hätte –, sondern Mishi verdiente auch zum erstenmal in seinem Leben eine Menge Geld, und das zu einem Zeitpunkt, als alle seine Verwandten und Freunde ihre liebe Not hatten, über die Runden zu kommen.

In seinem Büro hinter dem Laden fühlte Mishi sich sicher genug, um täglich Hof zu halten. Er machte Kaffee und unterhielt seine Freunde vom Landadel des Bezirks Szabolcs, allesamt Feinde des kommunistischen Regimes. Sie tauschten die neuesten Gerüchte aus über Verhaftungen und Verschwörungsversuche und andere typische Schicksale unter Stalin, dem «Großen Vater der friedliebenden Menschheit», und sie diskutierten, ob an den Anklagen des Regimes wegen antikommunistischer Verschwörungen wirklich ein Körnchen Wahrheit sei.

Die Offiziere der Sowjetarmee standen aus gutem Grund im Rufe, zu plündern und Ungarn als feindliches Gebiet zu behandeln. Wie für die meisten Ungarn, so war die Sowjetarmee auch in Mishis Augen eine feindliche Besatzungsmacht, und nur sehr wenige Ungarn hätten einem sowjetischen Offizier einen freundlichen Empfang bereitet. Doch irgendwie, aus Gründen, die er nie erklären konnte, konnte Mishi in dem Major mit dem roten Stern auf der Mütze einen Gast sehen, und diese Gastfreundschaft machte alles anders.

In einer heilen Welt zieht eine gute Tat die nächste nach sich – so wie an einem gesunden Baum ein Ast austreibt und als Gegenpol zu einem anderen Ast heranwächst. Eine geheime Symmetrie verbindet den armenischen Major der russischen Armee, der für Mishis Glück nach dem Zweiten Weltkrieg verantwortlich war, mit den russischen Kriegsgefangenen des Ersten Weltkriegs, die von Mishis Vater drei Jahrzehnte zuvor begrüßt, gespeist und angestellt wurden. Das scheinbar zufällige Zusammentreffen Mishis mit dem Major auf dem Asphalt Budapests hat seine Wurzeln im Sand von Gyulaj. Denn im Hauptbuch der Moral werden die Verdienste, die sich der Vater durch seine Großzügigkeit erworben hat, seinem Sohne zugute gehalten.

Mishi hätte über den talmudischen Begriff eines Hauptbuchs der Moral nur gelächelt, er wäre für seinen Geschmack zu bedeutungsschwanger gewesen. Aber als eingefleischter Geschichtenerzähler, der sich in einen hübschen Satz verlieben konnte, hätte er voll Entzücken dem Bild zugestimmt, daß er die Chips seines Vaters im Basar der Gunstbezeugungen und Gefälligkeiten eingetauscht hatte.

Der in Wien, jenseits der Minenfelder und unter Strom stehenden Drähte des Eisernen Vorhangs stationierte Armenier besuchte Mishi ein- oder zweimal im Jahr und brachte so in Ungarn unauffindbare Luxusartikel wie echte Schokolade und brasilianische Kaffeebohnen, Nylonstrümpfe und Kaugummi mit. Mishi bestand darauf, die Artikel, die er für sich und seine Familie kaufte, zu bezahlen, und er fand einen Freund, der den Verkauf des Rests besorgte.

Von Zeit zu Zeit mußten seine Angestellten sich um die platten Reifen sowjetischer Fahrzeuge kümmern, doch die Ungarische Volksrepublik und ihre immer wachsende Geheimpolizei achteten nicht darauf, ob in dem Laden Geld verdient wurde, weil auch die Reifen anderer Kunden repariert wurden. Das Geschäft blühte.

Onkel Mishi und Tante Antzi kauften ein Stück Land in einem Dorf etwas außerhalb von Budapest namens Remete, was auf ungarisch so viel wie «Einsiedler» bedeutet. Sie bauten ein einfaches, kleines einstöckiges Häuschen mit zwei Zimmern, einer Küche und einem Badezimmer – ein weiterer Raum sollte nach der Geburt eines Kindes dazugebaut werden.

Mishi stand um fünf Uhr morgens auf, um den Bus in die Stadt zu nehmen, und er verließ sein Geschäft genau um halb fünf, um den Bus nach Hause zu erwischen. Das Pendeln kostete ihn jeden Tag vier Stunden, aber, wie er sagte, das Leben in Remete war es ihm wert. Der Bus, in den er in den Außenbezirken Budapests umsteigen mußte, kam immer zu spät, und er prahlte damit, «den Bus geschlagen zu haben», wenn er das Fahrgeld sparte und die letzten drei Kilometer nach Hause zu Fuß ging. «Gehen gehört zu den besten Dingen auf der Welt», sagte er immer.

Er ging ohne Hast, sein Schritt hatte nur wenig mit dem zielgerichteten Gang eines Menschen gemein, der an einen bestimmten Ort gelangen will und sich sorgt, er könnte zu spät kommen. Doch er schleppte sich auch nicht langsam und lustlos dahin wie jemand, der sich voll Resignation nach Hause, an den Arbeitsplatz oder in die nächste Kneipe begibt. Mishi schritt mit dem zuversichtlichen, federnden, stetigen Gang eines Forschers aus, der der nächsten Biegung der Straße entgegensieht. Er ging so, wie die Frommen beten: als ob nichts anderes auf der Welt von Bedeutung wäre.

Er legte einen bunten Gemüse- und Blumengarten an, zog Gänse und Hühner und pflanzte Obstbäume. Der Hühnerhof war vom Garten durch eine dichte Fliederhecke getrennt, genauso wie es schon im Haus seiner Eltern gewesen war.

Die Familie ermutigte ihn: Er sagte, sein Ziel sei, ein wenig vom Glanz Gyulajs zurückzubringen.

Antzi blieb zu Hause und kümmerte sich um Haus und Garten. Aber, wie sie selbst sagte, sie machte sich nur ungern die Hände schmutzig, und wenn sie auch in einem Dorf geboren war, so konnte doch niemand von ihr erwarten, daß sie mit Freuden auch den Rest ihres Lebens in einem Dorf verbringen würde, schon gar nicht nach den Jahren des Stadtlebens in Debrecen. Sie unterlief einige von Mishis Projekten – beispielsweise sagte sie, sie hasse Gänse, und am Ende entledigte sie sich ihrer auch. Mishi verrichtete die Hauptarbeit im Küchengarten, er sagte, es mache ihm Spaß.

Mishi sagte, er vermisse die Tage seines ungebundenen Lebens nicht im geringsten. Er sei der Stadt überdrüssig, wo Gebäude und Pflaster, die Gesichter der Menschen und die Büroräume «die Farbe nasser Asche» hätten – und häufig noch schlechter röchen. Er sei bereit, in die Fußstapfen seiner Eltern zu treten, so erklärte er. Das Dorf Remete war für ihn wie «eine Heimkehr zur gesegneten Farbe Grün».

Er erstand ein schwarzes Hündchen – eine Promenadenmischung, weil er selbige für die beste hielt, und schwarz, weil schwarz ihm die passendste Farbe für einen Hund schien –, und er dressierte ihn und sprach mit ihm wie mit einem Kind. Der Hund wurde Matyi getauft – das war der Spitzname des ungarischen Diktators Mátyás Rákosi –, was nicht ungefährlich war, denn irgend jemand hätte ihn bei der Obrigkeit anzeigen können, und damals brachte es ein oder zwei Jahre Gefängnis, wenn man sich über den Führer lustig machte. Manchmal, wenn ihn der Teufel ritt, suchte sich Mishi ein gutbesuchtes Kaffeehaus oder einen Bus aus, um mit lauter Stimme einem Freund zuzurufen: «Dieser verdammte stinkende Matyi hat meine Strümpfe angefressen!», und dann beobachtete er amüsiert, wie die Leute flüsterten oder nervös um sich blickten, und manche ein paar Schritte von ihm abrückten.

Matyi, der mit den Kindern Fußball spielte und an jedem Familienmitglied hing, war ein unternehmungslustiges Männchen, und da er nie an die Kette gelegt wurde, strich er nachts durch das Dorf. Mishi war auf Matyis amouröse Abenteuer sehr stolz, und die gesamte Familie mußte sich anhören, daß Matyi wieder einmal mit einem in Fetzen hängenden Ohr oder mit einem weiteren Schlitz an den Rippen vom «Feld der Liebe und der Ehre» zurückgekehrt war.

Die Hauptrolle in einer von Mishis Lieblingsgeschichten spielte eine prächtige weiße Schäferhündin, die preisgekrönte Abart einer ungarischen Rasse namens *komondor*. Sie war zweimal so groß wie Matyi, und ihr Besitzer, der mit ihr eine Zucht aufbauen wollte, errichtete einen zwei Meter hohen Palisadenzaun, um sie vor Kötern wie Matyi zu schützen. Doch eines Nachts bissen Matyi oder die Schäferhündin ein Loch in den Zaun, und in angemessener Frist gebar sie zwei Welpen, einen schwarzen und einen weißen, und beide sahen genauso aus wie Matyi.

Bald nach diesem Ereignis, von dem Mishi pflichtgemäß seiner

Familie berichtete, ging ein sintflutartiger Regenguß nieder, der die Hundehütte der Schäferhündin überschwemmte. So ungewöhnlich dies auch erscheinen mag, die Hündin schleppte ihre Welpen zu Matyis Hütte, welche trocken blieb, da sie auf einem Betonsockel erbaut war, und ließ sich dort häuslich nieder. Obwohl die meisten Hunde in einem solchen Fall einen anderen Hund bekämpfen würden, akzeptierte Matyi das Arrangement – «Was für ein Gentleman!» sagte Mishi –, schlief vor dem Eingang seiner Hütte und spielte mit den Welpen.

«Ich habe einen guten Vater aufgezogen», sagte Mishi voll Stolz. Nachdem die Schäferhündin ihre Jungen entwöhnt hatte, kehrte sie nach Hause zurück. Mishi aber behielt den männlichen Welpen, der schwarz und auch sonst in jeder Hinsicht eine Kopie Matyis war.

Von Anfang an gab es in dem Haus in Remete Feuchtigkeitsprobleme. Kein Architekt und kein Ingenieur, keiner unter all den Tausendsassas und handwerklichen Alleskönnern, die Mishi zu Rate zog, konnte eine Lösung für dieses Problem finden. Man konnte Isolierungen anbringen, soviel man wollte; nicht einmal ein neues Fundament half etwas. Irgendwie sickerte auf hinterhältige Weise die Feuchtigkeit in die Wände, ließ die Farbe sogar an den Decken abblättern und löste den Gips auf, der zuerst aussah, als habe er einen Ausschlag, und dann abbröselte. Selbst im Sommer verströmten die Zimmer Kälte und Klammheit und rochen nach Moder. Es war, als ob das Haus Tränen vergoß. Und das Fundament für das dritte Zimmer, ein fast dreißig Zentimeter hoher Betonsockel, rief jedem ins Gedächtnis, daß das erhoffte Kind ausgeblieben war.

Die früher so lebenslustige und fröhliche Antzi wurde sauer wie eine Flasche Wein, die man offenstehen hat lassen. Manchmal vertraute sie einer Verwandten an, ihre gedrückte Stimmung rühre daher, daß ein weiterer Arzt ihr erklärt hatte, sie habe praktisch keinerlei Aussicht, ein Kind zu gebären.

Schon vor ihrer Hochzeit hatte sie heimlich getrunken, und im Verlauf der Jahre trank sie immer mehr und immer weniger heimlich. In ihrer Jugend hatte sie fein gezeichnete, klar geschnittene Gesichtszüge, doch der Alkohol und der Kummer – und wer könnte schon sagen, was zuerst kam? – lösten sie zu aufgequollener, teigiger Formlosigkeit auf.

Mishi beklagte sich nie und setzte eine tapfere Miene auf. Seine Schwestern und Schwägerinnen waren der Meinung, daß sein Schweigen über die Trunksucht seiner Frau sein Leid nur vermehrte, doch seine Brüder und Schwager fanden es ebenso männlich wie richtig, seine Probleme für sich zu behalten. Nichtsdestoweniger war Mishi derjenige, an den sich jeder in seiner Familie oder unter seinen Freunden wandte, der ein Problem hatte. Er zeigte immer Mitgefühl und half, wo er konnte, und er hatte eine Art, den anderen seine Lösung des Problems als ihre eigene Idee einzuflößen.

Im Frühling und im Sommer lud er Familie und Freunde am Sonntag in den geräumigen Innenhof ein. Er servierte ihnen frisches Obst von seinen Bäumen und Kompott und Konserven von diesen Früchten – das Werk meiner Mutter Anna. Er hatte einen Lieblingsbaum, der aromatische Aprikosen so groß wie ausgewachsene Pfirsiche trug. Zuerst hatten sie die Farbe von Elfenbein, später wurde daraus eine Mischung aus mildem Gelb und fleischigem Rosa im Stil der französischen Impressionisten, mit unvermittelten Strichen aus Scharlachrot. Mishi sagte gerne, seine Aprikosen «schmeckten nach Gyulaj».

Und selbstverständlich braute er seinen Spezialkaffee. Er bewahrte die Kaffeebohnen in einer verbeulten Blechdose auf, die er schon seit seiner Jugend besaß, und röstete sie in einer schweren, schmiedeeisernen Pfanne, die einzig für diesen Zweck verwendet wurde. Sodann mahlte er die Bohnen in einer alten, hölzernen, mit Messing eingefaßten Handmühle. Er drehte langsam am Griff – oder einem jungen Neffen wurde die Ehre zuteil, unter seiner Anleitung diese Aufgabe zu übernehmen. Doch niemandem unter achtzehn war es gestattet, das starke, wohlriechende Gebräu zu probieren, das er in altem Wiener Porzellan, blau-gold, mit Schäfern und Schäferinnen auf den Tassen, servierte. Es stand auf einem silbernen Tablett, das mit einem zierlichen, verspielten Rand eingefaßt war.

Abgesehen von allem, was mit Kaffee zu tun hatte, war Mishi ein Anhänger der Schlichtheit. So trug er beispielsweise nur selten etwas anderes als eine unauffällige Krawatte, meist dunkelblau oder hellrot. Sein Lieblingsgericht war Bohnensuppe, mit dem gerade erhältlichen Fleisch angereichert. «Eßt das Essen der Armen und arbeitet für die

Reichen!» so zitierte er ein altes türkisches Sprichwort. Und Bohnensuppe war so ungefähr das einzige Gericht, das Tante Antzi jemals für die Familie zubereitete.

Das Abendessen wurde an einem kreisförmigen Grillplatz eingenommen, einer mit Feldsteinen ausgelegten Vertiefung, wo zehn Leute aneinandergedrängt essen konnten, mit jeder Menge Platz für die Beine in dem Graben rund um die Mulde. Es war eine Art von Festmahl, wie es unter den Schäfern auf den Feldern oder unter den Jägern im Wald üblich war. In der plötzlichen Kühle, die sich auch im Sommer nach Sonnenuntergang herabsenkte, kam das Feuer in der Mitte gerade recht, und die glühenden Funken waren in der Dunkelheit hübsch anzusehen.

Mishi reichte jedem einen kräftigen, ein Meter langen Zweig, den er von den Wildtrieben der Scheinakazien abgeschnitten hatte, die aus den Gräben Remetes emporschossen. Er spitzte ein Ende zu, an dem ein Stück Schinken aufgespießt wurde, das langsam über den Flammen geröstet wurde. Sobald das Fett zu tropfen begann, wurde der Stock vom Feuer entfernt und über eine dicke, mit Zwiebeln bedeckte Scheibe Brot gehalten. Wenn das Brot mit heißem Fett getränkt und geröstet war, war es fertig zum Essen. Am Ende war der Schinken kroß und wurde ebenfalls mit weiterem Brot und noch mehr Zwiebeln gegessen. Die Zwiebeln waren frisch aus dem Gemüsegarten gestochen, und das Brot war dickes, krustiges Brot vom Land, oft von meiner Mutter gebacken, der es nicht das mindeste ausmachte, früh aufzustehen, um Brot zu backen. Mishis Augen funkelten, wenn er ihr Brot anpries – und das war die Art Beifall, die meine Mutter sich wünschte.

Onkel Mishi begrüßte jeden Gast, als ob er ihn oder sie seit Jahren nicht mehr gesehen hätte, und beim Abschied begleitete er jeden mindestens bis zum Tor, das hundert Meter vom Haus entfernt war. Die letzten, die gingen, begleitete er den ganzen Weg bis zur Bushaltestelle, fast achthundert Meter.

Allem Anschein nach führte Mishi ein bezauberndes Leben, und das kleine Haus auf dem sanften Hügel, mit seinem Innenhof und seinem Obstgarten, seinem Garten und seinem Grillplatz bildete eine idyllische Szenerie – eine Szenerie wie aus einem Zigeunerlied.

Mishis ganzer Stolz war sein Rosengarten. Die Rose war für ihn die vollkommenste Blume – ja die Verkörperung der Vollkommenheit selbst. Er pflanzte auch andere Blumen an – Nelken, Ringelblumen und Portulak zum Beispiel –, aber er mochte sie nur wegen ihrer rosenähnlichen Blüten.

Er pfropfte seine Rosen sorgfältig; er sprühte und düngte in den empfohlenen Zeitabständen. «Rosenzüchten ist eine Frage der Disziplin», sagte er. «Man muß tun, was getan werden muß, und man muß es zum richtigen Zeitpunkt tun, und die Rosenbüsche werden einem die Mühe hundertfach lohnen. Vor allem aber muß man sie lieben, und sie werden jede Zuneigung mit Sicherheit erwidern.»

Die Rosenbüsche dankten ihm seine Sachkundigkeit und seine Liebe. Sie waren außergewöhnlich kräftig, hatten einen guten Astaufbau und Jahr für Jahr eine Fülle von Blüten.

Mishi stand vor jedem Rosenstock eine Viertelstunde lang, wortlos und ohne einen Muskel zu rühren, und nahm jede vielversprechende Knospe, jede Blüte und jedes abgefallene Blütenblatt in Augenschein. «Alles Liebenswerte dieser Erde ist in einer Rose enthalten», pflegte er zu sagen.

Nach seinem sechzigsten Geburtstag bekam er Probleme mit den Knien, und er versuchte, seine Rosen in einem Gartenstuhl sitzend oder daran lehnend hochzubinden. Als er nicht mehr genug Kraft hatte, um das Pfropfen selbst zu besorgen, ließ er den Stuhl an einer Stelle stehen, wo er den besten Blick auf die Rosen hatte. Er saß oft eine Stunde lang in dem Stuhl und bewunderte die Blumen.

In der Stadt führte Mishi ein anderes Leben. In den frühen fünfziger Jahren wurde sein armenischer Wohltäter befördert und nach Hause zurückgeschickt. Als er sich von Mishi verabschiedete, brachte er seinen Nachfolger mit, einen russischen Offizier, der Mishis neuer Mentor werden sollte – und der ihm alsbald ebenso zugetan war wie der Armenier. Nach der Revolution von 1956, als die sowjetischen Betriebe zum Beweis wachsender nationaler Unabhängigkeit an die ungarische Regierung verkauft wurden, wurde auch Mishis Geschäft schließlich verstaatlicht. Doch zu diesem Zeitpunkt galt Mishi bereits als vertrauenswürdiger, langjähriger Angestellter – und nicht als ehemaliger Kapitalist –, und er blieb bis zu seiner Pensionierung Ende der sechziger Jahre der Geschäftsführer.

Mishis Niedergang setzte ein, als er aufhörte, sich in der Morgendämmerung in die Stadt zu begeben und im Büro Verwandte und Freunde zu empfangen.

Es kam die Zeit, in der er sein Haus monatelang nicht mehr verließ. Er kaufte einen Fernsehapparat, fand jedoch die Zigeunermusik und die Schauspielerinnen «zu weit weg» auf dem Schirm. Einige Familienangehörige besuchten ihn, blieben jedoch nicht lange, denn seine betrunkene Frau war peinlich und beleidigte die Leute.

«Er bot einen schrecklichen Anblick», schrieb sein Bruder Shumi in seinen Memoiren. «Wir litten unter unserer Unfähigkeit, ihm irgendwie zu helfen. Wir besuchten ihn häufig, doch ich glaube, daß diese Besuche keinem von uns Freude machten. Wir verließen ihn immer voller Verzweiflung.»

Shumi und andere Verwandte versuchten, das Haus in Remete zu verkaufen und Mishi und Antzi zu einem Umzug nach Budapest, in die Nähe der Familie, zu bewegen. Doch dieses Mal war es Antzi, die sich weigerte.

Seine Freunde von früher starben einer nach dem anderen, oder sie wurden zu gebrechlich, um den langen Weg von der Bushaltestelle zu seinem Haus zurückzulegen, und die wenigen Gäste, die sich zu ihm hinauswagten, mußten schreien, damit Mishi sie hören konnte. Er schien jegliches Interesse an Politik und Theater verloren zu haben. Er saß in seinem Lieblingssessel aus geschnitzter Eiche, in der Nähe eines grünen Kachelofens, ganz ähnlich dem, der das Haus seiner Eltern in Gyulaj beheizt hatte. «Oh, mir geht es gut, mir geht es gut», sagte er immer, halbherzig und abwesend, und nur zwei Klagen kamen über seine Lippen. Er sagte, ihm sei immer kalt, sogar in den dicken Pullovern, die seine Schwestern für ihn strickten. Und er sagte, er könne nicht mehr gehen, ohne in den Beinen stechende Schmerzen zu spüren. Er konnte nicht einmal mehr seine Gäste bis zum Tor hinausbegleiten.

Einen halben Nachmittag lang starrte er stumm auf die Reproduktion eines Rembrandt-Gemäldes, das seit Jahrzehnten über seinem Bett hing: das Porträt eines alten Soldaten, dessen prachtvoller, glänzender Messinghelm in scharfem Kontrast zu seinem erschöpften, ausgemergelten Gesicht stand, das mit dem dunkelbraunen Hintergrund verschmolz. Irgend jemand fragte Mishi, um ihn aufzuheitern: «War die Kunststudentin, die diesen Rembrandt für dich kopiert hat, blond oder rothaarig?»

«Sie war jung», war alles, woran Mishi sich noch erinnern konnte.

Er döste ein, und in seinen Träumen ritt er auf einem Pferd in Gyulaj oder fuhr in einem Wagen über die endlosen Steppen Rußlands.

Meine Mutter rief ihm eine Geschichte in Erinnerung. Mit einundzwanzig hatte er versucht, ein junges Pferd zuzureiten. Doch das Pferd wehrte sich und warf ihn schließlich ab.

Einige Dorfbewohner fanden Mishi bewußtlos auf den Feldern und brachten ihn, in ein Bettuch gewickelt, nach Hause. Der Arzt fand zwar keine gebrochenen Knochen, diagnostizierte jedoch eine schwere Gehirnerschütterung und empfahl vollständige Ruhe in einem abgedunkelten Raum. Einen Tag später kam Mishi wieder zu Bewußtsein, fand jedoch nicht zu seiner typischen Ausgelassenheit zurück. Er rührte seine Lieblingsgerichte kaum an; seine besten Freunde konnten ihm kein Lächeln entlocken. Nicht einmal das hübsche Zigeunermädchen, das man zu seiner Unterhaltung aus dem Nachbardorf hatte kommen lassen, löste eine Reaktion bei ihm aus.

Der Doktor riet weiter zu Geduld. Die Tage vergingen, und Mishi war lustlos, niedergedrückt und nicht aus seinem Zimmer zu bewegen – nicht einmal aus seinem Bett.

Schließlich hatte Shumi, damals schon Familienoberhaupt, einen glänzenden Einfall: Eines Morgens fuhr er mit der Kutsche nach Nyíregyháza und lud Mishis Freund, den Zigeunergeiger Aladár Mantu, ein, um Mishi aufzuheitern. Mantu packte auf der Stelle seine Taschen, und am Abend schon fand er sich an Mishis Bett ein. Doch Mishi erkannte ihn kaum. Da begann der Zigeuner, ganz leise Mishis Lieblingslieder zu spielen, und Mishi setzte sich im Bett auf.

Mantu, der im Gästezimmer untergebracht und wie ein Staatsbesuch behandelt wurde, spielte fast den ganzen folgenden Tag. Am Abend stieg Mishi aus dem Bett und begann zu singen. Nach einigen weiteren Tagen voll Musik war Mishi wieder der alte.

Mantu kehrte, mit Geschenken überhäuft, nach Níregyháza zurück, und sein Ruhm als «Wunderdoktor mit der Geige» verbreitete sich schnell im ganzen Land.

Mishi hörte der Geschichte aus seiner Jugend mit dem Ansatz eines Lächelns zu und sagte dann: «Jetzt ist es zu spät für einen Zigeuner.»

Er las seine Lieblingsromane wieder – die Romane von Móric Jókai, dem ungarischen Charles Dickens. Jókai, der schon der Lieblingsautor von Mishis Vater gewesen war, hatte keine Kinder gehabt. Doch als Dichter setzte er Tausende in die Welt: unglückliche Liebhaber, die nur einmal liebten; Frauen, die schworen, Ruhm oder Verderben über ihre Männer zu bringen, und das auch taten; gemeine Bauern, die Könige verteidigten; Schurken, die wie Shakespeares Richard III. mit äußerster Entschlossenheit Schurken waren. Mishi malte sich aus, er sei eine unter Jókais von Leidenschaften getriebenen, von Träumen und Alpträumen besessenen Figuren, die oftmals einem Schicksal entgegengehen, das ihnen schon bei ihrer Geburt geweissagt oder schon Generationen zuvor bestimmt wurde.

Dann kam eine Zeit, in der er kaum noch sprach und sich selten rasierte. Seine beiden Schwestern weinten, als sie sahen, wie wenig er aß. Die Asche der vom Arzt verbotenen Zigaretten befleckte seine zerknitterten, abgetragenen Hosen. Doch er bereitete noch immer seinen Spezialkaffee zu, obwohl der Doktor ihn drängte, darauf zu verzichten. Sein dunkles Haar wurde weiß, seine dunkle Gesichtsfarbe verblaßte ins Aschgraue. Monatelang weigerte er sich, sich von einem Arzt untersuchen zu lassen. Schließlich willigte er ein, einen Arzt zu empfangen, einen Freund aus den Tagen des Zwangsarbeiterlagers, der sagte, Mishi habe Arteriosklerose, die Krankheit sei jedoch keine ausreichende Erklärung dafür, daß es mit ihm so rasant bergab gehe. Er meinte, daß die Belastungen seines häuslichen Lebens der Grund für seine schlechte Verfassung sein könnten.

Mit Ausnahme seiner engsten Verwandten schien Mishi keine Besucher mehr zu schätzen. Als sein Neffe Levente ihn aufsuchte, um ihm seine neugeborene Tochter vorzuführen, saß Mishi mit dem Baby in den Armen da, und die Tränen fielen auf das Kind. «Mein kleines Mädchen», sagte er immerzu, «mein kleines Mädchen». Er konnte den Tränen nicht mehr Einhalt gebieten.

«Er wurde am 21. März 1903, am Frühlingsanfang, geboren», schrieb sein vier Jahre älterer Bruder Shumi in seinen Memoiren. «Er ging am 20. November 1972, mit dem ersten Schneefall des Jahres, von uns. Fast siebzig Jahre standen wir einander nahe, und ein grenzenloses gegenseitiges Vertrauen verband uns – wenn auch mehr in Sorgen als in Freude. Ich werde ihn immer so vor mir sehen, wie er in unserer Kindheit war: reizend, gewandt, gesprächig und klug. Er war bei all meinen Spielen, Streichen und Abenteuern dabei. Ich gab ihm den Spitznamen «Äffchen», weil er mich immer nachmachte – aber der Name störte ihn nicht. Wir beide gingen zusammen unter den Walnußbäumen in unserem Garten, wir strichen durch die Wiesen und verliefen uns hinter dem Dorf. Wir sprangen in den verbotenen Teich namens *Ziegelmacher*, und wir ließen uns von Pferde- und Ochsenwagen mitnehmen.»

Zu Mishis Begräbnis kamen viele Frauen. Einige darunter kannte die Familie noch aus seiner Jugend; andere waren Fremde. Sie alle brachten Rosen mit.

Von einem uniformierten Boten wurde ein riesiger Strauß hereingetragen und auf dem Grab niedergelegt. In goldenen Lettern stand auf dem schwarzen Band: «Meinem geliebten Mishi.» Ein Cousin zählte hundert Rosenknospen.

Sie waren alle rot.

Meine Mutter Anna und mein Vater Aladár Ende der dreißiger Jahre

13.
Honigkuchen, Honigkuchen

Wohin ist der trügerische Schein entschwunden?
Wo sind sie hin, Ruhm und Träume?

WORDSWORTH, «Intimations of Immortality»

Meine Mutter Anna kann sich nicht mehr daran erinnern, wann sie zum erstenmal den berühmten Honigkuchen ihrer Cousine Jenny probierte, der über viele Jahre hinweg in unserer Familie, wo man sich seit jeher ein Vergnügen daraus machte, Kuchen zu backen, zu essen und fachmännisch zu beurteilen, als der beste galt. In der Zeit zwischen den Weltkriegen wurde Jennys Honigkuchen nicht nur während der flüchtigen Wonne des Verzehrs mit diesem Kompliment bedacht, sondern als Resultat langwieriger Vergleichsstudien in der nach Vanille duftenden Trägheit so manchen Sonntagnachmittags.

Traditionellerweise wird das Fasten an Jom Kippur mit einem Stück Honigkuchen von der Größe eines kleines Apfels beendet – was entweder der Funktion des Honigs als Energiespender geschuldet ist oder seiner Rolle als bevorzugtes Nahrungsmittel in der Bibel oder vielleicht auch beidem. Honigkuchen gibt es auch sonst das ganze Jahr über als eine Art für jeden Zweck geeigneter, schlichter Allerweltskuchen. Der Honigkuchen an sich scheint Vergleich und Wettbewerb ebenso herauszufordern wie, sagen wir, eingemachte Aprikosen und Stachelbeeren, wo Geschmack und Biß der Früchte so wunderbar variieren wie die Rezepte. Dagegen müssen die Klassiker der Konditoreikunst, beispielsweise der Rigó Jancsi und der Indiáner in Ungarn, immer nach exakt den gleichen Rezepten hergestellt werden, mit der sklavischen Präzision des Chemikers, der nach einer Formel Dynamit mischt.

Freilich hat der Honigkuchen auch seine Gegner; ja, man hat ihn sogar als den armen Verwandten eines «richtigen» Kuchens bezeichnet. Historisch lassen sich seine Ursprünge bis zum Reich der Osmanen zurückverfolgen – wo Paschas und Bauern gleichermaßen nach honiggetränktem Teig lechzten und süßer ein Synonym von besser war – und noch weiter zurück bis zum Ägypten der Pharaonen, wo der Honig verehrt wurde. Einige Kommentatoren der ungarischen Küche behaupten, daß der Honigkuchen eine Stufe unter so delikaten Kompositionen aus Schokolade und Walnuß rangiert wie zum Beispiel der Diós Torta oder der Dobos, die von Paris und Wien inspiriert sind.

Im Vergleich zu derartigen Symphonien aus Butter, Mehl und Zucker, Schokolade, Nüssen und Weckobst sticht der Honigkuchen durch eine Art Melodie hervor, die zugleich primitiv und raffiniert, elementar und geheimnisvoll ist – in vielem einem guten Volkslied ähnlich. Und genauso wie ein Schluck Zwetschgenwasser am Gaumen den Geschmack von frischen Zwetschgen hinterläßt, so bleibt der faszinierende Geschmack von Honig – ganz anders als die banale Süße des Zuckers – noch lange auf der Zunge zurück.

Cousine Jenny, die in den siebziger Jahren des letzten Jahrhunderts geboren wurde, war eine häusliche Seele, die in einem vornehmen Haus an einer ruhigen, baumbestandenen Straße in der Provinzstadt Debrecen lebte. Ihr Vater Lajos – benannt nach Lajos Kossuth, dem Führer der Revolution von 1848 in Ungarn – war das älteste der acht Kinder von Samuel Schwarcz und auch das wohlhabendste, denn gemäß jüdischem Brauch hatte Lajos die Hälfte des Vermögens seines Vaters geerbt. Jenny erbte als eines seiner fünf Kinder einen ansehnlichen Anteil davon und heiratete überdies einen wohlhabenden Mann, der plötzlich starb, als sie noch nicht einmal dreißig war. Ihren Angehörigen gab Jenny ein Rätsel auf: eine kluge, elegante, gebildete Frau, die sich nie mehr verheiratete. Sie sah gut aus und verfügte über gute Manieren, und sie lebte mit ihrem einzigen Kind zusammen, mit Lily, die gut zwanzig war und aussah und sich benahm wie Jenny.

Abgesehen von Verwandtenbesuchen verließ Jenny nur selten ihr Haus, und Lily, die in einem Büro in der Nähe arbeitete, ging nicht gerne aus. Lily schlug die Einladungen der hübschesten Männer der Stadt aus, und zwar ohne irgendeinen Grund zu nennen. Wie andere Frauen ihrer gesellschaftlichen Stellung – sie galten als Großbürger – empfingen sie einmal wöchentlich Besucher: von fünf Uhr bis acht Uhr jeden Sonntag, ausgenommen die heißen Augusttage, und im Winter eine Stunde früher. Im Mittelpunkt dieser ungarischen Variante des englischen Teezeremoniells standen verschiedenste frisch gebackene Kuchen, selbstgemachte Köstlichkeiten, die auf Silberplatten serviert und von hauchdünnen, feinen Porzellantellerchen mit einer silbernen Kuchengabel verzehrt wurden. Gelegentlich gab es auch mundgerechte Quadrate und Dreiecke, sogenannte «Tee-Sandwiches nach englischer Art». Doch eine weitaus beliebtere Attraktion war der *pogácsa*, ein salziges Gebäck, das mit Kümmel oder geriebenem Kohl oder mit Käse gewürzt wurde und an das englische *scone* (ein brötchenartiges Buttergebäck, Anm. d. Übers.) erinnert. Tatsächlich aber stammt es aus Asien und geht auf das türkische *bogaca* zurück, das die Nomaden in der Asche ihrer abends entzündeten Feuer buken, an denen sie sich wärmten und das Essen für den nächsten Morgen zubereiteten.

Auf einem niedrigen Tisch, bedeckt mit einer gestärkten, von Spitzen eingefaßten Tischdecke, reichte Jenny in einer zerbrechlichen Porzellankanne – weiß und am Rand vergoldet, mit roten Rosenknospen, die sich um ihren Bauch rankten – inmitten dazu passender Tellerchen und Täßchen aus frisch gerösteten Bohnen zubereiteten Kaffee. Zu dem Service gehörte ein Gefäß für heiße Milch und ein größeres und kunstvolleres für die geschlagene Sahne, die ein Mädchen in weißer Schürze unter Jennys wachsamen Blicken wenige Minuten vor dem Eintreffen der Gäste schlug. (Eine Stunde später, auf ein verabredetes Signal von Jenny hin, bereitete das Mädchen die nächste Portion zu.) Für die Kinder, die in einer Ecke in gebührlicher Entfernung der Perserteppiche zusammensaßen, gab es reichlich heiße Schokolade, an der die allzu Gierigen sich die Lippen verbrannten, die jedoch aus erzieherischen Gründen kochendheiß zu sein hatte. «Du mußt warten, bis sie abkühlt», hörte man warnend, nicht notwendigerweise von der eigenen Mutter. «Du mußt lernen, dich zu gedulden.» Häubchen geschlagener Sahne wurden auf die heiße Schokolade aufgesetzt, begleitet von einem Hinweis, den kein Kind brauchte: «Frische Sahne ist gut für dich.»

An jedem x-beliebigen Sonntag vermischten sich etwa zwanzig Verwandte mit einer Handvoll enger Freunde. Frauen und ältere Leute saßen, Männer, besonders jüngere Männer, blieben stehen. Die meisten Leute kamen einfach vorbei – «Ein paar Minuten nur, wirklich, ich wollte nur guten Tag sagen.» Innerhalb der Familie küßte jeder jeden auf beide Wangen, und ein junger Mann wie Mishi – frisch rasiert und voll Stolz auf sein Aftershave – bezeugte seine Ehrerbietung gegenüber den älteren weiblichen Verwandten mit einem zusätzlichen Handkuß. Meine Tante Mara kam ganz außer Atem an, ihr einziges Seidenkleid raschelte. Sofort verkündete sie: «Ich muß mich beeilen; ich muß noch einiges erledigen», setzte sich sodann und gab eine dreißigminütige Erzählung über einen Nachbarn zum besten, der eine unglaublich schöne neue Dahlienart gezüchtet hatte. «Du siehst wundervoll aus, Mara», erwiderte eine Tante. «Wann heiratest du?»

Die meisten Leute blieben zwei oder drei Stunden, weniger als eine Stunde wäre als Affront interpretiert worden. Gar nicht zu erscheinen barg gewisse Gefahren: Abwesende Verwandte und Freunde wurden unvermeidlich zum Ziel forschender Bemerkungen. So handelte sich eine Cousine, die sich kürzlich ein rotes Kleid hatte machen lassen – «vielleicht ein wenig zu rot», so die vorsichtige Eröffnungssalve –, die Bemerkung ein: «Sie hat eh schon zu viele Kleider, wozu braucht sie jetzt noch ein rotes?» Eine konservativ eingestellte Besucherin sagte, sie habe gehört, das Kleid sei ein wenig «gewagt». Dann nahm meine Mutter Anna, die sich selbst als «fortschrittlichen Menschen, der mit der Zeit geht» einschätzte, den Kritikern klug den Wind aus den Segeln, indem sie behauptete, «das Kleid sei, bei näherem Hinsehen, ein wenig altmodisch im Schnitt.»

Ein heikles Thema, über das sich drei Cousins verstohlen in einer Ecke unterhielten, war die Frage, warum eine bestimmte Tante mit einer anderen Tante nicht mehr sprach. (Beide waren abwesend, offensichtlich um einem Zusammentreffen aus dem Weg zu gehen.) Die abschließende Beurteilung, nachdem bis in alle Einzelheiten erörtert war, welche Tante zuerst die Gefühle der anderen verletzt hatte und die Vorgeschichte geklärt war, blieb neutral. Selbst wenn eine Parteinahme gerechtfertigt gewesen wäre, so wäre sie keinesfalls angebracht gewesen – und ganz bestimmt nicht beim Forum von Tante Jennys sonntäglichem Kaffeeklatsch, wo kein Mißklang die Eintracht stören durfte. Das einzig Richtige war, der Hoffnung auf eine Wiederversöhnung, vorzugsweise noch vor der nächsten Hochzeit oder Geburt in der Familie, Ausdruck zu verleihen.

Meine Mutter Anna schilderte in begeisterten Tönen ihren letzten Besuch beim älteren Bruder ihrer Mutter in Ungvár, «der zwanzig Jahre jünger aussah, als er war, und dessen Enkelin sich zu einem der begehrtesten Mädchen in der Stadt entwickelte». Sie fügte hinzu, sie spare Geld zusammen, um einige Cousins in Huszt zu besuchen. Beide Städte waren nicht mehr als zwölf Kilometer entfernt, lagen jedoch in der politisch feindlich gesonnenen Tschechoslowakei, was Zoltán, einen fünfzehn Jahre älteren Cousin zu der Frage veranlaßte: «Könntest du mir bitte einmal erklären, ich meine das nicht böse, was dich so am Reisen reizt, noch dazu ins Ausland?» «Ich bin einfach gerne unterwegs», lautete die fröhliche Antwort meiner Mutter, und ein anderer Cousin kam ihr zu Hilfe, indem er alle daran erinnerte, wie gerne ihr Vater gereist war. Nachdem dieser Charakterzug somit zum Familienvermächtnis erhoben war, trat Zoltán prompt den Rückzug an und erklärte, wie teuer ihm dieser liebe, liebe Mensch sei, der nicht mehr unter uns weilt».

Das wechselhafte Schicksal der Fußballmannschaft Debrecens, der Bocskays – meistens ging es bergab –, galt als unschickliches Thema, nicht nur, weil die Stadt nach jeder Niederlage in lautstarkes Klagegeschrei verfiel, sondern auch, weil Athleten generell mit ihrer kruden Zurschaustellung körperlicher Kraft nach herrschender Ansicht in einer höflichen Konversation nichts zu suchen hatten. Doch zu den seltsamen neuen Interessen der jungen Generation gehörte auch der Fußball, und einige Familienmitglieder hielten Bocskay die Treue. Ein toleranter Mensch wie meine Großmutter Róza fragte ihren Sohn Anti, der bekanntlich bei jedem Spiel von Bocskay in der Stadt anwesend war: «Aber warum können unsere Jungs keine Tore schießen?» Die Frage, die mit viel Sympathie für die Mannschaft vorgebracht wurde, löste eine langwierige Erklärung aus. Doch Róza hörte als einzige zu. Und wieder einmal versprach Róza ihrem Sohn, ihn bald einmal zu ihrem ersten Fußballspiel zu begleiten.

Politik, eine Angelegenheit, die vor allem die Männer ausgesprochen interessierte, war ein weiteres, nur am Rande gesellschaftsfähiges Thema. Nur ein Verwandter zu Besuch aus einer kleineren Stadt oder einem Dorf, der begierig war, mehr über die große Welt zu erfahren, oder ein befreundeter Journalist in zerknittertem Anzug mit fleckiger Krawatte erwähnte einen Namen wie Adolf Hitler. Ein verächtlicher Blick oder eine Bemerkung wie: «Verrückte, die der Rede nicht wert sind» setzte jeder weiteren Diskussion ein schnelles Ende.

Die Tabletts wurden wieder mit Kuchen beladen, und eine frische Kanne Kaffee wurde hereingebracht. «Ich muß jetzt gehen», sagte jemand. «Bitte bleib doch noch!» erwiderte Jenny, und jeder tat es. Die Zeiger der Großvateruhr bewegten sich nur höchst widerstrebend zum Auf und Ab der Unterhaltung, und die Schatten des Nachmittags vertieften sich gemächlich zur Dämmerung. Die Frauen blickten durch die Spitzenvorhänge, um zu sehen, ob es auch nicht zu spät würde. Sie waren am liebsten vor Einbruch der Dunkelheit zu Hause, was sie auch ein paarmal sagten, wenn sie auch an gutbeleuchteten und sicheren Straßen wohnten und ihre Häuser höchstens fünfzehn Minuten entfernt lagen. Wann immer sie sich zum Aufbruch entschlossen – und Jenny redete noch auf sie ein, doch noch zu bleiben, wenn sie schon im Mantel in der Garderobe standen –, konnten sie gewiß sein, daß ein männlicher Verwandter, mal war er zwanzig Jahre älter, mal zwanzig Jahre jünger und manchmal auch in ihrem Alter, ihnen anbot, sie, Arm in Arm, nach Hause zu begleiten.

Doch niemand, nicht einmal der schwatzsüchtigste Nachbar, hätte angedeutet, daß sich hinter dieser öffentlich zur Schau gestellten Intimität mehr als verwandtschaftliche Gefühle verbargen.

Obwohl Cousine Jenny eine vielseitige Kuchenbäckerin war, die gerne verschiedene Rezepte ausprobierte, gab es ein Produkt, das sie nahezu jeden Sonntag servierte: ihren Honigkuchen. Er wurde mit einem scharfen Messer in exakte Rauten geschnitten und hatte eine weiche, cremige Füllung, deren Zusammensetzung niemand mit Sicherheit hätte definieren können, die jedoch perfekt mit der Schicht selbsteingemachten Obstes harmonierte. Jenny bevorzugte Himbeeren und Zwetschgen. Himbeeren waren für sie der Inbegriff von Unschuld und Zwetschgen das Sinnbild des Überflusses, und das waren zwei Eigenschaften, die sie bewunderte.

Familienmitglieder, die weit herumkamen und die Honigkuchen anderer Häuser und anderer Länder kosteten, hielten Jennys Honigkuchen für den weichsten, cremigsten und köstlichsten, den sie je gegessen hatten. Ihrer Ansicht nach war er den überwürzten, schweren und oft trockenen Honigkuchen Rumäniens, die Nelken und Kardamom enthielten und mit Mandelsplittern bestreut waren – mit einem Glas Zwetschgenschnaps oder Wein schmeckten sie besser –, ebenso unzweifelhaft überlegen wie den klebrigen Kreationen aus Jugoslawien, Griechenland und der Türkei, die vor Honig trieften und mit Walnüssen oder Haselnüssen oder mit beidem vollgestopft waren. Jennys Honigkuchen stand auf einem anderen Niveau, er war eine Klasse für sich.

Wenn man ihr deswegen ein Kompliment machte, sagte Jenny «danke» in einem Tonfall, den einige Angehörige etwas kurzangebunden, ja sogar abschätzig fanden, und unterhielt sich dann weiter über die Konzerte, die sie besucht hatte, oder über die Bücher, die sie gelesen hatte.

Meine Mutter, die etwa dreißig Jahre jünger als Jenny war und mit ihr in der Kunst des Kuchenbackens rivalisierte, war von Jennys selbstsicherem Auftreten fasziniert. Und sie war in höchstem Maße neugierig auf das Rezept des Honigkuchens.

Jenny hatte ihre eigene Art, ein Rezept zu verraten – oder besser gesagt, es nicht zu verraten. Sie war zu wohlerzogen, um auf die direkte Frage hin, was sie denn in den Kuchen tat, keine Antwort zu geben. Also führte sie die obligatorischen Zutaten auf – Honig, Mehl und eingemachtes Obst – und tat dann so, als wäre das Backen selbst nur noch ein Kinderspiel. Wenn aber jemand sie nach Mengen und Portionen fragte, dann antwortete sie mit einem Vortrag über die Bedeutungslosigkeit von Zahlen. Oder wenn sie in anderer Stimmung war, erzählte sie, daß manche Zahlen ihr Unglück brächten – fünf zum Beispiel –, während andere Zahlen, wie die Drei und die Sieben, die Proportionen des Universums verkörperten und insofern wahrhaft mystisch und von tiefer Bedeutung seien.

Wenn es meiner Mutter oder einer anderen Verwandten irgendwie gelang, auf das Thema des Rezepts für den Honigkuchen zurückzukommen, seufzte Jenny auf und erwiderte, wie sehr es sie verwirre, daß die Leute sich immer so für ihr Backen interessierten, wo das Backen sie doch, um die Wahrheit zu sagen, kaum interessierte, und wer sie gut kannte, wußte das auch. Und in der nächsten Sekunde sprach sie davon, daß sie den Roman *Madame Bovary* unbedingt wieder lesen wolle und wie grausam doch Flaubert manchmal mit seiner Heldin umgehe, die keinesfalls so oberflächlich und flatterhaft sei, wie sie beschrieben wurde, sondern ganz im Gegenteil nur das hilflose Opfer ihrer Männer sei – vor allem eines Mannes: ihres Gatten.

Ein prosaischer Geist erwiderte dann darauf, daß Madame Bovary nur das Phantasiegeschöpf eines Schriftstellers sei und daß es uninteressant sei, über sie zu sprechen, als wäre sie ein leibhaftiger Mensch, der unsere Sympathie erwecken könnte.

Jenny bedachte die Person mit einem Blick, der eine Rose zum Verwelken gebracht hätte. Das war das Ende ihrer Geberlaune. Und auch die Schmeicheleien meiner Mutter, mit denen sie ihr wenigstens einen Teil des Honigkuchenrezepts entlocken wollte, fruchteten nichts mehr.

«Jenny liebte Geheimnisse», sagt meine Mutter, die auch Geheimnisse liebt, jedoch vorzugsweise solche, in die sie eingeweiht ist. «Jenny kam sich geheimnisvoller und daher auch wichtiger vor, wenn sie etwas nicht preisgab.»

Meine Mutter Anna auf der Hauptstraße von Debrecen, heute in «Straße der Roten Armee» umbenannt

Wie ihre Brüder und Schwestern und die meisten ihrer Vettern und Cousinen wurde auch Jenny nach Auschwitz deportiert und dort getötet. Ihre Tochter Lily beging 1941, einige Jahre zuvor, Selbstmord. Niemand weiß, warum, obwohl damals alle die Ursache in einer Liebesaffäre mit einem verheirateten Mann aus ihrem Büro vermuteten. Beide nahmen ihre Geheimnisse mit sich.

Meine Mutter aber konnte den Geschmack von Jennys Honigkuchen nicht vergessen. Schon als Jenny noch am Leben war, sammelte sie Hinweise und verstreute Informationsbrocken über das, was wohl hineingehörte, und probierte ihre Vermutungen aus. Sie produzierte manches Stück harten, oft geradezu ungenießbaren Kuchens, bis sie schließlich eine befriedigende Formel fand.

Das folgende Rezept ist das Ergebnis ihrer Experimente, die sie unermüdlich fast zwanzig Jahre lang durchführte.

Geben Sie 30 Gramm ungesalzene Butter, eine Tasse (etwa ein Viertelliter) Zucker, vier Eßlöffel Milch und drei Eßlöffel Honig in einen kleinen Topf. (Sie können jede Art von Honig verwenden, aber der dunkle Honig von Wildblumen verleiht dem Kuchen einen kräftigen, körnigen Geschmack, während der helle Akazien- oder Lavendelhonig den köstlichsten Duft hervorbringt.) Alles gut vermischen und umrühren. Auf kleiner Flamme erhitzen und abkühlen lassen.

Nehmen Sie dann fünf Tassen Mehl und sieben Sie sie zusammen mit einem Eßlöffel Backpulver durch. Geben Sie die Menge auf eine glatte Oberfläche, machen Sie in der Mitte eine Vertiefung und schlagen Sie ein Ei hinein. Alles gut mit den Händen vermengen. Geben Sie den Inhalt des kleinen Topfs hinzu, kneten Sie alles zu einem Teig von gleichmäßiger Konsistenz. Machen Sie vier gleich große Teile und formen Sie Bälle daraus. Lassen Sie diese sodann eine Stunde ruhen.

Walzen Sie jeden Teigball so dünn aus, bis er ein Backblech von 25 mal 30 Zentimetern bedeckt. (Vergessen Sie nicht, die

Bleche mit Butter einzureiben, bevor Sie den Teig darauf geben.)

Backen Sie den Teig in einem auf 190 Grad vorgeheizten Ofen, bis er eine goldbraune Farbe annimmt. Seien Sie vorsichtig, der Teig brennt schnell an.

Lassen Sie alle Bleche bei Zimmertemperatur über Nacht stehen. Bereiten Sie am Abend vor dem Schlafengehen die Füllung vor:

Bringen Sie in einem Topf vier Eßlöffel Weizengrieß – niemand, aber auch gar niemand wird je darauf kommen, daß die Füllung aus Weizengrieß besteht – in einem halben Liter Milch mit einem Tropfen Vanilleextrakt zum Kochen. Rühren Sie unter dem Kochen um.

Lassen Sie die Mischung auf Zimmertemperatur abkühlen.

Fügen Sie 225 Gramm ungesalzene Butter hinzu, eineinviertel Tassen Zucker und ein Ei, schlagen Sie das Ganze dann mit dem Schneebesen schaumig.

Stellen Sie die Füllung in den Kühlschrank, und gehen Sie schlafen.

Am nächsten Morgen oder Abend geben Sie die Hälfte der Füllung auf das erste Blech mit dem vorgebackenen Teig. (Der Teig wird hart sein, aber machen Sie sich keine Sorgen, er soll auch so sein.) Legen Sie dann die zweite Teigschicht auf die erste und verteilen Sie Ihr Lieblingsweckobst darauf – aber nur dünn. (Das eingemachte Obst sollte nicht zu süß sein. Aprikosen und Sauerkirschen eignen sich ihrer Säure wegen am besten dafür.) Legen Sie dann die dritte Schicht mit der zweiten Hälfte der Füllung obenauf und schließlich noch die vierte als Deckel. Was das Aussehen des Kuchens anbelangt, so empfiehlt meine

Mutter, die unansehnlichste Schicht ganz unten zu verwenden – wo man es nicht sieht –, und die gelungenste ganz obenauf.

Lassen Sie den Kuchen mindestens sechs Stunden, keine Minute weniger, stehen.

Sie werden zu Ihrer Überraschung feststellen, daß der Kuchen ganz von alleine weich wird. Meine Mutter ist sich nicht sicher, ob der Grund dafür darin liegt, daß der Honig Feuchtigkeit aufsaugt, oder ob der Honig sich mit dem Weizengrieß vermischt. Oder beides.

Der Kuchen sollte mit einem scharfen Messer in kleine Quadrate geschnitten werden, so jedenfalls mochte es meine Mutter, oder in Rauten, wie Jenny es vorzog.

Dieser Kuchen verlangt von seinem Bäcker in erster Linie Geduld. Man muß den Teig und die Füllung in allen Phasen ruhen lassen.

Von Zeit zu Zeit haben die Pedanten in der Familie behauptet, dieser spezielle Honigkuchen gehöre eigentlich zur Klasse der Torten, denn in seiner Konsistenz erinnert er an Torten, und der dominierende Geschmack ist das Cremige – was eine Eigenschaft von Torten und nicht von Honigkuchen ist. Meine Mutter und ihre Anhänger führen dagegen an, daß es zweifelsohne der Honig ist, der dem Kuchen diesen ganz bestimmten Geschmack verleiht, der noch Minuten, nachdem die letzten Brösel verzehrt sind, im Mund bleibt.

Meine Mutter hält den Honigkuchen für das Paradestück ihres reichhaltigen Repertoires – das hohe C ihrer Kunst. Und er ist ihre Darstellung der Conditio humana: Auf seinem Höhepunkt ist das Leben leicht und süß und durchgezogen von Geheimnissen.

Doch sie selbst ist die erste, die sagt, ihr Honigkuchen sei nicht so gut wie der, den Cousine Jenny fast ein halbes Jahrhundert lang buk. Die Verwandten, die sich daran erinnern, widersprechen ihr und loben sie in den höchsten Tönen. Nun ja, sagt sie dann, vielleicht ist er fast so gut, aber er ist nicht genauso. Nein.

Nachdem meine Mutter von Freunden und Verwandten auf zwei Kontinenten mit Lob überhäuft wurde, führt sie nun keine weiteren Experimente mehr durch, um eine noch getreuere Nachbildung von Jennys Meisterstück hervorzubringen. Das obige Rezept ist ihre letzte Version.

14.
Der letzte Landeigner kehrt heim

Die Wildtaube hat ihr Nest, der Fuchs seinen Bau,
Die Menschen haben ihr Land – Israel hat nur sein Grab.

BYRON, «Hebrew Melodies»

Das Land, das meine Vorfahren im Bezirk Szabolcs, heute die nordöstliche Ausbuchtung der Republik Ungarn, spätestens im siebzehnten Jahrhundert, wahrscheinlich aber noch einige Jahrhunderte früher, pachteten, war nichts anderes als Treibsand im Wind, kaum besser zum Anbau geeignet als Sanddünen an einem Strand. So weit das Auge reichte und noch weiter gehörte das ganze flache Land den Adligen, die für ihre Tapferkeit oder für einen anderen Beweis ihrer Treue von den Königen mit Landgütern und den Leibeigenen, die darauf arbeiten sollten, beschenkt worden waren. Doch es brachte ihnen nicht viel ein, und sie waren glücklich, jemanden zu finden, der verrückt genug war, Geld und Mühen in ein so wenig versprechendes Stück Land zu investieren.

Das zentrale Geheimnis meiner Familiengeschichte ist, warum und wie meine Vorfahren – zu denen auch Hausierer und fahrende Händler gehört haben müssen, die von Dorf zu Dorf, von Bezirk zu Bezirk zogen und sich so einen bescheidenen Lebensunterhalt ver-

Shumi als junger Herr mit zwölf Jahren

dienten – den Entschluß faßten, sich in einem kaum bekannten Winkel des Bezirks Szabolcs niederzulassen, von diesem Zeitpunkt an Ackerbau betrieben, sich in einer unvergänglichen Liebe dem Land verschrieben, verbesserte Anbaumethoden lernten und schließlich Besitzer ausgedehnter Ländereien wurden. Wie kam es, daß sie mit solcher Leidenschaft an diesem abgelegenen Flecken Erde hingen?

Andere Juden waren immer unterwegs. Die Straße war ihre Heimat, wenn es auch, wie das Sprichwort sagt, nur drei Berufe gibt, die man auf der Straße ausüben kann: rauben, betteln und handeln. Die Juden übten sich nur in den letzten beiden Tätigkeiten und fürchteten diejenigen, die es mit ersterer hielten. Sie kauften Säcke voll Weizen in der großen Tiefebene, Fässer voll Wein im Tokajergebiet und kistenweise Geschirr aus Blech und Silber in Siebenbürgen – und karrten es nördlich nach Böhmen und Schlesien und südlich auf den Balkan. Die ärmsten Juden zogen bettelnd von Dorf zu Dorf, und die einflußreichsten liehen Geld oder verwalteten die Schätze der Mächtigen in den Reichen des türkischen Sultans, des Habsburgerkaisers oder des siebenbürgischen Prinzen.

Doch meine Vorfahren entschieden sich Generation für Generation, an Ort und Stelle zu bleiben und den Boden in der Umgebung von Derzs zu bestellen, ein kleines Dorf am Ende einer kaum befahrenen Straße, weitab von den großen Überlandstraßen. Sie legten keinen Wert darauf, im Bezirk bekannt zu werden; sie hängten ihre Erfolge nicht an die große Glocke. Was andern als das ferne Ende der Welt erschienen sein muß, war für meine Familie ein sicherer Hafen, wenn nicht das Paradies.

Im Gegensatz zu anderen Juden lehnten meine Vorfahren Ehen zwischen Vettern und Cousinen strikt ab, und sei es zweiten oder dritten Grades. Wenn die Männer heirateten, dann holten sie ihre Bräute aus den Nachbarbezirken, manchmal auch von weiter weg. Doch sie versuchten, ihre Töchter in der Nähe zu behalten, und gewöhnlich fanden sie ihnen einen Ehemann im Bezirk Szabolcs.

Seit dem neunzehnten oder vielleicht schon seit dem achtzehnten Jahrhundert pflanzten sie Scheinakazien an, einen schnellwachsenden neuen Wunderimport aus der Kolonie Virginia in der Neuen Welt, um dem erbarmungslosen Wind aus den Karpaten Einhalt zu gebieten, der die Ackerkrume hinwegfegte und die Wurzeln der Pflanzen bloßlegte. Und sie sammelten alles Laub und allen Dünger, den sie auftreiben konnten, und pflügten es Jahr für Jahr unter. «Man soll nichts vergeuden», lautete das Familienmotto, und wenn die Legende stimmt, dann hatten sie schon Jahrzehnte, wenn nicht ein Jahrhundert lang einen Komposthaufen, bevor dieser schließlich zu Beginn dieses Jahrhunderts von einem englischen Agronomen in Indien erfunden wurde.

In den letzten Jahrzehnten des neunzehnten Jahrhunderts zahlte sich ihre Hartnäckigkeit dann aus. Sie fuhren riesige Weizen- und Kartoffelernten ein; sie hatten blühende Obstgärten mit Äpfeln, Birnen und vor allem Aprikosen sowie Tabak- und Gemüsefelder. Als mein Urgroßvater Samuel Schwarcz 1895 starb, hatte er reichlich Land unter seinen acht Kindern aufzuteilen, und einige darunter, wie mein Großvater Karl, erwarben auch weiterhin Land.

Doch das allererste Stückchen Land, das meine Vorfahren erwarben – einige Jahrhunderte vor der Mitte des neunzehnten Jahrhunderts, als die Juden zum erstenmal legal Land in Ungarn kaufen durften –, war für einen eigenen Friedhof bestimmt. Diese zwanzig Ar lagen abseits einer windigen Nebenstraße, ungefähr eineinhalb Kilometer von unserem Haus in Derzs entfernt. Noch vor zwei Generationen betrug die Entfernung zwischen dem Friedhof und dem letzten Haus im Dorf fast einen Kilometer, heute hat sich das Dorf in diese Richtung ausgedehnt, und nun grenzt ein Haus daran. Obwohl der Friedhof auf einer leichten Anhöhe liegt, wurde er vor Jahrhunderten zusätzlich mit einem Graben umgeben, um ihn vor dem Hochwasser, das manchmal weite Teile des ausnahmslos flachen Geländes bedeckt, zu schützen.

Obschon die jüdische Tradition ein Begräbnis innerhalb von achtundvierzig Stunden nach dem Tod verlangt und wiewohl christliche Dorfbewohner sich aus Furcht vor bösen Geistern heftig dagegen wehrten, daß ein Leichnam über die Dorfgrenze getragen wird, wurden Familienangehörige, die ihr Glück woanders im Bezirk Szabolcs versucht hatten, oft gemäß ihrem letzten Wunsch auf dem Friedhof von Derzs zur letzten Ruhe gebettet. Wie es der jüdische Glaube verlangte, wurden sie in schmucklosen, ungehobelten Kiefernsärgen begraben, die ohne Nägel zusammengefügt waren und nach etwa zehn Jahren ebenso zerfielen wie der Leichnam, Teil des Bodens wurden und diesen bereicherten. Wie es in der Bibel heißt: «Staub bist du, und zu Staub sollst du wieder werden.»

Meine Mutter Anna erinnert sich daran, daß ihr Vater mindestens einmal im Jahr, für gewöhnlich an einem schönen, sonnigen Herbsttag zwischen Neujahr und dem Versöhnungstag eine Wagenladung seiner Kinder zusammen mit den gerade anwesenden Nichten und Neffen einlud und mit ihnen zum Familienfriedhof fuhr. Er lehrte sie den Brauch, einen Kieselstein auf das Grab zu legen – eine schlichte, kleine Geste, die dem dort Beerdigten sagen sollte: «Ich war hier, ich habe an dich gedacht.»

Er zeigte auf die Gräber seiner Eltern Samuel und Taube und erzählte Geschichten über seinen Mut und ihre Weisheit. Er pflegte dann zu sagen, daß Samuel sein ganzes Leben lang ein unternehmungslustiger junger Mann geblieben war und daß sogar weißbärtige Rabbis den Worten Taubes gelauscht hatten. Die Idee, die er mit diesen Ausflügen verfolgte, war wohl, daß Kinder keine Angst vor dem Tod und den Toten haben sollten, sondern an ihre dahingeschiedenen Vorfahren als Teil ihrer selbst denken sollten und das Ende des Lebens genauso akzeptieren lernten wie seine Entsprechung, die Geburt. Er zitierte aus den heiligen Büchern, in denen geschrieben steht, daß das Kind mit einer geschlossenen Faust geboren wird, als wollte es sagen: «Mir gehört die ganze Welt», und wenn der Mensch stirbt, dann sind die Hände geöffnet und leer, als wollten sie sagen: «Ich habe nichts mit mir genommen von dieser Welt.»

«Mein Vater führte uns auf den Friedhof, um uns zu vermitteln, daß er uns gehörte und daß auch wir dort hingehörten», schrieb meine Mutter in ihren Erinnerungen, «und damit wir die, die schon hier ruhten, nicht vergaßen.» Er zeigte mit seinem Spazierstock auf den Flecken, wo er begraben zu werden wünschte – ganz ähnlich, wie er auf ein Stück Land zeigen würde, das er eines Tages zu erwerben beabsichtigte, oder auf ein Terrain, das ihm bereits gehörte und das er in einen Obstgarten verwandeln wollte. Er sagte, er hoffe, daß seine Kinder sein Grab besuchen würden und daß auch sie, wenn ihre Stunde käme, ihre letzte Ruhestatt dort nehmen würden.

Meine Mutter besuchte den Friedhof mehrmals in den siebziger und achtziger Jahren und kann insofern die Genugtuung haben, den Wunsch ihres Vaters zumindest teilweise erfüllt zu haben. Aber zu ihrem Bedauern würde es zu viele Probleme aufwerfen, wenn sie selbst als Einwohnerin Budapests dort begraben werden wollte.

Eine weitere rätselhafte Frage in unserer Familienchronik ist, wie es dazu kam, daß das Gut der Schwarcz-Familie mit seinen Hunderten von Hektar, das über so viele Jahre hinweg aufgebaut wurde, verlorenging. Immerhin hat doch jeder unter den Brüdern meines Großvaters eine gute Heirat gemacht und mit der Mitgift seiner Frau neues Land erstanden. Jeder unter ihnen gründete sein eigenes Gut, und jeder blieb, höchstens eine halbe Tagesreise mit der Kutsche vom nächsten entfernt, im Bezirk Szabolcs. Doch in diesem Jahrhundert machten sie einer nach dem anderen Bankrott, und zwar noch bevor der Schatten Adolf Hitlers auf Ungarn fiel.

Wie der Untergang des Tempels in Jerusalem – für den im Talmud seitenweise einander widersprechende Erklärungen geboten werden –, so hat auch der Niedergang des Schwarczschen Vermögens zu verschiedensten Erklärungsmodellen Anlaß gegeben. Das wahrscheinlichste besagt, daß die sieben Brüder mehr Land kauften, als sie verwalten oder bezahlen konnten, und daß sie zuviel Geld in landwirtschaftliche Gerätschaften steckten, wovon die meisten während der zwei Revolutionen, die auf den Ersten Weltkrieg folgten, und während der rumänischen Besatzungszeit gestohlen wurden. Einer anderen Theorie zufolge bestanden zwischen den Brüdern komplizierte finanzielle Verflechtungen, meistens ohne Vertrag oder sonstige schriftliche Unterlagen, und so zog ein Bankrott den nächsten nach sich.

Fragt man jedoch nach einer einzigen Ursache, die den Untergang herbeiführte, so erhält man von den Dorfbewohnern wie von den ältesten Mitgliedern meiner Familie immer dieselbe Antwort: «Der Krieg», womit sie den Ersten Weltkrieg meinen, den Sturmwind, der die Habsburger, Hohenzollern und Romanoffs hinwegfegte und die Jahrtausende alte europäische Ordnung in Trümmer legte.

Der letzte Grundbesitzer der Schwarcz-Familie in Gyulaj war der älteste Sohn meines Großvaters: Samuel, wie er in der Geburtsurkunde hieß, von allen jedoch mit seinem noch aus Kindertagen stammenden Spitznamen Shumi gerufen. Er war einundzwanzig, als er die Leitung des Gutes übernahm, frisch von der italienischen Front zurück, wo er als Offiziersanwärter in der geschlagenen Armee des Habsburgerkaisers gedient hatte. Er hatte Abitur gemacht, aber keinen Beruf und kein Gewerbe gelernt, und seine Interessen waren bezeichnend für den Landadel: Schauspielerinnen, Zigeunermusik und Pferde.

Er konnte die Katastrophe in Gyulaj nicht aufhalten, und er konnte sich selbst dieses Versagen nie verzeihen. Als Erklärung – jedoch nicht als Entschuldigung – brachte er seine jugendliche Unerfahrenheit im Umgang mit Menschen, seine himmelschreiende Unwissenheit in landwirtschaftlichen Dingen und seine Hitzigkeit vor, welche letztere schuld daran war, daß er mit seinem schwachen, entscheidungsunfähigen Onkel Albert, der von seiner willensstarken und bösartigen Frau aufgehetzt wurde, nie zu einer Einigung kam. Und Shumi fand das Klima jener Nachkriegsjahre rauh und unberechenbar, überdeckt von Enttäuschungen und Mißtrauen, vollkommen anders als die Zeit der Zuversicht und der Hoffnung, in der sein Vater und sein Großvater gelebt hatten und zu Wohlstand gekommen waren. Nichtsdestoweniger machte sich Shumi für den Rest seines Lebens Vorwürfe, weil es unter seiner Verantwortung zum Verlust des Familienerbes gekommen war.

Auch als ältester Sohn hatte er die Erwartungen seines Vaters nicht erfüllt – ein weiteres Versagen, das er in seinen alten Tagen wieder gutmachen wollte. Wenn er auf sein Leben in den sechziger Jahren zurückblickte, dann schien es ihm, daß einer seiner Fehler wohl etwas gewesen war, was sein Vater «Gottlosigkeit» genannt hatte. Sein Vater hatte ihn ermahnt, die Gebete nicht zu vergessen und den Sabbat einzuhalten. Sein letzter Brief an ihn hatte mit einer Warnung geendet: «Vergiß nie: Es gibt einen Gott!»

«Aber ich konnte einfach nicht glauben, ich kann es noch immer nicht», so erklärte Shumi Jahrzehnte später, «und ich konnte und wollte nicht so tun als ob.» Er überlegte, daß vielleicht sein Schicksal schon besiegelt war, als er mit siebzehn Jahren, nachdem er 1916 zur Offiziersausbildung in eine Kadettenanstalt geschickt worden war, aufhörte, die Gesetze Moses zu befolgen.

In seinen Memoiren erinnert sich Shumi an einen Besuch bei Rabbi Yissachar Dov aus Belz, denselben weisen Mann, der nahezu ein Vierteljahrhundert zuvor seinem Vater den Rat gegeben hatte, nach «einer anderen Rachel Kaufmann« Ausschau zu halten, nachdem er von einer Frau desselben Namens abgewiesen worden war. Nachdem Shumis Vater tatsächlich die zweite Rachel Kaufmann gefunden hatte, wurde er ein ergebener Anhänger des Rabbis von Belz, besuchte ihn mindestens einmal im Jahr und holte bei wichtigen Entscheidungen seinen Rat ein. In jedem Herbst wurden nach den hohen Feiertagen Karren mit Säcken voll des besten Weizenmehls, mit den fettesten Gänsen und der größten Gänseleber von seinem Haus in Gyulaj zum Rabbi nach Galizien geschickt, fast vierhundertfünfzig Kilometer nordöstlich in die heutige Sowjetunion.

Lange hatte der Rabbi von Belz darum gebeten, Shumi kennenzulernen, doch sein Vater schob den Besuch immer wieder auf, obwohl er ihn mehr als einmal versprochen hatte. «Der Aufschub war meinem Vater peinlich», schrieb Shumi. «Der Grund dafür war, daß er sich schämte, weil ich nicht Jiddisch sprach.»

Wegen des großen Kriegs, der in und um Belz tobte, eine alte, befestigte Stadt, die damals noch zu Österreich-Ungarn gehörte, auf die jedoch sowohl Polen wie auch Rußland Anspruch erhoben, floh der Rabbi mit Hunderten seiner Gemeindemitglieder über die Karpaten und schlug in einem ungarischen Dorf, nur wenige Wagenstunden von Gyulaj entfernt, sein Hauptquartier auf. Man nannte seinen Haushalt einen «Hof», und es war in der Tat im traditionellen Sinn des Wortes ein Hof: Verwalter hielten Kontakt zu vertrauenswürdigen Untertanen, die sie auf dem laufenden hielten; Höflinge taxierten die Besucher und erwirkten je nach Bedeutung auf der Stelle oder auch später die Gunst einer königlichen Audienz, die lang oder kurz ausfallen konnte. An jedem x-beliebigen Tag baten Scharen von Bittstellern um eine Audienz beim Rabbi von Belz, der im Ruf stand, bei aller Heiligkeit auch einen Sinn für die praktischen Seiten des Lebens zu haben – ebenso bewandert in den Mysterien des Talmud zu sein wie in Geschäftsangelegenheiten und in Herzensdingen. Er lud auch immer Leute zu den hohen Feiertagen ein, die er prunkvoll beging, und seine Auslegungen von Bibelstellen entflammten die Herzen der Menschen.

Bei einer Gelegenheit, als Shumi auf Heimaturlaub von der Kadettenanstalt war, beschloß sein Vater schließlich, nicht länger zu warten, und nahm seinen ältesten Sohn mit, um ihn dem Rabbi vorzustellen. Auf dem Weg dorthin blickte der Vater, entgegen seiner sonstigen Gewohnheit, angespannt und sorgenvoll drein, und er bat seinen Sohn, in Gegenwart des Rabbis so wenig wie möglich zu sagen.

Sie wurden mit allen Ehren vom Zeremonienmeister des Rabbis empfangen, den Shumi als einen «schwarzbärtigen, intelligenten Diplomaten» schilderte. «Er behandelte uns mit ausgesuchtem Respekt und lud uns in sein Haus ein, wo wir einen unvergeßlichen Tee mit einem Schuß Tokajer zu uns nahmen und eine zwei Pfund schwere Gänseleber geschenkt bekamen. Daraufhin ließ er dem Rabbi mitteilen, daß wir angekommen seien. Der Rabbi schickte die Anhänger, die ihn umgaben, fort und ließ uns wissen, daß er bereit sei, uns sofort zu empfangen.»

Shumi schrieb, daß er sofort, nachdem sie zum Rabbi vorgelassen worden waren, «von dem Patriarchen bezaubert» gewesen sei, in dessen Augen sich «Intelligenz und Verständnis» widerspiegelten. Das würdige Gebaren und das makellose Gewand machten einen nachhaltigen Eindruck auf Shumi. Entsprechend seiner Stellung als Kadett in Uniform nahm er Haltung an, salutierte und schlug die Hacken zusammen – und dann küßte er des Rabbis Hände.

«Er legte seine Hände auf meinen Kopf, segnete mich und verlieh seiner Freude darüber Ausdruck, mich zu sehen», schrieb Shumi. «Dann sagte er in einem reinen, klassischen Deutsch, während er über meinen Kopf strich: ‹Ich sehe, daß du gut gekleidet bist, daß die Dinge gut für dich stehen, daß du an der Front nicht leidest. Aber ich möchte wissen, ob du koscher lebst.›

Das war eine schreckliche Frage. Mein Vater blickte mich an, und ich spürte, daß ich lügen mußte.

‹Ja›, sagte ich.

Im Uhrzeigersinn von oben: Onkel Shumi mit dreizehn; im Armeeausweis im Ersten Weltkrieg; 1945; 1981

‹Ich freue mich, das zu hören›, sagte der Rabbi. ‹Und vergiß nie: Solange du die Gesetze des Glaubens befolgst, wird das Glück dir treu bleiben.›

Auf dem Nachhauseweg – und es war eine weite Reise – sprach mein Vater kein Wort mit mir. Auch ich blieb still und schämte mich.»

1927 brachte Shumi in seiner Funktion als Familienoberhaupt seine Mutter und seine Geschwister in Debrecen unter, das damals etwas über hunderttausend Einwohner zählte. Ein Onkel lieh ihnen Geld, um ein kleines Haus zu mieten und ein neues Leben zu beginnen. Das Land, das Generationen hindurch so liebevoll bestellt worden war, war für immer verloren, eine schmerzvolle Erinnerung, die die Zeit nicht lindern wollte. Noch Jahre später träume Shumi, er lebe noch in Gyulaj, das für ihn und seine Brüder immer «daheim» blieb.

Shumi, der nicht mehr zur privilegierten Klasse des Landadels gehörte und in einer Stadt der Kaufleute und wohlhabenden Bauern fehl am Platze war, nahm eine Stelle als Weinhändler an. Er arbeitete von einem dunklen, feuchten Keller aus und entwickelte sich bald zum Buchhalter. Er zog eine gewisse Befriedigung daraus, korrekt seine Bücher in Ordnung zu halten und Bilanzen zu ziehen.

Das Exil hatte eine ernüchternde Wirkung auf ihn: Er kehrte den hübschen Schauspielerinnen, der Zigeunermusik und anderen Attraktionen des Stadtlebens den Rücken. Im Gegensatz zu seinem Bruder Mishi verbrachte er seine Zeit nicht in Kaffeehäusern, sondern arbeitete statt dessen Stunden um Stunden. Shumi war entschlossen, sich ein bescheidenes Leben als Teil des Mittelstands aufzubauen, und tat sein Bestes, um zu vergessen, daß er einmal zur berühmtesten Familie eines Dorfes gehört hatte.

Er kümmerte sich um seine Mutter, wie er seinem Vater versprochen hatte, und brachte täglich, auch nach seiner Heirat, mindestens eine halbe Stunde mit ihr zu. Seine Frau Agnes war eine traditionelle Jüdin, fromm und arbeitsam. Sie gebar zuerst einen kränklichen Sohn, der nach Shumis Vater benannt wurde, jedoch schon nach wenigen Tagen starb. Anschließend gebar sie eine gesunde, rothaarige Tochter, die nach einem Mitglied von Agnes' Familie Kati genannt wurde. Kati war übersät mit Sommersprossen, fröhlich und redselig – eine typische Schwarcz.

Indem sie sich jeden Pfennig vom Munde absparten, gelang es Shumi und Agnes schließlich, ein kleines Haus mit einem großen Hof am Stadtrand zu kaufen. Shumi pflanzte und züchtete Obstbäume und Rosen, und Agnes sparte Geld, indem sie einen Gemüsegarten anlegte. Beide arbeiteten hart, um die vernachlässigten Obstbäume, die sie auf dem Besitz vorfanden, wieder zum Leben zu erwecken, darunter auch einen jungen, vielversprechenden Walnußbaum.

Shumi bewegte sich per Fahrrad oder zu Fuß fort. Zu Beginn des Zweiten Weltkrieges wurde er eingezogen, und sein Zwangsarbeitsbataillon wurde dazu ausersehen, Gräben auszuheben und Panzerfallen für die Rote Armee zu bauen. Gegen Kriegsende floh er und versteckte sich in einem Keller, der dem Nachkommen einer der angesehensten Familien in Debrecen gehörte. «Vor dem Krieg ließ sich dieser Mann, ein alter Patrizier, nicht einmal dazu herab, guten Tag zu mir zu sagen», sagte Shumi später. Als jedoch der Donner der russischen Armee immer lauter und bedrohlicher wurde, beschloß der Patrizier, daß Shumi ein enger Freund von ihm sei. Er bat Shumi darum, die Kellertür zu öffnen, wenn die Russen in den Hof drangen und an die Türen schlugen. «Du bist ein Verwandter Stalins», sagte der Patrizier halb im Spaß. Er meinte, daß jemand wie Shumi, der unter einem pronazistischen Regime verfolgt worden war, von den Kommunisten eine bessere Behandlung erwarten konnte.

Shumi hielt sich keinesfalls für einen Verwandten Stalins, aber als die Russen Debrecen besetzten, schlugen seine Freunde aus dem Zwangsarbeiterbataillon vor, er möge an dem Entnazifizierungsverfahren, das die Rote Armee durchführte, teilnehmen, und sie redeten ihm zu, in die neue «demokratische» Polizei einzutreten. Shumi nahm zwar die Ernennung zum Hauptmann an, weigerte sich aber, eine Uniform zu tragen. Einige seiner Freunde traten der kommunistischen Partei bei, weil es den Anschein hatte, als ob die russischen Kommunisten die einzigen wahren Feinde der deutschen und ungarischen Nazis seien, und manch einer unter seinen Freunden war entschlossen, die Ermordung seiner Familie zu rächen.

Wenngleich Shumi noch keine Gewißheit über das Schicksal seiner

Familie hatte, so fürchtete er doch das Schlimmste. Nichtsdestoweniger kritisierte er das neue Regime, das sich bereitwillig auf Informanten verließ und allzuschnell das Urteil über Menschen sprach, die vielleicht gar nicht schuldig waren. «Wir sollten die Verbrecher jagen, die für den Tod von Menschen verantwortlich sind», führte er an, «aber wir sollten nicht einfach wahllos auf Rache aus sein.» Ein Satz, den er damals zum erstenmal benutzte, wurde später zu seinem Kredo: «Wir dürfen nicht wie die Nazis werden.»

Als einer seiner Freunde aus der Zeit des Zwangsarbeiterlebens zum Oberst in der neugegründeten Geheimpolizei, einer Kopie der sowjetischen Geheimpolizei, ernannt wurde und auf Shumi einredete, er möge sich ihm anschließen und «eine führende Rolle bei der Säuberung des Landes» annehmen, bestand Shumis Reaktion darin, daß er den Polizeidienst quittierte. Damals und in den Jahren danach sagte er, er habe kaum einen Unterschied zwischen Hitler und Stalin gesehen. Er warnte seine Freunde, daß es ein «nicht wiedergutzumachender, tragischer Fehler» sei, sich den Kommunisten anzuschließen, und daß sie und ihre Kinder und Kindeskinder es noch bereuen würden. Er war davon überzeugt, daß die Ungarn den Kommunismus, ein von außen aufgezwungenes System und eine Diktatur, früher oder später mit einer Wut abschütteln würden, die ihre Entsprechung in der Unterdrückung durch das Regime fand.

Anfang 1945 zog Shumi nach Budapest, wo der größte Teil der Familie leben wollte. Es war in der Wohnung meiner Eltern, auf einem Hügel in Buda, wo er und die restliche Familie den Augenzeugenbericht vernahmen, der bestätigte, was Shumi und andere schon seit langem vermuteten: Seine Frau und seine Tochter, seine Mutter und seine ältere Schwester waren in Auschwitz umgebracht worden.

«Mein Leben hat keinen Sinn mehr», erklärte Shumi. «Nichts hält mich mehr auf dieser Erde.» Er gab zu, daß er über Selbstmord nachsann.

Die Reaktion der Familie bestand darin, ihn zu langen Spaziergängen aufzufordern, und die Verwandten, an denen er am meisten hing, sollten ihm von ihren Plänen für ein neues Leben erzählen. Die Kinder wurden angehalten, ihn auf seinen Irrwegen zu begleiten und ihn bei den Hausaufgaben um Hilfe zu bitten. «Bring ihn zum Gehen und zum Reden», sagte meine Mutter Anna zu mir, möglicherweise stammte diese Anweisung auch von Tante Mara, die so zu ihrem Sohn Levente sprach.

In Onkel Shumis Gesellschaft war gut sein. Er kümmerte sich nicht um den Anblick der Häuser, die in den erst vor wenigen Monaten zu Ende gegangenen Kämpfen mit Einschußlöchern übersät oder von Bomben zertrümmert worden waren, sondern sprach über eine ferne Vergangenheit. Wenn man Rószadomb – den Rosenhügel – hinaufstieg, dann schlug er einen Besuch am Grab von Gül Baba vor, jenem türkischen Pascha aus dem siebzehnten Jahrhundert, dessen Name soviel wie «Vater der Rosen» bedeutet und der die schönsten Rosen im Reich des Sultans hervorgebracht hatte. Nichts war vom Lustgarten des Paschas an den Donauhängen übriggeblieben, doch Shumi konnte seine Farben und Düfte heraufbeschwören. Er liebte es, in den Ruinen der Burg von Várhegy, dem Burgberg, umherzuwandern, wo Ungarns Könige jahrhundertelang geherrscht hatten und wo die Wellen hereinbrechender Eindringlinge zweitausend Jahre lang ihre erbittertsten Schlachten geschlagen hatten. Er zeigte auf versperrte Einlässe in die Steinmauern. «Dieser Hügel ist wie ein Ameisenbau», sagte er, «voller Tunnels». Er wollte hineinschlüpfen und innen herumstöbern, und war verlegen, wenn ein Polizist auftauchte und ihn warnte, daß sein Benehmen gegen Gesetz und gesunden Menschenverstand gleichermaßen verstoße, weil in den Gängen noch immer die Leichen der Soldaten aus dem letzten Krieg verwesten.

Der Kalkstein der Hügel Budas ist erstaunlich weich und fühlt sich fast wie ein Stück Seife an. Es ist nicht weiter schwierig, rechteckige Blöcke daraus zu hauen, und die Oberfläche, von der Farbe des Mondes, verführt zum Einritzen von Initialen und Botschaften. Shumi zeigte auf einige Felsen, die aus einem steilen Abhang hervorragten, und schlug vor, nach Inschriften in ungarischer, russischer oder deutscher Sprache, in Türkisch oder Latein, zu suchen. Wir entdeckten viele Namen und so manches von einem Pfeil durchbohrte Herz – und unzählige Einkerbungen, die wohl das Werk von Menschenhänden waren, deren Bedeutung jedoch von Wind und Regen ausgelöscht worden war.

Shumi schnitzte sich mit einem Taschenmesser, das er immer bei sich trug, einen Stock und stach hin und wieder in den Boden. Er schüttelte mißbilligend den Kopf, wenn er auf Lehm traf, den er für einen Bastard aus Boden und Stein hielt. Lehm war für ihn etwas «Unnachgiebiges». Er wollte damit zum Ausdruck bringen, daß Lehm den Regen absorbierte und ihn nicht abfließen ließ, selbst wenn deswegen die Pflanzenwurzeln an der Wasserflut erstickten. Er pries die «Weisheit des Sandes», der das Wasser hindurchfließen ließ und sich bestens mit jeder Art von Bodenverbesserer, sei es Dung, Stroh oder Kompost, den ein Bauer hinzufügen konnte, vermischte.

Auf dem Nachhauseweg mußten wir manchmal auf die Straßenbahn warten. Wenn sie um die Ecke fuhr, quietschten die Räder schlimmer als eine Schar Krähen, die man von einem Kadaver verscheuchte, und die spinnenähnlichen Drahtgeflechte, die den Wagen mit den elektrischen Oberleitungen verbanden, sprühten Funken. «Gehen wir doch lieber zur nächsten Haltestelle», meinte Shumi, oder er schlug vor, eine Abkürzung über die Hügel zu nehmen. Er ging lieber zu Fuß.

Er schritt forsch aus, und immer war er in Eile, als ob er jemandem versprochen hätte, zu einem bestimmten Zeitpunkt anzukommen. Er mochte es nicht, denselben Weg zweimal zu gehen. Er ging so, wie ein Anwalt jemanden ins Kreuzverhör nimmt: unbeirrbar auf der Suche nach einer nützlichen Erkenntnis.

In den ersten Jahren nach dem Krieg gab es viele Familienzusammenkünfte mit langen Tagesordnungen. Doch die grundlegende Frage blieb immer die gleiche: Was sollten wir tun in einer Welt, die nicht die unsere war.

Kurz nach der Machtergreifung der Kommunisten 1948 und nach der «Nationalisierung» von Handel, Industrie und auch schon kleinen Firmen fand Shumi eine bescheidene Stelle als Buchhalter in der staatlichen Pferdezucht. Es kostete ihn jeden Tag drei Stunden Zugfahrt, um von seinem Haus in Budapest in die kleine Provinzstadt, in der er arbeitete, und wieder zurück zu kommen, und der Lohn war schlechter als bei einer vergleichbaren Stelle in Budapest.

Doch so seltsam es ist, er versuchte gar nicht erst, eine andere Stelle zu finden.

Er heiratete wieder – aber er wollte kein Kind mehr haben.

Fast zwanzig Jahre lang nach dem Zweiten Weltkrieg ließ Shumi kaum ein Wort über seinen Geburtsort Gyulaj fallen. Wenn er den Kindern in der Familie Geschichten über seinen Vater und seine Vorfahren erzählte, dann handelten diese von ihrem Charakter, nicht von ihrer Herkunft oder von dem Land, das sie kultiviert hatten. Scherzhaft sagte er manchmal, es sei besser, den Familienbesitz «auf ehrbare Art» verloren zu haben – durch den Krieg und die eigene Unfähigkeit –, als von den Kommunisten enteignet zu werden.

Obwohl er sich nie als Familienoberhaupt aufspielte, spürte er sehr wohl die Verantwortungslast dieser Position. In seinem umständlichen Stil aus dem neunzehnten Jahrhundert schrieb er Briefe an weitentfernte Verwandte und blieb mit ihnen in Kontakt. Er machte Cousins und Cousinen dritten und vierten Grades ausfindig, von denen man in der Familie seit Jahrzehnten nichts gehört hatte. Er behielt alle Geburtstage im Auge, und er war besonders darauf bedacht, Eltern zur Geburt eines Kindes Glück zu wünschen. Nach seiner Pensionierung in den sechziger Jahren machte er sich an die Niederschrift seiner Familienchronik, etwa hundert Seiten, einzeilig und ohne Rand.

Die seinem Schreibtisch in der Wohnung gegenüberliegende Wand war bedeckt mit Fotografien der Kinder aus der Familie. Seine Neffen und Nichten und entferntere Cousins, die in Israel und Nordamerika aufwuchsen, wurden zusammen mit den wenigen, die in Ungarn geblieben waren, in einen Rahmen gesteckt. Unter den Hochglanzfarbfotos befand sich auch ein vergilbtes Schwarzweißfoto seiner Tochter Kati, die mit fünf Jahren in Auschwitz umgebracht worden war. Als meine Tochter 1979 in Washington D.C. geboren wurde, gaben wir ihr den Namen Malka Haya. In seinem Glückwunschschreiben verlieh Shumi seiner Freude über eine neue Großnichte Ausdruck. Sodann erwähnte er nüchtern, fast beiläufig, eine Tatsache, die mir nicht bekannt gewesen war: Der hebräische Name seiner Tochter Kati war Haya Malka gewesen. Rationalist, der er war, zog Shumi aus dem Zusammentreffen keinerlei Schlußfolgerungen.

Mitte der sechziger Jahre überraschte er alle Welt mit der Ankündigung, er wolle auf dem Familienfriedhof in Derzs beerdigt werden, den er seit dem Umzug nach Debrecen erst ein einziges Mal aufgesucht hatte.

Doch die Probleme schienen unüberwindlich.

Seitdem die Familie das Dorf verlassen hatte, war niemand mehr dort bestattet worden, und die ungarische Gesetzgebung war diesbezüglich ebenso eindeutig wie praktisch orientiert: Ein dreißig Jahre lang nicht als solcher genutzter Friedhof galt als aufgelassen, und wenn mehr als eine Generation lang niemand auf einem Dorffriedhof begraben wurde, dann sollte das Land wieder profanen Zwecken zugeführt werden, das heißt Ackerland werden.

Shumis zweite Frau Ily war entsetzt von der Vorstellung, ihr Ehemann wolle an einem so weit entfernten, schwer erreichbaren Ort beerdigt werden. Ihr erster Mann war als Angehöriger eines Bataillons von Zwangsarbeitern irgendwo in Rußland gestorben und Gott weiß wo beerdigt. Wollte man sie nun auch noch der Möglichkeit berauben, wenigstens das Grab ihres zweiten Mannes zu besuchen? Sie wußte, wie sie es ausdrückte, daß sie nur die «Ersatzfrau» war, denn Shumis wirkliche Frau war die erste gewesen, Agnes, die gestorben war, weil sie ihre kleine Tochter nicht allein in die Gaskammer gehen lassen wollte. «Kein Tag vergeht, ohne daß Shumi an die beiden zurückdenkt», sagte Ily. Aber hatte sie als Shumis Frau, die sie nun seit 1950 war, nicht das Recht, ihren Mann in Budapest zu begraben, wo sie regelmäßig sein Grab aufsuchen konnte?

Onkel Shumi weigerte sich, sich den Fakten zu beugen.

Alle ein oder zwei Jahre besuchte er das Dorf, und auch die Tatsache, daß die Reise von Budapest mit Zug und zwei Bussen einen ganzen Tag dauerte, konnte ihn nicht abschrecken. Bei seinem ersten Besuch begleitete ihn ein Verwandter. Um an die Gräber zu gelangen, mußten sie ein dichtes Dickicht von Scheinakazien durchdringen, die aus verstreuten Samen getrieben hatten. Sie waren in eine Unterhaltung vertieft, als sie eine Gruppe Kinder bemerkten, die ihnen von der

Straße aus, ungefähr hundert Meter entfernt, zusahen. «Es sind Geister im Friedhof», rief ein Kind den anderen zu. «Die toten Juden sind zurückgekommen», rief ein anderes, und sie rannten nach Hause, um ihren Eltern davon zu erzählen.

Die beiden Weltkriege, die Besetzungen durch fremde Armeen und die Revolutionen im eigenen Land hatten in der ansässigen Bevölkerung, die sich im Verlauf einer Generation verdoppelt hatte, ihre Spuren hinterlassen, doch Shumi machte ein paar alte Dorfbewohner ausfindig, die sich seiner erinnerten und nur Gutes über die Schwarcz-Familie zu sagen wußten. Er schloß Freundschaft mit dem Lehrer und dem Priester der griechisch-katholischen Kirche, die beide noch neu im Dorf waren. Von Budapest aus schrieb er den Schulkindern, die mit Staunen vernahmen, daß auf der Welt noch einige Juden lebten. Er besichtigte die Schule und nahm am Unterricht für die griechisch-katholischen Kinder der Pfarrgemeinde teil. Es dauerte nicht lange, bis die Kinder den freundlichen alten Herrn in ihr Herz geschlossen hatten, der immer mit größtem Vergnügen Geschichten über das Leben im Dorf vor langer, langer Zeit erzählte.

Wann immer Onkel Shumi ab Mitte der siebziger Jahre das Dorf besuchte, baten die Kinder ihn, er möge eine Familiengeschichte erzählen, wie zum Beispiel die von seinem Vorfahren Itzig Schwarcz. Vom Kummer über den Tod seines einzigen Sohnes Lazar übermannt, ging Itzig mehrere Male in der Woche auf den Friedhof, um am Grab zu beten. Er vernachlässigte seine Familie und seine Arbeit.

Schließlich wandte sich seine Frau, Rachel Fisch, an den Rabbi um Rat. Der Rabbi schlug vor, die Familie möge die Beerdigungszeremonie noch einmal abhalten, jeder, der beim erstenmal dabei gewesen sei, solle wieder daran teilnehmen, und er, der Rabbi, werde dieselbe Rede halten.

Die Idee klang seltsam, aber die Familie willigte ein, denn der Rat eines Rabbis war der Rat eines Rabbis.

Doch als der Rabbi die Zeremonie durchführte, gab es einen letzten Akt, der sich vom vorherigen Mal unterschied: Er und ein Helfer drehten den Grabstein so um, daß die Inschrift auf dem Boden zu liegen kam und nicht mehr lesbar war.

Und in der Tat fand der Vater nach der zweiten Beerdigung Frieden.

Jedes Jahr wurde Shumis Bindung an das Dorf enger. Er überredete Verwandte, die aus Israel oder Kanada zu Besuch waren, auf dem Familienfriedhof den Toten die letzte Ehre zu erweisen, und er machte sie mit seinen Freunden in Derzs bekannt.

Der griechisch-katholische Priester studierte die hebräischen Fibeln, die Shumi ihm zukommen ließ, und führte die Kinder in die Sprache des Alten Testaments ein. Sein Ehrgeiz war es, die Inschriften auf den alten Grabsteinen lesen und übersetzen zu können; und er wollte dafür sorgen, daß die Kinder, die er in Religion unterrichtete, etwas vom Judentum und den Juden verstanden, die einst im Dorf gelebt und zu seinem Wohlstand beigetragen hatten.

Anfang der achtziger Jahre war die Pflege des Schwarcz-Friedhofs schließlich in den Aufgabenbereich der Schule übergegangen. Mitte der achtziger Jahre legten die Kinder an Allerseelen Blumen auf den letzten Gräbern der Schwarczens nieder. Als ein Erwachsener sie darauf aufmerksam machte, daß die Juden kein Allerseelen kannten, schrieben die Kinder einen besorgten Brief an Onkel Shumi: War es richtig, einen christlichen Brauch in einem jüdischen Friedhof zu befolgen?

Die Antwort kam postwendend: «Ich danke euch, und meinen Vorfahren wurde nie zuvor so viel Ehre zuteil.»

Nachdem Shumi sich von den Ritualen des Judentums abgewandt hatte, schuf er sich seine eigenen. Beispielsweise fastete er einmal im Jahr, von Sonnenuntergang zu Sonnenuntergang, nicht an Jom Kippur, sondern am ersten Juli, dem Tag, an dem seine Familie in Auschwitz umgekommen war.

Er dachte sich etwas aus, das man als zeremonielle Vermischung von Erde bezeichnen könnte. Wenn er den Friedhof in Derzs besuchte, streute er kleine Taschen voll steiniger, mit Asche durchsetzter Erde aus, die er in Auschwitz gesammelt hatte, wohin er mehrere Male gepilgert war. Dasselbe machte er mit Taschen goldbraunen Sandes, den er von zwei Besuchen in Israel im Dorf Sde Moshe mitgebracht hatte, wo seine Brüder Bédi und Anti sich niedergelassen hatten. Auf dem Grabstein seines Vaters legte er Rosen nieder, die auf den Gräbern seines Bruders Mishi und seiner

Schwester Mara in Budapest gewachsen waren. Er nahm Hände voller Sand vom Friedhof in Derzs mit, um sie in Auschwitz und über den Familiengräbern in Budapest auszustreuen.

Um seiner Frau und anderen Familienangehörigen seinen Wunsch, in Derzs begraben zu werden, begreiflich zu machen, erklärte Shumi, er glaube nicht an ein Leben nach dem Tod oder an Reinkarnation und erwarte auch von seinen Verwandten nicht, daß sie an seinem Grab beteten oder es auch nur aufsuchten. «Ich bin ein Rationalist», sagte Shumi, und gab vor, sein Ziel sei einzig die Rettung des Friedhofs. Wenn es ihm gelänge, dort beerdigt zu werden, dann wäre die Existenz des Friedhofs für weitere dreißig Jahre gesichert. Wer weiß, so fügte er hinzu, vielleicht wird noch jemand anders in der Familie sich zu einem Grab in Derzs entschließen und damit den Bestand des Friedhofs noch weiter sichern.

Je mehr Jahre vergingen, um so mehr ging Shumi bei den Vorbereitungen seiner Rückkehr nach Derzs ins Detail, und seine Beharrlichkeit nahm Ausmaße an, die andere Leute als seine Frau für Besessenheit hielten. «Unsere Vorfahren haben lange Testamente geschrieben, in denen sie ihre Kinder baten, die jüdischen Gesetze einzuhalten und ihren Reichtum unter den Armen zu verteilen», sagte sein Neffe Levente, den Shumi zu seinem Testamentsvollstrekker ernannte. «Onkel Shumis Testament drehte sich einzig um seine Beerdigung.»

Mit einigem Widerwillen nahm Shumi auch Kontakt zu den Verwaltern des landwirtschaftlichen Genossenschaftsbetriebs in Derzs auf, die ihn zuerst anblickten wie jemanden, der einem Museum entstieg: ein höflicher Herr, der Wörter benutzte, die sie nur im Theater gehört oder in Büchern gelesen hatten. Wenn sie auch nicht wußten, was sie auf seine Eröffnung, er sei in dem Gebäude, das sie als Büro nutzten, geboren worden, erwidern sollten, so merkten sie doch schnell, daß er keinen Groll gegen sie hegte. Er liebte das Land und das Dorf so, wie man einen vor langer Zeit verstorbenen Angehörigen oder eine Verlobte, die noch vor der Hochzeit dahinscheidet, liebt. Er gab sogar gute Ratschläge, wie der Ertrag zu steigern sei. Unter Einsatz der Geschichten eines langen, bewegten Lebens als einzigem Verhandlungskapital bat er die Behörden um ein ganz spezielles Arrangement: Sie sollten ein Auge zudrücken, wenn er auf seiner letzten Reise hier anlangte.

Onkel Shumi starb am neunundzwanzigsten Mai 1988, im Alter von neunundachtzig Jahren. Er wurde begraben, wie er es sich gewünscht hatte: neben seinem Vater und in der Nähe seines Großvaters, nach dem er genannt worden war. Die Schule, der Krämerladen und die landwirtschaftliche Betriebsgenossenschaft waren an diesem Tag geschlossen, während das gesamte Dorf an der Beerdigung teilnahm. Die Schulkinder sangen seine Lieblingslieder. Sein Neffe Levente, der auch einen ungehobelten Kiefernsarg gemäß dem jüdischen Gesetz herbeigeschafft hatte, brachte auch einen Rabbi mit, der einen zeremoniellen Gottesdienst abhielt. Ein Päckchen mit Erde aus Jerusalem wurde unter Shumis Kopf gelegt, wie es schon mit den Häuptern seiner Vorfahren geschehen war. Als der Sarg in die Erde gesenkt wurde, rief der Rabbi mit lauter Stimme Shumis hebräischen Namen Shmuel aus, als Erinnerung für die Seele, denn beim Eintritt in die andere Welt würde er als erstes nach seinem Namen gefragt werden.

Zum erstenmal seit mehr als vierzig Jahren wurde in Derzs wieder ein Jude begraben. Zum erstenmal in der Geschichte lasen sechs griechisch-katholische Kinder das Kaddisch, das hebräische Totengebet, das Shumi auf ungarisch, in Großbuchstaben zur Erleichterung des Lesens, aufgeschrieben hatte und das sie auf Shumis Wunsch laut vorlesen sollten, sobald sein Sarg mit Erde bedeckt war. Die Hauptvorleserin war ein sommersprossiges, aufgewecktes, fröhliches Mädchen namens Kati. Kati Domokos.

Der späte Frühling ist die Zeit der Scheinakazienblüte, und es war für niemanden eine Überraschung, daß die Bäume am Tag von Shumis Beerdigung in voller Pracht standen. Ihr süßer Duft lag über dem Friedhof. Die Dorfbewohner sagten, daß sie niemals zuvor so viele zarte, herabhängende weiße Blütentrauben, die im Wind zitterten, getragen hatten wie an dem Tag, als der letzte Landeigner heimkehrte.

Danksagung

Die Geschichten in diesem Buch wurden von vielen Verwandten gesammelt, und ihnen schulde ich den meisten Dank. Ganz oben auf der Liste stehen zwei Geschichtenerzähler der Schwarcz-Familie, die nicht mehr unter uns weilen: Onkel Shumi, der in Budapest die Funktion des Familienhistorikers erfüllte, und sein Cousin Shamu, der in seiner winzigen Küche in Beersheba seine eigenen Versionen ausspann und die Glanzstücke für unsere gemeinsamen Spaziergänge aufsparte. Meine Mutter Anna war in entscheidenden Detailfragen anderer Meinung als die beiden, sie schrieb ihre eigenen, dem Herzen entspringenden Memoiren. Meine Onkel Anti und Bédi, die heute beide unter dem Namen Sade als Bauern im Ruhestand in Israel leben, lieferten zusätzliches Material und fügten weitere Kommentare hinzu. Auch die Cousins und Cousinen Agi Békés und Magda Erdös aus Budapest sowie Kató Schwarcz und Zvi (Pali) Sinai in Israel trugen ihr Teil bei. Unter meinen jüngeren Cousins ist vor allem Levente Thury aufzuführen, dessen Ratschläge und bedingungslose Zustimmung mir eine große Stütze waren; und die Fragen von Andrea Szegö, Zhuzhi Grossman und Tal Sade waren weit hilfreicher, als sie ahnen. Sie alle nahmen mit großer Begeisterung an diesem Vorhaben teil und, egal wie alt sie waren, sie behandelten mich mit dieser Art zärtlicher Sympathie, die ältere Menschen einem jungen, verliebten Mann entgegenbringen.

Dankbar bin ich meiner Frau Lizou, von der die Idee zu diesem Buch stammt und deren Humor und Sarkasmus meine Gefühlsüberschwänge wohltuend dämpften, sowie unserem Sohn Shamu, der das Manuskript nach falschen Redewendungen und anderen Fehlern eines irregegangenen Vaters durchforschte.

Meine besten Freunde standen mir mit Rat und Tat zur Seite: Joel Garreau von der *Washington Post*, der zur Zeit an einem Buch über die neue amerikanische Stadt arbeitet; Helen Epstein, Autorin von *Children of the Holocaust*; Rabbi Eugene Lipman, Verfasser mehrerer Werke über das Judentum; Graf Ferdinand von Trauttsmandorff von der österreichischen Botschaft in Washington, der mitteleuropäische Geschichte studierte. Auch den Zeitungen und Zeitschriften, in denen einige dieser Geschichten, wenn auch in anderer Form, zuerst erschienen, möchte ich meinen Dank aussprechen: *The Washington Post*, der Zeitschrift *Moment, Rodale's Organic Gardening* und der *Washington Jewish Week*.

Zu Dank verpflichtet bin ich meinem Freund und literarischen Agenten Joseph Spieler, der mich bei allen sanften Anstößen nicht bedrängte und der sein fachliches Skalpell höchst nutzbringend ansetzte, sowie meinem Lektor Dan Frank, der sich schon in das Buch verliebte, als es erst wenige Kapitel umfaßte, und bis zur Vollendung an seiner Zuneigung festhielt.

Prag
BÖHMEN
DEUTSCHES REICH
MÄHREN
Wien
Donau
ÖSTERREICH
Budapest
UNGAR
Drau
Sawe
KROATIEN
BOSNIEN
DAS
HABSBURGER REICH
1914
Adria

Weichsel
BELZ
RUSSLAND
GALIZIEN
•UNGVÁR
HUSZT
NAGYVÁRAD
NYÍREYHAZA
KÁLLÓ
DEBRECEN
DERZS, GYULAY
Theiß
SIEBENBÜRGEN
RUMÄNIEN
BELGRAD
SERBIEN
BULGARIEN
N

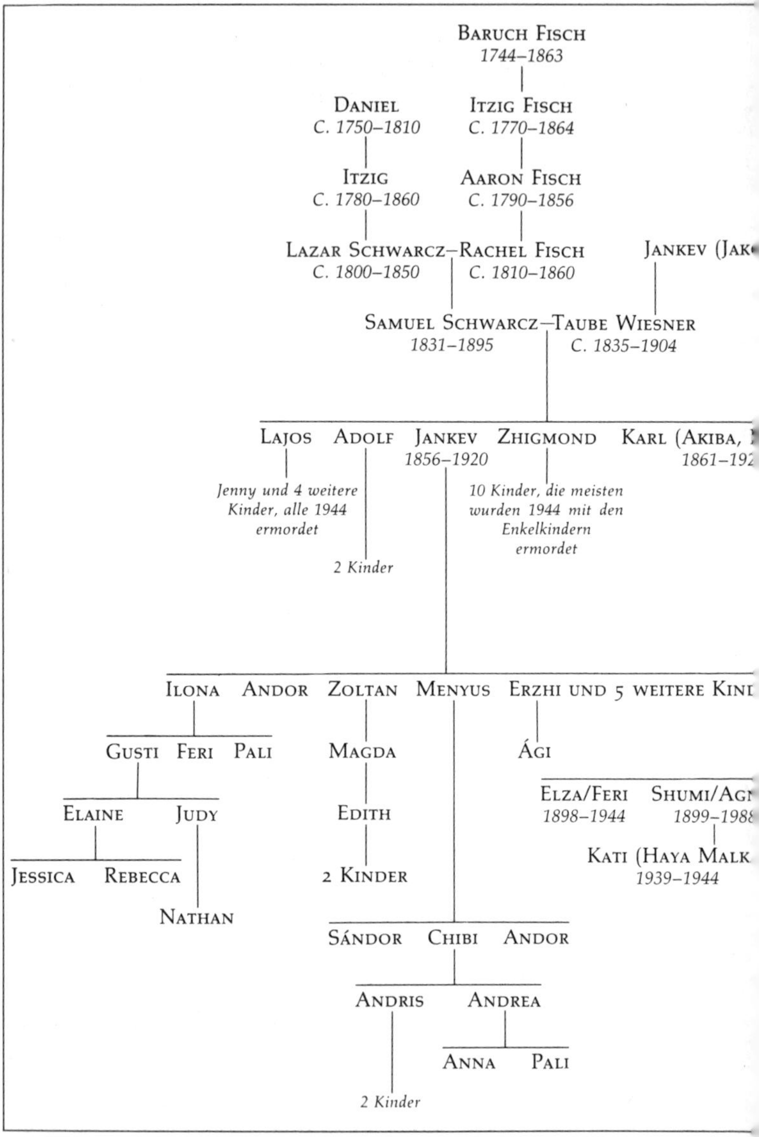
Baruch Fisch
1744–1863
Daniel
c. 1750–1810
Itzig Fisch
c. 1770–1864
Itzig
c. 1780–1860
Aaron Fisch
c. 1790–1856
Lazar Schwarcz
c. 1800–1850
Rachel Fisch
c. 1810–1860
Jankev (Jak
Samuel Schwarcz
1831–1895
Taube Wiesner
c. 1835–1904
Lajos
Adolf
Jankev
1856–1920
Zhigmond
Karl (Akiba,
1861–192
Jenny und 4 weitere Kinder, alle 1944 ermordet
10 Kinder, die meisten wurden 1944 mit den Enkelkindern ermordet
2 Kinder
Ilona
Andor
Zoltan
Menyus
Erzhi und 5 weitere Kind
Gusti
Feri
Pali
Magda
Ági
Elza/Feri
1898–1944
Shumi/Ag
1899–198
Elaine
Judy
Edith
Kati (Haya Malk
1939–1944
Jessica
Rebecca
2 Kinder
Nathan
Sándor
Chibi
Andor
Andris
Andrea
Anna
Pali
2 Kinder

DER STAMMBAUM DER SCHWARCZ-FAMILIE

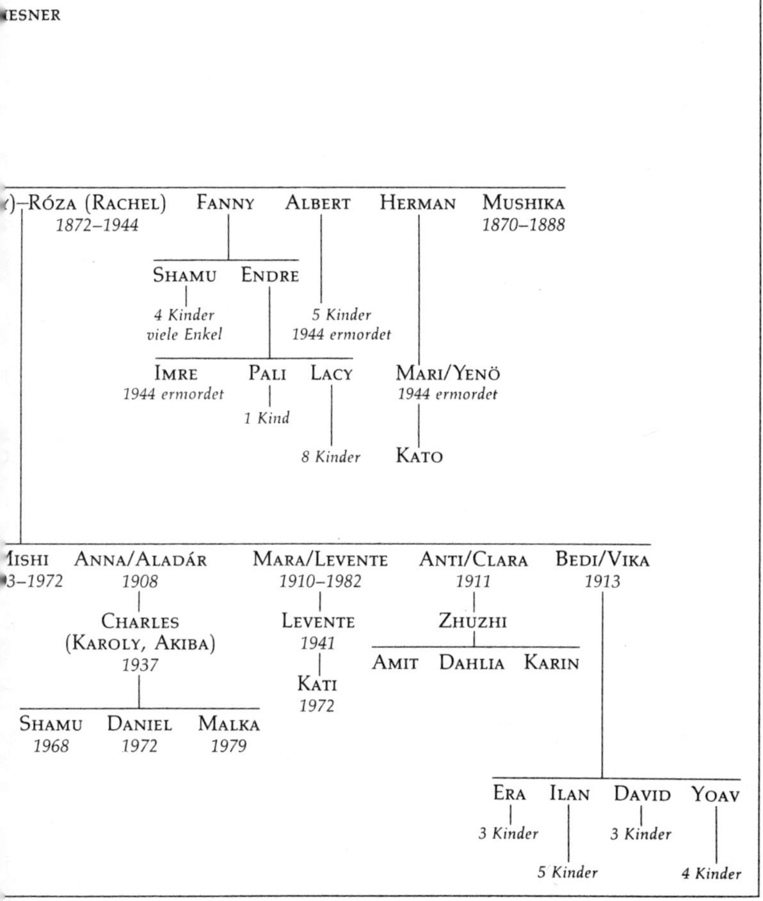